1940
De l'abîme à l'espérance

Max Gallo
de l'Académie française

1940
De l'abîme à l'espérance

récit

ÉDITIONS DE NOYELLES

ISBN : 978-2-286-06642-0

« Quoi qu'il arrive, la flamme de la résistance française ne doit pas s'éteindre et ne s'éteindra pas. »

CHARLES DE GAULLE
18 juin 1940

« Jamais dans l'histoire des conflits humains, tant d'hommes n'ont dû tant de choses à un si petit nombre de leurs semblables. »

WINSTON CHURCHILL
20 août 1940

En hommage à ceux qui ont choisi
de résister dès 1940.

L'offensive allemande de mai 1940

L'INVASION DE LA FRANCE MAI-JUIN 1940

La France occupée en 1940

PROLOGUE

D'une guerre à l'autre

1914 – 1939

« Et maintenant il faut gagner la paix. C'est peut-être plus difficile que de gagner la guerre… »

Georges CLEMENCEAU,
6 novembre 1918

« Nous sommes, nous, la France, au bord de l'abîme. »

Charles DE GAULLE,
13 novembre 1938

Ils avaient eu vingt ans en 1914.

En ce mois d'août de cette année-là, ils n'imaginaient pas qu'on les jetait dans une guerre où périraient dix millions d'hommes – 1 300 000 pour la seule France –, où d'autres par millions seraient blessés, défigurés, « gueules cassées », aveuglés, gazés, morts en sursis. Qu'ils seraient marqués à vie, dans leur âme, dans leur mémoire, dans leur corps par cette Première Guerre mondiale.

Et que l'Europe, l'étal de cette boucherie de quatre années, n'en sortirait pas apaisée, mais lourde de nouveaux affrontements, d'une Deuxième Guerre mondiale qui éclaterait en septembre 1939, à peine vingt-cinq années plus tard.

Les anciens combattants de 1914-1918 auraient à peine quarante-cinq ans.

Des millions d'entre eux seraient de nouveau mobilisés.

Ils avaient cru que la Première Guerre mondiale serait, comme ils l'espéraient, la « der des der », et voilà qu'on leur distribuait uniformes, casques, armes, et qu'ils marchaient au pas aux côtés de leurs fils !

Ils défilaient devant les monuments aux morts de leurs villes et de leurs villages, sur lesquels les noms de leurs camarades, tombés à Verdun, au Chemin des Dames, sur les bords de la Baltique ou sur les rives de la Vistule, s'entassaient comme des corps dans une fosse commune européenne.

Eux ne les avaient pas oubliés, ces camarades enfouis dans la boue des tranchées.

Mais les gouvernants n'en parlaient plus ou alors ils les invoquaient pour justifier la nouvelle guerre. Mais eux, les anciens combattants de la Première Guerre mondiale, ils marchaient sans enthousiasme, comme dans un cauchemar. Il fallait donc « remettre ça », la guerre, le massacre. Ils songeaient à ces camarades tombés dans des offensives inutiles puisque tout recommençait :

Déjà la pierre pense où votre nom s'inscrit
Déjà vous n'êtes plus qu'un mot d'or sur nos places
Déjà le souvenir de vos amours s'efface
Déjà vous n'êtes plus que pour avoir péri[1].

Et pourtant, au mois de novembre 1918, quand le lundi 11 avait retenti le clairon de l'armistice, ils avaient hurlé, comme si enfin ils étaient libérés de cette angoisse qui depuis quatre ans les avait habités chaque jour.

Les rues et les places de Paris, de Londres, avaient été envahies par une foule en liesse.

On chantait, on dansait, on s'embrassait. La paix était là, et à Paris, à Londres, elle était victorieuse. On entourait les soldats des États-Unis venus par centaines de milliers livrer en France les derniers combats contre l'Allemagne qui avait enfin capitulé.

On oubliait l'amertume des combattants allemands, on ignorait celle d'un caporal décoré de la croix de fer de première classe, Adolf Hitler, et de millions de ses camarades humiliés et rageurs.

Ils avaient combattu sur le sol français. Jamais ils n'avaient vu leur patrie souillée par l'ennemi et voilà qu'ils étaient vaincus !

Ils pensaient trahison et déjà revanche.

---

1. Aragon, *La guerre et ce qui s'en suivit, Le Roman inachevé*, 1956.

Certains créaient, alors qu'on n'avait pas encore signé la paix (elle le serait à Versailles, en 1919), des *Freikorps*, des corps francs, qui allaient combattre pour empêcher qu'on arrachât à l'Empire allemand vaincu les terres colonisées jadis par les chevaliers Teutoniques.

La France victorieuse dessinait les frontières : les populations allemandes des Sudètes devenaient tchécoslovaques, citoyennes de ce nouveau pays, la Tchécoslovaquie, que la diplomatie française faisait surgir des ruines de l'Empire austro-hongrois.

À Vienne, on regrettait déjà la splendeur impériale, on acceptait mal de n'être que l'Autriche, et non plus l'empire des Habsbourg. Et certains regardaient vers Berlin.

Mais comment résister ? Les Français vainqueurs imposaient le *Diktat* de Versailles.

On ouvrait un « corridor » en terre allemande, pour que la Pologne pût accéder à la mer Baltique. Et tant pis si la ville allemande de Dantzig se trouvait devenir une enclave germanique, isolée en territoire polonais.

La joie régnait à Londres et à Paris, mais la violence surgissait à Berlin, à Vienne, dans toutes les villes de Russie, entraînées dans la guerre civile qui depuis la révolution de novembre 1917 embrasait ce qui n'était plus l'empire des tsars mais le pays des soviets, là où, par la terreur déjà, s'enracinait ce que Lénine et les siens, Trotski, Staline appelaient le « socialisme ».

Et l'on rêvait de révolution communiste, à Berlin, à Munich, à Rome.

Ainsi, la guerre mondiale à peine close accouchait-elle du rêve de la révolution bolchevique mondiale.

On regardait le « soleil » de l'Égalité se lever à l'est, on fondait dans tous les pays des partis communistes. On voulait renverser ces pouvoirs, ce système capitaliste, qui avaient provoqué la guerre mondiale.

[illegible] à ce projet, un autre camp, celui de l'ordre, de la [illegible]ense de la patrie, se raidissait.

Dès 1919, un agitateur socialiste italien, Benito Mussolini, fondait le Parti fasciste, patriote, regroupant des dizaines de milliers d'anciens combattants.

En octobre 1922, au terme d'une *Marche sur Rome*, il devenait chef du gouvernement.

Il créait le premier État fasciste, « totalitaire » – ce mot inventé par les Italiens.

À Munich, le 9 novembre 1923, Adolf Hitler et son parti national-socialiste tentaient un putsch, qui échoua.

Tous les germes des conflits futurs sont semés.

Le rêve de paix et de Société des Nations – une institution à laquelle les États-Unis refuseront d'adhérer et qui a été créée pour empêcher que les conflits ne donnent naissance à la guerre – s'éloigne.

Clemenceau, qui avait à partir de 1917 dirigé le gouvernement français, l'avait dit en 1918 : « Et maintenant il faut gagner la paix. C'est peut-être plus difficile que de gagner la guerre. Il faut que la France se ramasse sur elle-même, qu'elle soit forte et disciplinée. »

Clemenceau ajoutait, s'adressant aux Anglais et aux Américains :

« Il faut que l'Alliance dans la guerre soit suivie de l'indéfectible alliance dans la paix ! »

Il suffit de quelques mois, pour que, dès les années vingt, les souhaits de Clemenceau ne soient plus que cendres.

La France se divise.

Clemenceau, candidat à la présidence de la République en 1920, est battu par un Paul Deschanel à la santé mentale fragile, qu'on découvrira marchant seul en pyjama le long de la voie ferrée sur laquelle circule le train présidentiel.

Clemenceau avait déclaré avant d'être battu :

« N'abandonnons pas nos querelles d'idées mais ne les poursuivons pas si le sort de la France peut en souffrir… Soyons frères et si on nous demande d'où vient cette pensée, répondons par ces seuls mots : "La France le veut, la France le veut." »

En fait les oppositions se durcissent. Issu de la majorité du Parti socialiste, un parti communiste a été créé en décembre 1920.

Il souscrit aux vingt et une conditions édictées par Lénine et dont l'approbation est nécessaire pour adhérer à l'Internationale communiste, le Komintern.

Voici les militants communistes enrôlés dans cette Internationale dirigée par Lénine et après sa mort (en 1924) par Staline. Les communistes français deviennent les fidèles exécutants de la politique internationale de l'Union des républiques socialistes soviétiques (URSS).

Or, la politique de la Russie soviétique, c'est de s'entendre avec l'Allemagne vaincue et qui ne pense qu'à reconstituer une force militaire prête à la revanche.

Les généraux de la Reichswehr contournent les clauses du traité de Versailles et dès les années vingt-trente, vont entraîner leurs troupes – leurs escadrilles, leurs chars – en Union soviétique, à l'abri des regards des observateurs de la Société des Nations.

Et la France est démunie devant cette entente Berlin-Moscou. Cependant que les communistes français prêchent la révolution, la lutte contre le capitalisme, et dénoncent les mœurs politiques, les scandales financiers qui se multiplient.

La situation française est d'autant plus préoccupante que d'autres forces politiques regardent elles aussi vers les expériences étrangères.

L'Italie fasciste de Mussolini apparaît comme un modèle, un allié, à l'ambitieux parlementaire qu'est Pierre Laval.

Le régime autoritaire italien fascine en effet une partie des conservateurs, soucieux de faire contrepoids à l'Allemagne et à l'Union soviétique.

Car l'Angleterre joue sa carte. Elle est pour le redressement de l'Allemagne. Les États-Unis se sont retirés de la scène européenne et, devenus isolationnistes, ne font pas partie de la Société des Nations.

Mais comme les Anglais, ils soutiennent les Allemands, qui refusent de verser à la France les *réparations* fixées par le traité de Versailles.

« Le Boche paiera », avaient répété les politiciens français. Mais Berlin se dérobe, et la crise économique et financière de 1929 libère des ferments de violence, déjà présents dans tous les pays européens.

En fait, la Première Guerre mondiale a ébranlé tous les continents, détruit les règles morales.

On a tué pendant quatre ans. En masse et sauvagement.

Les hommes, sous l'uniforme, ont appris à vivre en « rang », à marcher au pas, à partager la violence, le meurtre légal.

Le fascisme et le nazisme sont sortis de ce chaudron de sorcières qu'est la guerre.

Dès les années vingt, les adhérents des partis fasciste et nazi, mais aussi ceux des partis socialistes, comme les membres des associations d'anciens combattants défilent en « uniforme ». C'est le temps des chemises noires, brunes, rouges, bleues… Les anciens combattants recherchent la fraternité des tranchées. Ceux qui ont été en première ligne forment en France le mouvement des Croix-de-Feu.

On se bat contre les communistes. La guerre civile est une hypothèse réaliste.

Qu'est devenue la civilisation européenne ?

Un célèbre écrivain français, Romain Rolland, avait choisi durant la guerre de vivre en Suisse, y écrivant un livre, *Au-dessus de la mêlée*, dans lequel il analysait la guerre de 14-18 comme une guerre civile européenne, suicidaire.

Il osait écrire, évoquant les Français, les Anglais, les Allemands :

« Les trois plus grands peuples d'Occident, les gardiens de la civilisation s'acharnent à leur ruine et appellent à la rescousse les Cosaques et les Turcs, les Japonais, les Cinghalais, les Soudanais, les Sénégalais, les Marocains, les Égyptiens, les Sikhs et les Cipayes, les barbares du Pôle et ceux de l'Équateur, les âmes et les peaux de toutes couleurs.

« On dirait l'Empire romain au temps de la Tétrarchie, faisant appel pour s'entredévorer aux hordes de tout l'univers.

« Notre civilisation est-elle donc si solide que vous ne craigniez pas d'ébranler ses piliers ?

« Est-ce que vous ne voyez pas que si une seule colonne est minée, tout s'écroule sur vous ? »

La crise de 1929, avec ces millions de chômeurs en Europe, ces longues queues d'affamés devant les « soupes populaires », ce désespoir qui ronge les sociétés ; ces banques, ces monnaies – le Mark ! – qui s'effondrent, ces tensions internationales qui résultent des politiques économiques choisies – le protectionnisme, le chacun pour soi – poussent à l'affrontement violent.

On écoute ceux qui dénoncent des coupables. C'est un sombre « Moyen Âge » qui commence. Les Juifs – ces financiers, ces profiteurs, ces banquiers, dit-on – sont les boucs émissaires traditionnels, calomniés, menacés.

En Allemagne, le parti nazi de Hitler ajoute à cet antisémitisme la dénonciation du *Diktat* de Versailles.

Ainsi le nationalisme, le racisme, le désir de revanche, se nourrissent de la crise.

Hitler accuse les « Judéo-bolcheviks », les « richards », « capitalistes de Londres et de Paris ».

Dès son arrivée au pouvoir le 30 janvier 1933, l'Allemagne va quitter la Société des Nations, rejeter les clauses du traité de Versailles, rétablir le service militaire obligatoire, remilitariser la Rhénanie, réclamer le droit pour les Sudètes de quitter la Tchécoslovaquie. Hitler proclame l'union avec l'Autriche (l'*Anschluss*), conteste la frontière avec la Pologne, réclame le rattachement de Dantzig à l'Allemagne !

Mais en dépit de ses grandes proclamations anticommunistes, il maintient de bonnes relations avec la Russie de Staline.

La France s'interroge. Que faire ? Avec quels alliés ?

Les États-Unis ? Ils sont repliés sur eux-mêmes.

Londres ? Les Anglais sont favorables à une politique d'*apaisement* avec l'Allemagne.

La Russie de Staline ? Elle a deux fers au feu, entente avec l'Allemagne et négociations avec Paris...

L'Italie de Mussolini ? Elle réclame, comme prix de son alliance, le droit de conquérir l'Éthiopie, pays membre de la Société des Nations !

Faire la guerre, avec pour alliés la Tchécoslovaquie et la Pologne ? Mais l'opinion française est pacifiste. Qui veut mourir pour les Sudètes et pour Dantzig ?

On le veut d'autant moins que la France se brise dans les années trente entre une « gauche » et une « droite » dont l'affrontement est violent.

À gauche, on crie « Le fascisme ne passera pas ».

À droite, on dénonce les « valets de Moscou ».

C'est le Front populaire qui l'emporte aux élections de mai 1936 et la tension s'aggrave.

Léon Blum est le président du Conseil du gouvernement de Front populaire. Les communistes le soutiennent sans participer au pouvoir.

Blum est l'objet d'attaques violentes :

« Pour la première fois dans son histoire, ce vieux pays gallo-romain est gouverné par un Juif », dira le député Xavier Vallat.

Des complots se trament, des attentats, des assassinats ont lieu.

On regarde vers l'Espagne où, en juillet 1936, un coup de force militaire conduit par le général Franco déclenche une guerre civile.

Face aux troupes de Franco, aidées par des contingents italiens et allemands, les « républicains » espagnols reçoivent l'aide clandestine de la France et des Brigades internationales organisées par les communistes.

Londres et Paris ont choisi la « non-intervention ».

L'URSS soutient l'Espagne républicaine. Mais Staline a pour objectif moins de faire gagner la République espagnole que de susciter la guerre entre l'Allemagne et l'Italie d'une part, et la France et l'Angleterre d'autre part.

Politique qu'il mènera jusqu'au bout quand, le 23 août 1939, il signera un pacte de non-agression avec Hitler, comportant le partage de la Pologne entre nazis et Soviétiques.

Ce pacte était aussi la réponse aux accords de Munich, par lesquels Londres et Paris abandonnaient à Hitler, avec la médiation de Mussolini, les Sudètes.

C'en était fini de la Tchécoslovaquie. Les troupes allemandes entraient à Prague en mars 1939 ! On ne mourrait pas pour les Sudètes, et on ne voulait pas mourir pour Dantzig qui serait, à l'évidence, la prochaine étape de la politique de Hitler.

L'engrenage tournait inexorablement.

Londres et Paris avaient chaque fois cédé devant Hitler.

Acceptation en mars 1936 de la remilitarisation de la Rhénanie.

Acceptation de la conquête de l'Éthiopie par Mussolini.

Acceptation de l'Anschluss.

On espérait à Londres et à Paris que ces capitulations successives – dont les accords de Munich furent le couronnement – établiraient, comme le déclarait le Premier Ministre britannique Neville Chamberlain, « *la paix pour notre temps* ».

Churchill, lucide, déclarait :

« Ils ont choisi le déshonneur pour éviter la guerre, ils auront le déshonneur et la guerre. »

En France, le colonel de Gaulle, qui commande le 507e régiment de chars, à Metz, analyse, en juillet 1937, devant Jacques Vendroux, la situation.

« Mon beau-frère, écrit Jacques Vendroux, me confie, avec plus de pessimisme qu'il n'en laisse paraître de coutume, qu'il est vraiment fort inquiet du proche avenir : la veulerie des politiciens, qu'ils soient alliés ou français, permet à Hitler de reconstituer dans un esprit de revanche une force militaire de plus en plus moderne et forte…

« La France aura d'autant moins les moyens de se défendre qu'elle sera pratiquement seule à supporter le premier choc : les Anglais ne sont pas prêts, on n'est pas du tout sûr de pouvoir compter sur les Russes ; quant aux Américains, toujours temporisateurs, ils resteront d'abord des spectateurs, complaisants il est vrai ; notre territoire sera sans doute une fois de plus envahi, quelques jours peuvent suffire pour atteindre Paris.

« Il faudra donc ensuite repartir de la Bretagne ou des massifs montagneux, voire de l'Algérie et lutter pendant de longs mois pour aboutir avec nos alliés à une victoire finale. Mais au prix de quels sacrifices ! »

Un an plus tard, en novembre 1938, un mois après les accords de Munich, de Gaulle écrit :

« Nous sommes, nous, la France, au bord de l'abîme. »

Le 3 septembre 1939, la Grande-Bretagne et la France déclarent la guerre à l'Allemagne.

Une « drôle de guerre » commence, vingt-cinq ans après le début de la Première Guerre mondiale en août 1914.

PREMIÈRE PARTIE

Janvier 1940
—
9 mai 1940

« … Dans tous les partis, dans la presse, dans l'administration, dans les affaires, dans les syndicats, des noyaux très influents sont ouvertement acquis à l'idée de cesser la guerre… »

Charles DE GAULLE
Janvier 1940

1.

Nous sommes à l'aube du mercredi 10 janvier 1940.

Sur la piste de l'aérodrome de Münster, la capitale de la Rhénanie du Nord, deux mécaniciens s'affairent autour d'un petit avion de la Luftwaffe.

Les flammes du brasero qu'ils ont allumé éclairent la croix gammée noire du IIIe Reich, peinte sur l'étroite carlingue du biplace.

Un vent aussi glacé que les blizzards du Grand Nord balaie la piste ; il souffle sur toute l'Europe. Le Rhin est gelé et couvert de neige. Personne ne se souvient d'avoir connu un hiver aussi rude.

Les mécaniciens, entre deux tentatives de lancer l'hélice, ouvrent leurs mains au-dessus du brasero, puis ils recommencent, empoignant les pales, faisant hoqueter le moteur.

Ils jurent. Et comme eux, des millions d'hommes dans leurs cantonnements, leurs casemates, leurs postes de garde ou de guet maudissent ce froid glacial, cette malédiction qui s'est abattue sur l'Europe, en même temps que la guerre.

Le vendredi 1er septembre 1939, les troupes de Hitler avaient envahi la Pologne pour effacer le couloir attribué à ce pays par le traité de Versailles et qui séparait le Reich de la ville allemande de Dantzig.

Le dimanche 3 septembre, le Royaume-Uni et la France ont déclaré la guerre à l'Allemagne puisque Hitler ne voulait pas retirer ses troupes de Pologne.

« La France sera l'agresseur », dit Ribbentrop, le ministre des Affaires étrangères du Reich, s'adressant à l'ambassadeur de France, Coulondre.

Ribbentrop était d'une pâleur de cadavre, les lèvres blanches, les mains et la voix tremblantes.

La Deuxième Guerre mondiale venait de commencer. Or Ribbentrop était persuadé, comme Hitler, que Londres et Paris, qui avaient abandonné la Tchécoslovaquie en 1938, à la conférence de Munich, ne se porteraient pas au secours de la Pologne.

« L'Histoire jugera », lui a répondu Coulondre.

À Londres, le Premier Ministre Neville Chamberlain déclarait :

« J'espère vivre assez longtemps pour voir le jour où l'hitlérisme aura été écrasé et une Europe libre restaurée. »

Ainsi Chamberlain, l'un des artisans de Munich, changeait-il de camp. Devenu ardent adversaire de Hitler, il invitait Winston Churchill à faire partie du Comité de guerre comme Premier lord de l'Amirauté.

Neville Chamberlain *(à gauche)* à Munich avec Ribbentrop.

Mais il était trop tard pour sauver la Pologne.

Depuis le 1er septembre, Varsovie est écrasé sous les bombes. Le chaos règne. Les habitants égarés errent dans une ville, un pays qui ne sont plus que ruines. Quelques heures auparavant, c'était encore la paix. On se serrait dans les cafés bondés. On riait. On dansait. On se moquait des discours de Hitler qui n'étaient que rodomontades. Et maintenant « on tâtonne dans les ruines des maisons éventrées et des rues déchirées, dans une atmosphère de poussière, de fumée de mort et d'ultime défaite ».

Que peuvent les cavaliers polonais contre les chars du général Guderian ? Mourir.

En quelques jours, la Pologne s'effondre.

C'est un hiver précoce qui empoigne l'Europe à la gorge.

On ne veut pas écouter les cris des Polonais, humiliés, assassinés.

On détourne les yeux pour ne pas voir les Juifs des ghettos traqués, massacrés, jetés dans des fosses communes. Seuls quelques hommes osent tirer la leçon de cette *Blitzkrieg*. Churchill s'époumone :

« On ne comprend pas en France et en Angleterre les conséquences de ce fait nouveau qu'il est possible de conduire des véhicules blindés capables de résister à un feu d'artillerie et de parcourir des avancées de plus de 150 kilomètres par jour. »

Le colonel Charles de Gaulle fait visiter son commandement à Albert Lebrun.

En France, le colonel Charles de Gaulle, dont le caractère et les écrits ont suscité d'âpres controverses, tente depuis des années de faire partager la même conviction. Il commande les chars de la 5e armée à Wangenbourg, au sud de Saverne, avec mission de défendre l'Alsace en arrière de la ligne Maginot.

Il ne croit pas à l'efficacité de cette suite de forts, de casemates qui se succèdent des Vosges aux Ardennes. Mais audelà, que fera-t-on pour arrêter les blindés allemands s'ils s'élancent dans les forêts ardennaises réputées infranchissables selon Gamelin, le général en chef, et le maréchal Pétain, statue du Commandeur de toute l'armée ?

Seul Paul Reynaud, ministre des Finances du gouvernement Daladier – négociateur et signataire des accords de Munich, véritable capitulation devant Hitler –, écoute de Gaulle, l'appuie. Reynaud pourrait être le Churchill français.

Mais que peut-il alors que le pacifisme ronge l'opinion, qu'on refuse de « mourir pour Dantzig », qu'on préfère une paix de soumission à la boucherie héroïque et victorieuse de 1914-1918 ?

Hitler sait tout cela.

Le 6 octobre 1939, il monte à la tribune du Reichstag, applaudi par les députés dont la plupart portent l'uniforme.

« Pourquoi cette guerre à l'ouest ? s'écrie-t-il. Pour la restauration de la Pologne ? Il serait insensé d'anéantir des millions d'hommes et de détruire des biens valant des millions pour reconstruire un État qualifié d'avorton dès sa naissance par tous ceux qui n'étaient pas d'origine polonaise. »

Daladier, Chamberlain repoussent cette offre de paix, ce leurre, mais le poison est instillé : « Pourquoi mourir pour Dantzig ? Pour rendre aux Polonais cette ville allemande qui vient, en délire, d'acclamer Hitler ? »

Drôle de guerre sur ce front de l'Ouest.

Par dizaines, chaque jour, des trains passent sur la rive droite du Rhin, à 500 mètres des armes automatiques françaises, mais on n'ouvre pas le feu. Les guetteurs dénombrent les wagons et rendent compte, puis reprennent la partie de belote interrompue.

Une crue du fleuve emporte quelques chalands : les états-majors cherchent une ligne droite pour les faire couler par des casemates de berge sans que les projectiles aillent frapper la rive allemande. On n'a compté en septembre, au moment de la ruée nazie sur la Pologne, qu'une brève offensive française en Sarre suivie d'un rapide repli.

Les officiers allemands s'étonnent. L'un d'eux écrit : « Nos cheveux se dressent sur la tête en pensant à la possibilité d'une attaque française d'envergure alors que le gros des forces allemandes – tanks, divisions blindées, Luftwaffe, unités d'élite – est en Pologne. »

Mais rien ne se produit. L'activité la plus fébrile concerne l'organisation des spectacles par la section du Théâtre aux Armées !

Et pourtant, note un témoin : « Tous les villages que j'ai traversés regorgent de troupes et de matériel. Les voies ferrées déversent abondamment ravitaillement et engins de guerre. Les usines travaillant pour la défense nationale marchent nuit et jour. Et il n'y a pas de bombardements même aériens. Est-on en guerre ? C'est la question que chacun se pose. Le malaise et le mécontentement se répandent. Les gens des campagnes se plaignent non seulement de leurs difficultés mais de la mauvaise volonté que l'on met à accorder des permissions agricoles alors que le travail presse et que les dépôts regorgent d'hommes qu'on ne sait à quoi employer. »

La propagande allemande inonde ces troupes françaises inactives, désorientées. Tracts, émissions de radio répètent inlassablement que cette guerre est inutile, qu'elle ne sert pas les intérêts français mais ceux de la City de Londres. On rappelle l'offre de paix de Hitler.

Mourir pour Dantzig, pour l'avorton polonais ? Folie.

De Gaulle s'indigne de cette passivité française. Il écrit à Paul Reynaud :

« Notre système militaire a été bâti exclusivement sur la défensive en vue de la défensive : si l'ennemi n'attaque pas c'est l'impuissance quasi totale. Or, à mon avis, l'ennemi ne nous attaquera pas de longtemps. Son intérêt, c'est de laisser "cuire dans son jus" notre armée mobilisée et passive en agissant ailleurs entre-temps. Puis, quand il nous jugera lassés et désorientés, mécontents de notre propre inertie, il prendra en dernier lieu l'offensive contre nous, avec dans l'ordre moral et dans l'ordre matériel, de toutes autres cartes que celles dont il dispose aujourd'hui. »

Hitler est aux aguets.

Il reprend sans cesse le plan d'attaque qu'il a élaboré avec ses généraux. Il s'agit d'attirer les forces françaises et britanniques en Belgique dont on aura violé la neutralité. On les coupera de leurs bases par l'offensive des divisions blindées puis on les détruira.

C'est la réédition du plan qui avait été mis en œuvre en août 1914. Mais il n'y aura pas de bataille de la Marne. La France rongée par le pacifisme, surprise, capitulera. Puis on traitera avec le Royaume-Uni. Et après, on se tournera vers cette Russie soviétique, cette URSS avec qui on a signé le 23 août 1939 un pacte de non-agression, avec qui l'on s'est partagé la Pologne vaincue, mais dont les initiatives dans les pays Baltes, en Finlande, montrent l'agressivité, les ambitions.

Il faudra la briser, faire des étendues russes l'espace vital allemand.

Mais chaque chose en son temps.

Le jeudi 23 novembre 1939, Hitler réunit à la Chancellerie du Reich les généraux en chef et les officiers d'état-major. On devine qu'il éprouve un intense plaisir à se retrouver face à ces membres de l'élite militaire, nobles souvent, qu'il domine, lui, le caporal de 14-18, décoré de la croix de fer de première classe, et devenu chancelier du Reich. Il leur parle les yeux fixes. Mais le visage est mobile. Le ton est exalté. Les mains s'ouvrent et se crispent, ponctuent chaque mot :

« Aucun militaire, aucun civil ne pourrait me remplacer, dit-il. Je suis convaincu de la puissance de mon intelligence, et de ma fermeté. Nul n'a jamais accompli ce que j'ai accompli. J'ai conduit le peuple allemand à un sommet même si le monde nous hait comme à présent... Le destin du Reich ne repose que sur moi et j'agirai en conséquence. »

Il se raidit, dressé sur la pointe des pieds, les poings fermés devant son visage :

Adolf Hitler

« Ma décision est irrévocable, martèle-t-il. J'attaquerai la France et l'Angleterre au moment le plus favorable et le plus proche. Violer la neutralité de la Belgique et de la Hollande est sans importance. Personne ne mettra cela en question quand nous aurons vaincu... L'esprit des grands hommes de notre Histoire doit nous encourager tous. Le destin ne nous demande pas plus qu'aux grands Allemands de notre Histoire. Aussi longtemps que je vivrai je ne penserai qu'à la victoire de mon peuple. Je ne reculerai devant rien et j'anéantirai tous ceux qui s'opposent à moi. Je veux anéantir l'ennemi. »

Les généraux et les officiers d'état-major – les von Rundstedt, les von Brauchitsch, les Keitel, les Halder, les Guderian, et tous les autres – se lèvent, claquent des talons, et se figent au garde-à-vous.

Anéantir l'ennemi ? Quel ennemi ?

Cet homme qui, il y a quelques jours, le 8 novembre au soir, a fait exploser une bombe, à Munich, dans cette brasserie du *Bürgerbräukeller* où le Führer s'était rendu pour célébrer, comme chaque année, l'anniversaire de sa prise de parole en ce lieu, le 9 novembre 1923, sa première tentative de s'emparer du pouvoir ?

L'attentat du 8 novembre 1939 est-il une provocation ? Une manière d'impliquer les services secrets anglais, accusés par Goebbels, ministre de la Propagande, d'avoir voulu assassiner le Führer !

Quels ennemis ?

Ces passagers du paquebot *Athenia*, torpillé dès le 3 septembre 1939, à 400 kilomètres des côtes d'Irlande, par le sous-marin U30 dont le capitaine ne pouvait ignorer qu'il s'agissait d'un navire désarmé, ayant à son bord des Américains, dont vingt-huit périrent.

Goebbels affirme que Churchill a fait exploser le navire et que la marine allemande n'est en rien responsable du naufrage, dont le lord de l'Amirauté anglaise est seul coupable.

Quels ennemis ?

C'est Himmler, chef de la Gestapo, Reichsführer des SS, cette troupe d'élite, qui raconte aux jeunes officiers de la *Leibstandarte* SS, qui n'ont pu participer à la campagne de Pologne, ce qu'ont accompli les troupes nazies :

« Cela se passa en Pologne, dit Himmler, par une température de 40 degrés au-dessous de zéro, où nous devions traîner au loin des milliers, des dizaines de milliers, des centaines de milliers de gens, où nous dûmes avoir le dur courage – vous devez entendre cela mais aussi l'oublier immédiatement – de fusiller des milliers de notables polonais… Messieurs, il est plus facile dans bien des cas d'aller au combat avec une compagnie que de supprimer une population arriérée, encombrante, de procéder à des exécutions, d'expulser des gens, ou de traîner des femmes en larmes ou à bout de nerfs… »

Heinrich Himmler, chef des SS.

2.

Que savent-ils des massacres perpétrés en Pologne, les deux commandants de la Luftwaffe qui, à l'aube du mercredi 10 janvier 1940, descendent de la voiture qui les a conduits au bout de la piste de l'aérodrome de Münster, au pied de cet avion dont le moteur tourne maintenant à plein régime, l'hélice brassant la neige qui continue de tomber dru ?

Le plus grand des deux est le commandant Erich Hoenmanns qui doit piloter l'avion de Münster à Bonn, afin de conduire le commandant Helmut Reinberger, officier de liaison auprès de la IIe escadre aérienne stationnée sur les différents aérodromes proches du Rhin. Le général Student, commandant en chef des troupes aéroportées, a chargé Reinberger de préciser à l'état-major de la IIe escadre quelques points importants du plan d'invasion qui comporte des lâchers de parachutistes sur les forts hollandais et belges.

Reinberger serre contre lui une sacoche contenant le « plan opérationnel de l'offensive à l'ouest ». C'est un document de plusieurs pages, comportant de nombreuses cartes et donnant tous les axes de l'attaque et le moment de l'entrée en action des différentes unités. Il dresse la liste des objectifs des divisions blindées, des parachutistes et des attaques aériennes. Le déroulement de l'attaque est précisé, à partir de l'heure H, jusqu'à H + 24, soit vingt-quatre heures après la première action.

Seule la date du jour de déclenchement de l'offensive n'est pas indiquée.

Mais depuis la réunion des généraux et des officiers d'état-major à la Chancellerie, le jeudi 23 novembre 1939, toute l'armée allemande attend l'ordre d'attaquer.

Les attachés militaires auprès des ambassades de Belgique et de Hollande à Berlin ont recueilli des quelques officiers allemands hostiles à Hitler des informations inquiétantes. Les divisions blindées ont été transférées de Pologne au bord du Rhin, comme les escadrilles de la Luftwaffe ou les unités de parachutistes.

Puis Hitler a renoncé à fixer la date de l'offensive.

En ce mercredi 10 janvier 1940, Reinberger et Hoenmanns ont le sentiment que l'heure est proche.

L'un des mécaniciens les aide à monter dans l'avion cependant que l'autre se tient prêt à retirer les cales qui bloquent les roues de l'appareil.

Hoenmanns donne le signal.

L'avion commence à rouler, à s'enfoncer bien vite dans cette nuit dense que rayent les averses de neige et dans laquelle les projecteurs réussissent à peine à éclairer la piste.

Le vent déforme, étouffe le bruit du moteur.

L'avion a été englouti par la nuit d'hiver.

Ce même mercredi 10 janvier 1940, Hitler, dans son immense bureau de la Chancellerie du Reich, aux larges baies vitrées et aux énormes colonnes quadrangulaires, confère avec ses généraux du haut commandement de la Wehrmacht.

Il les interroge, écoute leurs réponses. C'est lui seul qui décidera.

Voilà des semaines qu'il hésite.

Il voulait lancer l'offensive au début décembre. Mais il a dû y renoncer tant les conditions météorologiques étaient mauvaises. Ce blizzard et ces bourrasques de neige rendaient impossibles toutes les opérations aériennes. Il a fallu attendre.

Et subir, n'avoir à opposer que des mots aux cris de triomphe des Anglais. Les croiseurs et destroyers de la Royal Navy ont traqué dans l'Atlantique Sud le cuirassé de poche

Adolf Hitler à son bureau.

Graf Spee. Ils l'ont acculé dans le Río de la Plata et, le 18 décembre, le capitaine Langsdorff qui commande le navire a décidé de le saborder et de se suicider.

Hitler n'a que mépris pour cet officier qui n'a pas combattu jusqu'au bout, qui certes a sauvé son équipage et transbordé à bord d'un ravitailleur allemand, l'*Altmark*, les prisonniers anglais qui se trouvaient à bord du *Graf Spee*. L'*Altmark*, qui a pu échapper au blocus anglais, a rejoint l'Atlantique Nord, mais l'échec ne peut être dissimulé.

Hitler a le sentiment que l'inaction sur le front ouest lui fait perdre les bénéfices de l'écrasement de la Pologne.

Staline, Géorgien retors et tsar impitoyable, est rusé comme un renard, déterminé comme un grand carnassier. Il arrache dans les négociations commerciales avec le Reich avantage sur avantage, et sur le

Staline

terrain pousse l'Armée rouge vers les pays Baltes, la Finlande. Il met en coupe réglée les territoires polonais qu'il a envahis en application des protocoles secrets joints au traité de non-agression germano-soviétique.

Et cependant, il faut le ménager, célébrer avec lui l'année quarante.

« Meilleurs vœux, télégraphie Hitler, pour votre bonheur personnel ainsi que pour la prospérité future des peuples de l'amicale Union soviétique. »

Et Staline répond :

« L'amitié des peuples d'Allemagne et d'Union soviétique, cimentée par le sang, a toutes raisons d'être durable et solide. »

Qui peut être dupe ?

Mais il faut, aussi longtemps que la France et l'Angleterre restent puissantes et donc menaçantes à l'ouest, donner des gages à ce barbare géorgien, plus tsar qu'un Russe. Alors, on lui vend ce qu'il réclame, du matériel de guerre, des machines pour fabriquer balles et obus, navires de combat. Et en échange, il cède le blé de l'Ukraine, le pétrole du Caucase, les minerais précieux de l'Oural.

Et ce commerce, cette apparente bonne entente indignent certains dignitaires nazis, des officiers de la Wehrmacht, ou ce Mussolini, qui n'a même pas osé entrer en guerre. Mais cet aveu de faiblesse n'empêche pas le Duce de faire la leçon, et même de menacer.

Hitler, furieux, a lu la lettre que Mussolini lui a adressée le 3 janvier :

« Sans un coup de feu, écrit le Duce, la Russie a tiré profit de la guerre en Pologne et dans les régions de la Baltique. Mais moi, un révolutionnaire-né, je vous dis que vous ne pouvez sacrifier en permanence les principes de votre révolution aux exigences tactiques d'une certaine période politique… C'est mon devoir d'ajouter qu'un pas de plus dans vos relations avec Moscou aurait des répercussions catastrophiques en Italie… »

Il faut agir à l'ouest, sous peine de s'enliser, de perdre l'élan qui a balayé la Pologne. Il faut conserver la même force. Et, dans un assaut fulgurant, briser la France et contraindre le Royaume-Uni à la négociation et à la paix. Que l'Angleterre se désintéresse de l'Europe continentale où le Reich doit seul régner.

Hitler, le jour de l'an, s'adresse au peuple allemand.

« Je n'ai pas voulu cette guerre, dit-il. Ce sont les Juifs et les profiteurs de guerre capitalistes qui l'ont déclenchée. Mais nous Allemands, unis à l'intérieur du pays, préparés économiquement et armés militairement au plus haut degré, nous entrons dans l'année la plus décisive de l'histoire de l'Allemagne... Que l'année 1940 apporte la décision. Elle sera, quoi qu'il arrive, notre victoire. »

Ce mercredi 10 janvier 1940, Hitler ordonne que les forces armées soient prêtes pour l'offensive à l'ouest, fixée au 17 janvier, quinze minutes avant le lever du soleil, soit à 8 h 16.

L'aviation doit commencer son attaque le 14 janvier, sa tâche étant de détruire les terrains d'envol ennemis en France, mais ni en Belgique ni en Hollande. Ces deux pays neutres doivent rester dans l'incertitude jusqu'à l'heure H.

Ce mercredi 10 janvier 1940, le commandant Hoenmanns, qui pilote l'avion à bord duquel se trouve le commandant Helmut Reinberger, vole au ras du sol. Hoenmanns cherche à suivre le Rhin, mais le fleuve a disparu et, à l'infini sous le ciel bas et sombre, se déroule seulement une vaste plaine enneigée.

« Le Rhin est gelé », murmure Hoenmanns, au moment où le moteur tousse, s'arrête, repart quelques secondes, puis cesse de nouveau. On n'entend plus que le bruit du vent, de la descente en vol plané vers cette étendue morne et blanche. Au loin, Reinberger distingue les toits d'un village et le clocher d'une église.

« Est-on en Allemagne ? » interroge Reinberger.

Le commandant Hoenmanns ne répond pas.

3.

Ils n'ont pas atterri en Allemagne.

Le commandant Hoenmanns a découvert sur une plaque de signalisation à demi enfouie dans la neige le nom du village, Mechelen-sur-Meuse.

« Belgique », a-t-il dit d'une voix sourde.

Aussitôt, Helmut Reinberger s'est mis à courir en direction d'une haie qui avait retenu la neige et formait ainsi une sorte de paravent. Il ouvrait sa sacoche et commençait à déchirer les documents, puis tentait d'y mettre le feu, s'y prenant à plusieurs fois, répétant au commandant Hoenmanns qu'il s'agissait du plan détaillé de l'offensive.

Il fallait le détruire à tout prix. Il attisait le feu, n'hésitant pas à plonger ses mains dans les flammes, à remettre dans le foyer les pages à demi consumées.

Et tout à coup ces voix, ces deux silhouettes d'hommes armés de fusils les pointant en direction de Reinberger, criant qu'ils étaient des gardes-frontières.

Ils exigeaient des officiers allemands qu'ils s'écartent du feu, et cependant que l'un d'eux tenait les Allemands en joue, l'autre garde-frontière piétinait les flammes, ramassait les morceaux de papier calcinés, s'emparait d'un geste brutal de la sacoche de Reinberger, puis forçait les Allemands à marcher vers le village.

Dans le petit poste de garde, un officier belge étale les plans, les feuillets, sur une table, et Reinberger profite d'un instant de distraction pour s'emparer des papiers, les jeter dans le poêle. L'officier belge les arrache aux flammes, maîtrise Reinberger qui tente de prendre le revolver du Belge, crie qu'il veut se suicider. Il est coupable vis-à-vis du Reich, dit-il aux Belges. Il a commis « une faute impardonnable ».

Puis son corps s'affaisse, il prend sa tête à deux mains, se laisse conduire vers la voiture qui doit emmener les deux Allemands à Bruxelles où ils vont être interrogés par les officiers de renseignements, qui examineront ce qui reste du plan opérationnel.

« J'ai tout détruit », dit Reinberger au diplomate allemand qui vient chercher les deux officiers. Ils ne sont accusés que d'un atterrissage forcé dû à une panne de moteur et à une erreur de navigation.

Mais à Bruxelles, à Paris, à Londres, à La Haye, à Berlin, dans les réunions des Comités de guerre, dans les états-majors, les ambassades, l'orage se déchaîne.

Léopold III

Ainsi, s'indigne-t-on, en Belgique, aux Pays-Bas, les Allemands préparent l'invasion des deux États neutres.

En octobre 1936, le roi des Belges Léopold III a réaffirmé la neutralité de son pays. Faut-il devancer l'attaque allemande dont les plans laissent penser qu'elle se déchaînera bientôt ? Faut-il ouvrir les frontières aux divisions françaises et britanniques ?

Le Premier lord de l'Amirauté, Churchill, s'emporte devant les atermoiements des Belges.

« Leur politique est indéfendable », s'écrie-t-il.

À Paris, Daladier, le président du Conseil, est plus sévère. Il confie, quand il apprend que, l'alerte passée, le roi des Belges renvoie le général qui a fait lever les barrières afin que les Français puissent avancer : « Léopold III est germanophile. Si la France veut attaquer les Allemands en passant par la Belgique, les Belges nous tireront dessus. »

Joseph Goebbels

À Berlin, à la Chancellerie du Reich, Goering enrage, il veut sévir contre les deux officiers de la Luftwaffe.

Goebbels a le visage parcouru par des tics.

Himmler marmonne qu'il y a autour du chef des services de renseignements allemands, l'amiral Canaris, des ennemis du Führer qui ont peut-être organisé cet « accident » afin d'avertir les neutres, les Français et les Anglais, rendant ainsi l'offensive impossible.

Et à Paris, dans l'entourage de Daladier et du général en chef Gamelin, mais aussi à Londres – et Churchill lui-même –, on se demande s'il ne s'agit pas d'un piège tendu par Hitler, pour bouleverser les plans français et anglais et créer des conflits avec la Belgique et les Pays-Bas, si les troupes alliées forcent la frontière belge pour se porter au-devant de l'ennemi allemand.

Puis la tension retombe. L'offensive allemande qui paraissait imminente – le nonce apostolique à Bruxelles l'avait confirmé – ne se déclenche ni le 13 janvier ni le 14, ni le 17, alors que ces dates avaient été avancées par différentes sources. « La Belgique vient de nous faire connaître, communique le général Gamelin à Daladier, qu'elle ne pouvait plus prendre la responsabilité de nous appeler. »

« La comédie est terminée », note le général Georges qui commande le corps d'armée ayant fait mouvement vers la Belgique.

On a frissonné quelques jours, une semaine du mercredi 10 au 17 janvier, puis l'attentisme l'emporte de nouveau. L'alerte est oubliée. Les plans élaborés sont maintenus, comme si la connaissance des projets allemands n'avait rien apporté. On n'entrera en Belgique que si le roi en fait la demande.

Et tant pis si la manœuvre, avec des Allemands ayant violé la neutralité belge et néerlandaise, est trop tardive, exposée aux attaques aériennes, si la Belgique devient une nasse pour les divisions alliées.

« Tant pis », répète le généralissime Gamelin.

Tant mieux, pense le Führer.

À l'annonce que les plans de l'offensive étaient tombés aux mains de l'ennemi, Hitler est resté calme, maître de lui, le plus souvent silencieux, ne répondant pas aux sollicitations des dignitaires nazis.

Mais il veut écouter le chef d'état-major du général von Rundstedt, Erich von Manstein, qui propose de changer le plan d'offensive, dévoilé maintenant, mais surtout trop classique, copie à gros traits du plan du général Schlieffen appliqué en 1914.

Manstein propose de porter l'effort principal de l'offensive sur les Ardennes, réputées infranchissables par les blindés.

Il a interrogé le général Guderian, puis convaincu le général von Rundstedt.

Au quartier général de l'armée – l'OKH –, les généraux Brauchitsch et Halder sont réticents devant ce jeune général qui bouleverse leur stratégie. Ils décident de le muter de son poste et de l'envoyer commander une unité d'infanterie, loin du quartier général.

Mais Hitler veut rencontrer von Manstein, aux idées si originales qu'on veut l'écarter.

Il est séduit, s'empare de son idée, l'impose.

À la fin de janvier, les nouveaux plans qui font des Ardennes la charnière de la manœuvre commencent à être élaborés.

Les Français n'ont laissé face aux forêts ardennaises qu'un mince écran de divisions de second ordre. Les blindés les bousculeront, les détruiront. Et, comme un grand coup de faux, les divisions motorisées allemandes trancheront les communications des troupes anglo-françaises entrées en Belgique.

Mais le général Halder, chargé d'élaborer les nouveaux plans, avertit le Führer qu'ils ne pourraient s'appliquer que dans quelques mois.

Ils exigent en effet qu'on déplace la plupart des unités, que l'offensive contre la Belgique et la Hollande demeure puissante, capable de surprendre par l'emploi de l'aviation des parachutistes et des divisions motorisées, de refouler le meilleur de l'armée française et du corps expéditionnaire britannique. Et qu'en même temps elle soit un leurre attirant l'ennemi, que les divisions de Panzers venues des Ardennes attaqueront sur ses arrières.

« Il faut fermer la nasse, atteindre Calais, Dunkerque, dit Hitler.

— Dans trois mois les plans seront prêts, répond Halder. Les divisions blindées auront rejoint leurs emplacements de départ.

— Offensive en mai », murmure Hitler.

4.

Cette intention d'Adolf Hitler de rééditer sur le Rhin ce qui lui a magistralement réussi sur la Vistule, quelques hommes, en janvier 1940, l'ont percée à jour.

En France et en Angleterre, un colonel Charles de Gaulle, un Winston Churchill, Premier lord de l'Amirauté, un Paul Reynaud, ministre des Finances, et une poignée d'autres ne sont pas dupes de cette « drôle de guerre », ce piège tendu par Hitler, et dans lequel s'engourdissent les armées alliées.

Sur les bords du Rhin, depuis le 3 septembre 1939, on meurt plus de froid et de maladie, d'accident, que d'un éclat d'obus ou d'une balle.

On somnole dans les postes de guet. On ne tire pas sur l'ennemi afin de ne pas susciter sa riposte.

Charles de Gaulle brise cette quiétude, ce refus d'analyser la pensée de l'ennemi.

« J'ai lu *Mein Kampf* », dit de Gaulle à un groupe de parlementaires anglais venus visiter le camp d'entraînement de Blamont où de Gaulle forme les équipages des chars.

« Messieurs, nous avons perdu la guerre, continue-t-il d'une voix forte. Il s'agit maintenant d'en gagner une seconde. »

Il dévisage ces honorables membres de la Chambre des communes qui piétinent dans la boue et s'étonnent, se scandalisent de ses propos.

« Les chars allemands ne passeront pas la Manche, reprend de Gaulle. Les Américains et les Russes entreront dans le conflit. Le pacte germano-soviétique n'a qu'une durée provisoire. »

Quelques jours plus tard, alors qu'il est invité à dîner rue de Rivoli, dans les appartements du ministre des Finances, Paul Reynaud, de Gaulle récidive en répondant à Léon Blum, ancien président du Conseil socialiste, autre convive de Reynaud, qui l'interroge sur l'avenir :

« Mon pronostic ? Le problème est de savoir si au printemps les Allemands attaqueront vers l'ouest pour prendre Paris ou vers l'est pour atteindre Moscou ! »

À la fin de la soirée, raccompagnant Blum chez lui, de Gaulle confie ses craintes d'une voix sourde.

« Je joue mon rôle dans une atroce mystification, dit-il. Les quelques douzaines de chars légers qui sont rattachés à mon commandement sont une poussière. Je crains que l'enseignement de la Pologne pourtant si clair n'ait été récusé de parti pris. On ne veut pas que ce qui a été réussi là-bas soit exécutable ici. Croyez-moi, tout reste à faire chez nous. Si nous ne réagissons pas à temps, nous perdrons misérablement cette guerre. Nous la perdrons par notre faute. Si vous êtes en mesure d'agir de concert avec Paul Reynaud, faites-le, je vous en conjure ! »

De Gaulle ne renonce pas à convaincre.

Le 21 janvier 1940, il adresse à quatre-vingts personnalités politiques ou militaires un mémorandum intitulé *L'Avènement de la force mécanique*. Il y répète que le char – le « moteur combattant » – est l'arme décisive de cette guerre.

« Les chars, écrit-il, employés en masse comme il se doit, seraient capables de surmonter nos défenses actives ou passives… Combien de guerres furent, à leurs débuts, marquées par une surprise et une erreur d'appréciation, de prévision. Ici, c'est l'inertie qui est le fait nouveau. Mais c'est un faux-semblant. Les moteurs combattants peuvent rompre toutes les lignes de fortification. »

Il conclut :

« Ne nous y trompons pas, le conflit qui est commencé pourrait bien être le plus étendu, le plus complexe, le plus violent de tous ceux qui ravagèrent la terre. »

Aucune réaction officielle à son mémorandum.

De Gaulle n'est qu'un colonel qui n'a pas encore cinquante ans. Certes Reynaud et Blum approuvent le texte, mais Daladier, président du Conseil et ministre de la Guerre, n'a pas daigné lire le mémorandum.

Alors, il faut poursuivre l'entraînement des hommes et des « machines ». Il faut attendre que l'événement vienne bousculer toutes les lignes et espérer un sursaut salvateur.

À Londres, Churchill s'exprime avec la même lucidité et une détermination équivalente.

« Nous avons essayé encore et encore d'éviter cette guerre, dit-il, et pour l'amour de la paix, nous nous sommes résignés à beaucoup de choses qui n'auraient pas dû arriver. Mais maintenant, nous sommes en guerre et nous ferons la guerre, et nous continuerons à faire la guerre et jusqu'à ce que l'autre camp en ait eu assez ! »

Et le Premier lord de l'Amirauté prophétise devant le micro de la BBC :

« La tempête va faire rage, elle va mugir, toujours plus fort, toujours plus violemment. Elle va s'étendre au sud, elle va s'étendre au nord. Aucune fin rapide n'est possible sinon par une action commune. »

La voix se fait plus grave, le ton plus dur :

« Vous pouvez être absolument assurés que, de deux choses l'une, soit tout ce que la Grande-Bretagne et la France représentent dans le monde moderne disparaîtra, soit Hitler, le régime nazi et la menace allemande ou prussienne périodique seront brisés ou détruits. Voilà où nous en sommes et tout le monde ferait bien de prendre son parti de cette réalité concrète et sombre. »

5.

Chaque jour de ces premiers mois de 1940, de février à avril, d'un hiver implacable à un printemps étincelant et souverain, confirme les intuitions et les analyses du colonel Charles de Gaulle et de sir Winston Churchill, Premier lord de l'Amirauté.

Hitler, comme un fauve qui, les yeux mi-clos, guette sa proie, continue de jouer avec l'esprit de ces millions d'hommes mobilisés, arrachés à leur vie que ronge l'inaction et que désoriente la propagande de Radio Stuttgart. Un journaliste français à la voix nasillarde – un certain Ferdonnet – connaît l'emplacement des unités françaises aussi bien – et mieux – que les officiers dont il cite les noms.

La rumeur se répand qu'une « cinquième colonne » désorganise, paralyse les armées alliées, qu'elle a partout des complices qui se dévoileront au moment de l'offensive, qui viendra sans doute avec le beau temps.

Mais que faire d'ici là ? Et pourquoi faudrait-il que cette guerre ait lieu ?

De Gaulle le dit et le répète.

« L'ennemi attendra, suivant moi, que l'actuelle stagnation énerve et mécontente l'armée et le peuple français. Il attaquera seulement quand cette passivité prolongée et l'effort de sa propre propagande auront entraîné chez nous un fléchissement moral. »

De Gaulle s'inquiète d'autant plus qu'il sait, par Paul Reynaud, que les renseignements confirment la préparation d'une grande offensive allemande dont l'axe principal a été modifié.

Les divisions de Panzers sont concentrées dans le Sud, et les positions qu'elles ont prises, comme celles occupées par les unités d'infanterie, indiquent qu'elles attaqueront entre Sedan et Namur, à la charnière du dispositif français.

Là, il n'y a que l'obstacle des Ardennes.

La ligne Maginot et ses casemates n'ont pas été prolongées jusque-là.

Des informations transmises par les services de renseignements belges sont encore plus précises.

Le général belge Van Overstraeten écrit :

« La principale poussée s'exerce sur les Ardennes en direction de Dinant, Saint-Quentin, dans le dessein de couper de Paris les armées alliées en Belgique et de les encercler dans le Pas-de-Calais. »

Le contre-espionnage français signale qu'il a appris que les services de renseignements de la Wehrmacht étudient les itinéraires de Sedan à Abbeville, à l'embouchure de la Somme.

Les Allemands déterminent les charges que les ponts peuvent supporter, la qualité des routes, l'importance des obstacles fluviaux.

Le général Gamelin

Or la 9e armée française, qui devrait protéger la charnière et faire face à cette poussée puissante, est composée de réservistes âgés, mal pourvue en combattants de première ligne. Elle n'est dotée ni de blindés ni de canons antichars et antiaériens.

Elle a été placée là, derrière Sedan, parce que le généralissime Gamelin estime les Ardennes infranchissables.

Et rien ne le fait changer d'avis.

Il néglige l'information transmise par l'attaché militaire français à Berne qui annonce que l'offensive est prévue dans la période du 8 au 10 mai. Elle serait concentrée sur Sedan.

Gamelin ne réagit pas.

Il n'est pas ébranlé quand on lui transmet les photographies prises par le pilote Antoine de Saint-Exupéry.

L'écrivain, mobilisé, a repéré huit ponts de bateaux jetés sur le Rhin par le génie allemand, entre Bonn et Bingen.

On repère d'autres ponts sur la Moselle, à la frontière de l'Allemagne. Ils attestent que c'est dans cette direction que frapperont Panzers et troupes motorisées.

Mais Gamelin reste immobile.

De Gaulle rencontre le généralissime qui a installé son état-major au château de Vincennes.

Gamelin lui confirme, bien que de Gaulle ne soit que colonel, qu'on va lui attribuer le commandement de la 4e division cuirassée en formation, un poste qui aurait dû revenir à un général.

De Gaulle dit sa fierté.

Il sait que Paul Reynaud a pesé pour qu'on lui accorde ce commandement.

Il écoute Gamelin qui, dévoilant une carte, annonce qu'il s'attend à une attaque allemande dans les prochaines semaines. Il est prêt. Il fera entrer ses troupes en Belgique. Il est sûr de lui.

Et si l'attaque se portait sur la Meuse, à Sedan, interroge de Gaulle.

Gamelin le dévisage longuement.

« Je comprends votre satisfaction, dit-il. Quant à votre inquiétude, je ne la crois pas justifiée. »

De Gaulle salue, traverse les salles silencieuses.

Il a l'impression de se trouver dans un couvent. Il s'étonne.

Le général Gamelin a choisi de partager son quartier général en trois : au sien s'ajoute celui du général Georges à

La Ferté-sous-Jouarre, le plus à l'est ; et celui du général Doumenc et les services administratifs sont à Montry.

Comment peut-on commander en chef dans ces conditions ?

De Gaulle s'éloigne, mal à l'aise.

Il respecte l'intelligence, l'esprit de finesse, l'estime de soi de ce grand chef, mais Gamelin s'apprête dans son « cloître à assumer tout à coup une responsabilité immense en jouant le tout pour le tout sur un plateau » que de Gaulle estime mauvais.

Mais alors qu'il regagne Wangenbourg, ses bataillons de chars, qu'il continue de commander dans l'attente de la constitution de cette 4e division cuirassée qu'on lui a attribuée, de Gaulle médite sur cette étrange période que traverse l'Europe.

Les Russes ont attaqué et envahi la Finlande, après avoir tenté de négocier avec elle l'attribution de bases afin de protéger Leningrad d'une offensive allemande… Et cependant la Russie et l'Allemagne sont liées par un pacte de non-agression.

Le monde entier s'est enflammé pour ces héroïques Finlandais. L'agresseur soviétique a été condamné par la Société des Nations. Et les états-majors français et anglais ont commencé à mettre sur pied des unités afin de porter secours aux Finlandais que soutiennent aussi les… Allemands et les Italiens, comme si s'esquissait là une grande alliance contre les « rouges ».

En même temps, cette intervention en Finlande n'est qu'un prétexte. Elle permettrait de contrôler la « route du fer », par où passent les minerais suédois vendus à… l'Allemagne. Mais la Suède, la Norvège ou le Danemark sont des États neutres qui refusent toute intervention franco-anglaise !

Or, voici que le 16 février 1940, un avion de la Royal Air Force repère le navire allemand l'*Altmark*, le ravitailleur du *Graf Spee* qui a donc réussi à parcourir tout l'Atlantique Nord.

Dans ses cales, croupissent 299 marins britanniques, prisonniers transférés du *Graf Spee.*

Churchill donne ordre à une flottille de destroyers britanniques de passer outre aux interdictions d'entrer dans les eaux territoriales de la Norvège, de donner assaut à l'*Altmark* réfugié dans le Jossingfjord.

Après l'abordage et un bref corps à corps, l'*Altmark* est capturé, les marins britanniques libérés, et la gloire de Churchill scintille, alors que le Premier Ministre Chamberlain n'est qu'une ombre, dont chacun sent bien qu'elle va s'effacer au profit du Premier lord de l'Amirauté.

Winston Churchill dans son uniforme de la Royal Air Force.

Mais ce que visent Churchill et les Français, c'est bien le contrôle, à l'occasion de la guerre russo-finlandaise, des mines de fer. Or, le 12 mars, après une offensive soviétique, les deux pays signent la paix.

« Tout vient de s'écrouler, écrit Churchill. Maintenant la glace va fondre et les Allemands sont maîtres dans le Nord… J'ignore s'ils ont conçu leur propre plan d'action et si nous en verrons bientôt les effets, mais le contraire m'étonnerait. »

Churchill ne se trompe pas.

Hitler a hurlé, tempêté quand il a appris l'attaque contre l'*Altmark*. Il ne réussit pas à se maîtriser, se soûlant de paroles, répétant qu'il a pris sa décision : il faut envahir la Norvège. « L'abordage de l'*Altmark* dans les eaux territoriales norvégiennes a levé toute ambiguïté sur les ambitions britanniques, dit-il. Il faut les devancer, envahir la Norvège. » Et Hitler fixe la date de l'attaque : le 9 avril.

Des fjords de Norvège aux rives du Rhin et de la Meuse, le printemps de 1940 s'annonce comme une apocalypse.

6.

L'apocalypse, les Polonais la vivent depuis les premiers jours de la guerre mais, en cette fin d'hiver quarante, les déportations, les massacres deviennent systématiques et quotidiens.

Dans les territoires occupés par les Russes à la suite des accords secrets conclus avec les nazis, les tueurs du NKVD – la police politique soviétique – abattent, à Katyn, plusieurs milliers d'officiers polonais d'une balle dans la nuque. Et leurs corps s'entassent dans des fosses communes recouvertes d'une mince couche de terre.

Dans le gouvernement général de Pologne, créé par les Allemands, le gouverneur général Hans Frank déclare : « Les Polonais seront les esclaves du Reich allemand. »

Au printemps de 1940, quand l'attention est tout entière tournée vers le front ouest, là où doit se déclencher l'offensive de Hitler, Frank dit en riant qu'il n'a pu détruire « tous les poux et tous les Juifs » en quelques mois, mais qu'il va redoubler d'efforts, parce que le Führer a dit : « Les hommes capables de diriger en Pologne doivent être liquidés. Ceux qui les suivent doivent être supprimés à leur tour. Il est inutile d'imposer ce fardeau au Reich, absolument inutile d'envoyer ces éléments dans les camps de concentration du Reich. »

« Mes chers camarades, poursuit Frank, en ce qui concerne les Juifs, je veux vous dire bien franchement qu'il faut s'en débarrasser d'une façon ou d'une autre... Je dois vous demander, chers camarades, de vous défaire de tout sentiment de pitié. Nous devons anéantir les Juifs. »

Plus de un million de Polonais et 500 000 Juifs sont chassés de leurs maisons, expédiés à l'est de la Vistule.

Dès le 21 février 1940, l'Oberführer SS Richard Glücks, chef de la surveillance des camps de concentration, informe Himmler qu'il a trouvé un « coin convenable » pour un nouveau « camp de quarantaine ». Il est situé à Auschwitz, une ville de 12 000 habitants perdue dans les marais et où se dressent, en plus de quelques usines, d'anciens baraquements d'une unité de cavalerie autrichienne.

Les travaux commencent aussitôt.

À Londres, à Paris, on ignore cette réalité « apocalyptique ».

On est sous le coup de la signature de la paix entre la Finlande et l'URSS.

On s'accroche à l'idée qu'il faut intervenir en Norvège et au Danemark, en dépit du refus de ces deux pays neutres d'accueillir les « alliés ».

On craint que les Allemands ne prennent l'initiative.

La Royal Air Force repère des concentrations de navires allemands en Baltique. De diverses sources, on apprend que le 1er mars Hitler a publié une directive ultrasecrète. « La situation, écrit-il, exige d'effectuer tous les préparatifs en vue de l'occupation du Danemark et de la Norvège. » Et il confirme que l'attaque débutera le 9 avril.

Mais le gouvernement français et ses généraux continuent de mettre sur pied des bombardements sur les puits de pétrole de la région de Bakou.

Et comme si ces divagations ne suffisaient pas, le gouvernement d'union nationale se fissure, l'opposition entre Édouard Daladier et Paul Reynaud mobilise toutes les énergies. Reynaud s'avance en candidat à la succession à la tête du gouvernement.

« Daladier a plus mauvais état d'esprit que jamais, confie Paul Reynaud. Gamelin est ravi de n'avoir pas à prendre de responsabilités. Jean Giraudoux – l'écrivain, chargé de l'Information – n'y comprend rien et le moral du pays, celui des soldats surtout, est corrodé par la propagande nazie, sans qu'on oppose d'antidote à ce mal. Si cela doit continuer comme ça, nous nous réveillerons un matin en face d'une brutale initiative de Hitler qui aboutira avant que nous ne puissions tenter un semblant de résistance, il faudrait des chefs. »

Paul Reynaud

Reynaud pense naturellement à lui. Sa maîtresse, la comtesse Hélène de Portes, intrigue, intervient dans les débats politiques, sape l'autorité de Daladier.

Celui-ci est défendu avec acharnement par la marquise de Crussol, « gracieuse et belle, blonde et jeune d'apparence ». Elle tient salon, elle domine Daladier, veuf, que cette jeune femme brillante fascine.

Quant à Reynaud, il ne peut contenir l'énergie et l'ambition de la comtesse Hélène de Portes. Il est deux fois plus âgé et elle le mène là où elle veut, occupant son bureau de ministre, donnant des ordres aux membres du cabinet.

Ainsi, alors que la tragédie menace, que la barbarie déferle déjà à l'est de l'Europe, c'est un vaudeville qui se joue à Paris, dans les palais gouvernementaux.

Daladier, sentant sa majorité parlementaire se déliter, demande, le 20 mars, un vote de confiance.

Il ne recueille que 239 suffrages contre un, mais les abstentions s'élèvent à 300, dont tous les socialistes et même dix députés radicaux-socialistes – le parti dont Daladier est le chef !

Le 21 mars, Daladier démissionne et le président de la République, Albert Lebrun, charge Paul Reynaud de former le nouveau gouvernement.

Enfin ! s'écrie la comtesse Hélène de Portes.

Paul Reynaud est radieux. Ce petit homme vif, orateur brillant, attend depuis le mois de septembre son heure, persuadé qu'il sera le Clemenceau de cette Deuxième Guerre mondiale.

Il répète :

« Je vous garantis que je la gagnerai, la guerre, je la gagnerai. Vous m'entendez, je la gagnerai. »

Mais c'est un homme isolé que son caractère entier, son intelligence mobile et aussi sa fatuité et ses certitudes, rendent insupportable à beaucoup.

Reynaud, Clemenceau ? Il n'est qu'un « petit tigre », ricane-t-on.

À droite, on lui reproche d'avoir fait entrer dans son gouvernement deux socialistes et d'être soutenu par Léon Blum.

À l'état-major, on sait qu'il soutient les projets du colonel de Gaulle, qu'il veut se débarrasser du généralissime Gamelin.

Le chef de cabinet de Gamelin déclare, une semaine avant la désignation de Reynaud à la présidence du Conseil : « Mais c'est un fou, ce serait un désastre que de confier le pouvoir à cet homme-là. »

Daladier, amer et sévère, notera plus tard dans son journal :

« Quand Lebrun a décidé de faire appel à lui, je lui ai dit qu'il choisissait un homme qui nous conduirait au désastre… Il allait abandonner avec mépris ma tactique qui était de temporiser, d'attendre les livraisons des États-Unis, les progrès de notre industrie. Mais il fallait faire la guerre. Copier Clemenceau. Passer à la postérité. »

Mais Reynaud a aussi contre lui les « défaitistes », ceux qui n'ont pu empêcher la déclaration de guerre en septembre 1939, qui ont été en 1938 partisans de l'accord de Munich. Ils se regroupent autour de Pierre Laval. Ils espèrent que le maréchal Pétain, nommé ambassadeur à Madrid, présidera un jour le gouvernement.

« C'est Pétain qu'il nous faut », répète-t-on. « Hier, grand soldat. Aujourd'hui grand diplomate. Et demain ? » peut-on lire dans un petit fascicule illustré de photos du Maréchal et distribué à des millions d'exemplaires.

Dans les mois qui ont précédé la guerre, Paul Reynaud a été poursuivi par la haine de ceux qui approuvaient Charles Maurras, le leader monarchiste qui, dans son journal *L'Action française*, fustigeait « Mandel, Blum et Reynaud ».

Ainsi, cible de l'extrême droite, du centre et d'une partie des radicaux, Paul Reynaud peine à réunir une majorité. Il lui faut nommer Daladier ministre de la Guerre et conserver Gamelin.

La séance d'investiture du 22 mars ne peut donc être qu'une épreuve.

De Gaulle est assis dans les tribunes du public en compagnie de Dominique Leca, un collaborateur de Reynaud.

Les députés murmurent dès que Reynaud a commencé à parler de sa voix haut perchée.

On l'interrompt quand il dit : « L'enjeu de cette guerre totale est un enjeu total. Vaincre c'est tout sauver. Succomber c'est perdre tout. »

Ces phrases, de Gaulle les connaît par cœur puisqu'il a inspiré sinon écrit le bref discours d'investiture de Reynaud qui poursuit : « Nous tiendrons les dents serrées avec au fond du cœur la volonté de combattre et la certitude de vaincre. »

Ricanements dans l'hémicycle !

« Séance affreuse », commente de Gaulle.

Seul Léon Blum prononce une allocution noble et forte, digne du moment que l'on vit, avec la guerre dont chacun devrait sentir qu'elle va changer de visage.

On vote : 268 voix – dont 153 socialistes – pour Reynaud, contre 156 et 111 abstentions !

Une voix de majorité, et elle sera contestée !

Qu'est devenue l'union sacrée ?

Un député radical-socialiste lance : « Vous n'avez plus qu'à vous retirer ! »

Reynaud n'y songe pas. Mais il cède à Daladier qui, refusant que de Gaulle soit nommé secrétaire du Comité de guerre, s'est écrié : « Si de Gaulle vient ici, je quitterai ce bureau, je descendrai l'escalier et je téléphonerai à Paul Reynaud qu'il le mette à ma place. »

De Gaulle regagne Wangenbourg et ses bataillons de chars dans l'attente que soit constituée – on lui a promis qu'elle le serait au 15 mai – la 4e division blindée, dont il prendra le commandement.

Quant au gouvernement de Paul Reynaud, à peine est-il formé et investi, qu'il apparaît déjà faible et menacé.

Reynaud le sait, mais à soixante-deux ans, il a le sentiment que c'est l'instant du destin, quand un homme rencontre les circonstances qui vont lui permettre de déployer toutes ses qualités.

Il se reconnaît dans les phrases soufflées par ce colonel de Gaulle qu'il soutient depuis tant d'années déjà.

Reynaud a martelé devant les députés non pas un programme précis mais une posture patriotique et morale.

« Susciter, rassembler, diriger toutes les énergies françaises pour combattre et pour vaincre, écraser la trahison d'où qu'elle vienne », telle est la définition de sa politique.

Il pourchassera ainsi les communistes, « la trahison des soviets », qui apportent leur aide aux ennemis de la France.

Le parti communiste a été interdit et ses parlementaires arrêtés.

Mais il doit manœuvrer, accepter comme secrétaire du Comité de guerre Paul Baudouin, gouverneur général de la Banque d'Indochine, dont il n'ignore pas les « penchants pacifistes », l'attirance qu'exercent sur lui les « nouveaux régimes », l'italien, l'allemand, l'espagnol.

Reynaud partage l'analyse de De Gaulle qui constate que « dans tous les partis, dans la presse, dans l'administration, dans les affaires, dans les syndicats, des noyaux très influents sont ouvertement acquis à l'idée de cesser la guerre ». Les milieux bien renseignés affirment que tel est l'avis du maréchal Pétain, ambassadeur à Madrid… Les Allemands se prêteraient à un arrangement. « Si Reynaud tombe, dit-on partout, Laval prendra le pouvoir avec Pétain à ses côtés. Le Maréchal en effet serait en mesure de faire accepter l'armistice par le commandement. »

Mais Reynaud est confiant. Les événements qui viennent, pense-t-il, renforceront sa position. Il répète le mot de Clemenceau : « Mon programme ? Je fais la guerre. »

Il fait savoir à Neville Chamberlain qu'il est prêt à intervenir en Norvège, pour couper la route du fer aux Allemands.

Le 28 mars, il se rend à Londres, au Conseil suprême de guerre, pour inscrire cette question à l'ordre du jour.

À cette occasion, ce 28 mars, il signe un document qui lui semble capital : les gouvernements français et britannique s'engagent à « n'entamer aucune négociation, à ne conclure aucun armistice ou traité de paix, sauf d'un commun accord ».

C'est un engagement sur l'honneur qui, pense Reynaud, musellera les défaitistes, les partisans de l'arrêt de la guerre.

Le 2 avril, il rencontre Churchill à Paris.

Le Premier lord de l'Amirauté et Reynaud s'accordent pour faire savoir aux Norvégiens que, devant l'utilisation abusive des eaux territoriales norvégiennes par la flotte allemande, des mines vont y être larguées par l'aviation britannique.

Ce mouillage est effectué dans la nuit du 7 au 8 avril.

Mais dans la soirée du 8 avril, 50 navires allemands franchissent les détroits danois puis, afin de tromper les Norvégiens, arborent des pavillons britanniques.

C'est une dépêche de l'agence Reuters qui a alerté le gouvernement français.

Le général Gamelin et l'amiral Darlan – le généralissime et le chef de la marine ! – ne savent rien !

La défaillance des services de renseignements français est accablante !

« Je vais faire une enquête », se contente de répondre Darlan à Paul Reynaud.

Le 9 avril, à l'aube, les Allemands occupent les principaux ports norvégiens : Bergen, Stavanger, Trondheim.

Les chefs militaires français n'en paraissent pas affectés.

7.

Il est 8 h 20, ce 9 avril 1940. Paul Reynaud est debout, penché sur une carte de la Norvège. Quelques membres de son cabinet l'entourent. On apporte des dépêches. Les Allemands ont occupé de nombreux ports norvégiens et la capitale, Oslo. Ils contrôlent le Danemark. Copenhague est tombé. Il semble que ces succès aient été remportés par une poignée d'hommes, 9 000 en tout, mais bénéficiant d'une totale protection aérienne. Les navires sont nombreux, mais déjà attaqués par la Royal Navy. Il n'empêche, c'est une nouvelle mise en œuvre de la *Blitzkrieg*, cette guerre éclair qui a balayé l'armée polonaise.

« L'affaire de la Norvège est une victoire de plus à l'actif de la force mécanique, commente de Gaulle, une fois de plus cette victoire est allemande. »

Le général Gamelin arrive enfin dans le bureau de Paul Reynaud, situé au Quai d'Orsay.

Reynaud s'emporte, pose des questions qui sont autant d'accusations. Il interroge Gamelin sur les mesures qui ont été prises pour répondre à l'attaque allemande.

« Vous avez tort de vous énerver, dit Gamelin de sa voix posée. Il nous faut attendre des renseignements complets. Nous sommes en présence d'un simple incident de guerre. La guerre est faite de nouvelles imprévues. »

Et comme Reynaud hausse encore le ton, Gamelin ajoute :

« Je vous demande à nouveau de ne pas être impatient. Nous devons attendre les événements. »

L'incompréhension est complète entre Gamelin, soutenu plus que jamais par Daladier, et Paul Reynaud. Mais les rapports avec l'amiral Darlan sont tout aussi tendus. L'amiral, sans en avoir prévenu Gamelin, propose de riposter à l'invasion allemande en… pénétrant en Belgique immédiatement.

Reynaud écarte cette suggestion, à laquelle Gamelin ne réagit que par une moue de désapprobation.

Le général parti, Paul Reynaud laisse éclater sa colère.

« C'est un préfet, c'est un évêque mais ce n'est à aucun degré un chef. Il n'est pas possible que cela dure. J'en ai assez, je serais un criminel en laissant cet homme sans nerfs, ce philosophe, à la tête de l'armée française. »

Mais comment s'en débarrasser sans entrer en conflit avec Daladier, sans perdre l'appui des radicaux-socialistes et donc être contraint de démissionner ?

Cependant, en Norvège, au fil des heures et des jours, la situation empire malgré les succès remportés par la Royal Navy qui coule la plupart des navires allemands. Mais là où des troupes ont débarqué, les Allemands résistent, la Luftwaffe déverse un tapis continu de bombes et il faut rembarquer les troupes.

Seule la situation à l'extrême-nord, à Narvik, est favorable parce que hors de portée des avions allemands. Reynaud s'empare de ce succès limité pour tenter de masquer l'échec de l'action alliée en Norvège. Il répète, devant les députés et les sénateurs puis à la radio, que « la route du minerai de fer suédois vers l'Allemagne est et restera coupée ».

Mais le 25 avril, Ironside, le chef de l'état-major impérial, écrit que l'évacuation de la Norvège semble être la seule solution envisagée.

Et les Britanniques la mettent en œuvre sans même avertir les Français !

Reynaud écrit à Neville Chamberlain, un Premier Ministre affaibli, lâché peu à peu par les députés conservateurs, son propre camp.

Une majorité se dessine à la Chambre des communes en faveur du Premier lord de l'Amirauté, Churchill.

Le télégramme expédié à Chamberlain par Reynaud en appelle à l'énergie, mais que peut le Premier Ministre ?

Il est isolé. On lui rappelle sans cesse que le 4 avril, avec dédain et superbe, il a claironné :

« Hitler a manqué le coche. »

Vingt jours plus tard, c'est la débâcle en Norvège, mais pour les troupes britanniques. Alors les objurgations de Reynaud – « Il faut voir grand ou renoncer à faire la guerre ; il faut agir vite ou perdre la guerre » – ne sont pas entendues.

Reynaud le découvre.

Il est épuisé, malade, las et abattu. Il se confie à Paul Baudouin dont il n'ignore pourtant pas le « pacifisme ». Mais, alité, Reynaud avoue ses craintes.

« Vers quoi allons-nous ? Nous sommes condamnés à ne pas bouger. Si nous bougeons, un désastre nous attend. Tout est immobile. Tout est désuet. Il faut un an pour remonter cette pente, mais le Parlement me donnera-t-il un an, et les Allemands attendront-ils ? Ils sont renseignés maintenant, depuis le début de l'affaire norvégienne, sur notre incapacité. »

Reynaud charge Baudouin d'avertir le président de la République qu'il compte remplacer le général Gamelin par le général Weygand et prendre en main le ministère de la Défense.

Baudouin fait au président de la République un compte rendu d'un Comité de guerre qui s'est tenu le 12 avril, au cours duquel Reynaud a critiqué les lenteurs de Gamelin et a proposé de relever le général de son commandement.

Un silence a suivi, puis Daladier a rétorqué qu'il ne pouvait accepter ce renvoi.

La cassure est donc affichée entre les deux hommes ; et Reynaud, la constatant et relevant le silence des ministres, conclut :

« Il y a un désaccord entre le président Daladier et moi. Le Conseil n'a pas d'opinion, dans ces conditions le gouvernement est démissionnaire. »

« C'est grave, c'est très grave, répète le président de la République après un long silence. Demandez-lui d'être patient. Le temps arrange beaucoup de choses. »

Reynaud cède aux sollicitations de Lebrun, mais c'est la grippe qui le terrasse.

Autour de lui, les intrigues se nouent. La comtesse de Portes règne, entourée de Paul Baudouin et du lieutenant-colonel de Villelume, tous deux rivaux mais alliés contre ce colonel de Gaulle qui écrit à Reynaud pour l'adjurer de réagir, de briser le conformisme du corps militaire. Donc de renvoyer Gamelin.

Mais Reynaud, toujours alité, hésite. La comtesse Hélène de Portes a pris sa place derrière la table de travail de Reynaud. Elle tient conseil, entourée de généraux, de députés, d'officiers supérieurs, de fonctionnaires. Elle parle beaucoup et très vite sur un ton péremptoire, donnant des ordres. De temps en temps, elle s'absente, passe dans la chambre de Paul Reynaud. On l'entend dire : « Reposez-vous bien Paul, nous travaillons. »

Quand elle s'éloigne, on peste contre l'intrigante. On raconte qu'elle a failli en venir aux mains avec la marquise de Crussol, l'égérie de Daladier.

Puis, Hélène de Portes rentre dans le bureau et on recommence à discuter le plus sérieusement du monde des affaires de l'État.

Ainsi va le gouvernement de la France en cette fin d'avril et ce début du mois de mai de l'an quarante.

On prend à la légère les informations qui rapportent que des dizaines de divisions allemandes, dont la plupart des unités de Panzers et les divisions d'infanterie motorisées, ont pris position. Une concentration massive de forces a été repérée face à Sedan, le long de la Meuse, dans cette région des Ardennes que la ligne Maginot ne protège pas. Le relief et les forêts doivent suffire à interdire toute progression.

On ne tient pas compte des avertissements en provenance du Vatican et annonçant une imminente offensive allemande.

À Berlin, le colonel Oster, officier de l'Abwehr, le service de renseignements militaires, confie à l'attaché militaire hollandais, le colonel Sas, que l'offensive serait déclenchée le 10 mai. Sas avertit son homologue belge, qui a lui-même recueilli des informations assurant que le ministère des Affaires étrangères allemand – la Wilhelmstrasse – prépare le texte d'un ultimatum à adresser à la Belgique.

Paris a eu connaissance de ces rumeurs.

Le 3 mai, l'ambassadeur des États-Unis à Paris, Bullitt, câble à Washington : « Le gouvernement français a reçu tant d'informations concernant une attaque imminente contre les Pays-Bas ces temps-ci qu'il est persuadé qu'elles sont propagées par le gouvernement allemand et l'on considère comme probable que Hitler tournera son attention vers la Yougoslavie et la Hongrie avant d'attaquer les Pays-Bas. »

William C. Bullitt

Dans la nuit du 7 au 8 mai, un pilote français, le colonel François, revenant avec son escadrille qui avait lâché des tracts sur Düsseldorf, signale une colonne blindée allemande, longue de plus de 120 kilomètres, qui se dirige tous feux allumés vers les Ardennes. Il transmet aussitôt son observation qu'il juge capitale… et que l'état-major refuse de croire.

C'est qu'à Paris comme à Londres, on est en pleine crise politique. Aux Communes, Chamberlain est lâché. Le 7 mai, le conservateur Leo Amery prononce contre le Premier Ministre un réquisitoire implacable :

« Nous luttons aujourd'hui pour notre vie, pour notre liberté, pour tout ce que nous possédons, dit-il. Nous ne pouvons pas continuer à nous laisser guider de la sorte. Je vais citer des propos d'Oliver Cromwell. Je le fais avec une grande réticence parce que je parle d'hommes qui sont mes amis et mes associés de longue date, mais ce sont des paroles qui s'appliquent bien à la situation actuelle. Voici ce que Cromwell dit au Long Parlement quand il jugea que celui-ci n'était plus capable de conduire les affaires de la nation : "Voici trop longtemps que vous siégez ici pour le bien que vous avez fait. Partez, vous dis-je, et que nous en ayons fini avec vous. Au nom de Dieu, partez." »

Le jeudi 9 mai au soir, Churchill peut répondre à son fils Randolph qui l'interroge sur les développements de la situation politique : « Je pense que je serai Premier Ministre demain. »

À Paris, ce même jeudi 9 mai, mais dans la matinée, à 10 h 30, Paul Reynaud commence à lire à ses ministres, réunis dans son bureau du quai d'Orsay, le réquisitoire impitoyable qu'il a dressé contre le général Gamelin. Il est décidé à ne plus reculer, à affronter la démission de Daladier.

À 12 h 30, Reynaud conclut que si on maintient un tel commandant en chef à son poste, la France est sûre de perdre la guerre.

Daladier, après un long silence, défend Gamelin, « grand chef militaire, au prestige indiscutable, au très beau passé militaire. Sa vive intelligence est reconnue par tous et il est beaucoup plus actif qu'un grand nombre d'hommes de son âge ».

Et Daladier ajoute que Gamelin s'est plié aux directives du gouvernement français, « guidé avant tout par le désir de ne pas allumer le front occidental... ».

Aucun autre participant de la réunion ne prend la parole.

« Devant une opposition aussi grave, déclare Paul Reynaud, je considère le cabinet comme démissionnaire. »

Il demande aux ministres de garder le secret jusqu'à ce que le président de la République ait formé un nouveau gouvernement. Le président Lebrun va commencer par consulter les présidents des deux assemblées, Herriot, maire de Lyon, président de la Chambre des députés, Jeanneney, président du Sénat.

Ce jeudi 9 mai à 12 heures, Hitler prend la décision de commencer l'attaque le vendredi 10 mai à 5 h 35.

Le signal convenu, le mot *Dantzig*, sera lancé le jeudi 9 mai, à 21 heures.

À la fin de la journée, Hitler monte dans son train spécial qui doit le conduire à son nouveau quartier général, *Felsennest* (Aire des Roches), situé à une quarantaine de kilomètres de Bonn.

À une heure du matin, le vendredi 10 mai, on réveille Gamelin. Le message d'un agent français vient d'arriver, laconique : « Colonnes en marche vers l'ouest. »

Cent trente-six divisions dont dix blindées et des centaines d'avions sont en mouvement. Les parachutistes embarquent dans les *Junkers* et les *Heinkel* qui vont s'envoler en direction des Pays-Bas et de la Belgique.

Les troupes nazies s'apprêtent à violer la neutralité des trois petits États neutres : Belgique, Pays-Bas, Luxembourg.

Paul Reynaud, averti, décide de rester à son poste, à la tête du gouvernement. Il confirme le général Gamelin dans ses fonctions.

« Mon général, lui écrit-il, la bataille est engagée. Une seule chose compte : la gagner. Nous y travaillerons tous d'un même cœur. »

Le général Gamelin lui répond :

« Monsieur le Président, à votre lettre de ce jour, je ne vois qu'une seule réponse : seule compte la France. »

DEUXIÈME PARTIE

Vendredi 10 mai
—
Jeudi 16 mai 1940

« Ah, c'est trop bête, la guerre commence infiniment mal. Il faut donc qu'elle continue. Il y a pour cela de l'espace dans le monde. Si je vis, je me battrai où il faudra tant qu'il faudra ; jusqu'à ce que l'ennemi soit défait et lavée la tache nationale. »

Charles DE GAULLE
mai 1940

« Si la France est envahie, vaincue, l'Angleterre continuera à se battre en attendant le concours total et prochain des États-Unis. Nous affamerons l'Allemagne. Nous démolirons ses villes. Nous brûlerons ses récoltes et ses forêts. »

Winston CHURCHILL
à Paris, 16 mai 1940

8.

Ce vendredi 10 mai 1940, le ciel, au-dessus des dunes de Hollande et des forêts des Ardennes, est d'un bleu intense, d'une luminosité éclatante.

Il fait doux de la mer du Nord à la Meuse.

C'est comme si, alors que hurlent les sirènes des Stuka, ces bombardiers en piqué qui détruisent Rotterdam et Sedan, l'univers voulait rappeler à ceux qui tuent et meurent que la beauté et la tendresse du printemps existent, en dépit de la folie des hommes.

Et que dans le brasier de la guerre, dans le déchaînement de l'offensive, les combattants doivent s'en souvenir.

Il y a quelques heures seulement – on était encore le jeudi 9 mai, veille de l'assaut – le général Erwin Rommel, qui commande la VIIe division dont les 218 chars sont massés face aux Ardennes, a écrit à son épouse Lucie :

« Enfin, nous faisons nos bagages. Pas pour rien, espérons-le. Vous aurez toutes les nouvelles dans les jours qui viennent, par les journaux. Ne vous faites pas de souci, tout ira bien. »

Puis, vers 4 h 15, alors que les premières vagues de Stuka et de Dornier apparaissent et commencent leurs bombardements, hachant les futaies, chassant les quelques soldats français qui somnolaient dans leurs postes de guet, Rommel a donné l'ordre de lancer les moteurs des Panzers.

Il a réuni une dernière fois les officiers.

« Le succès appartient au premier qui met l'ennemi sous son feu, a-t-il dit. Celui qui reste dans l'expectative a généralement le dessous. Les motocyclistes en tête de colonne doivent tenir leurs mitraillettes prêtes à tirer et ouvrir le feu dès qu'ils entendent un coup ennemi. C'est une erreur absolue de s'arrêter et de s'abriter sans tirer ou d'attendre que d'autres forces surviennent et participent à l'action. »

Il lève le bras, l'abaisse. Les chefs de char courent à leur Panzer. L'attaque commence.

Au même moment, loin des Ardennes, à Wangenbourg, le colonel de Gaulle prend connaissance des dépêches. La brume de l'aube couronne les sommets des Vosges.

Quand il lit que sept divisions de Panzers font mouvement en direction de la Meuse, que les armées française et britannique sont entrées en Belgique pour se porter au-devant des unités allemandes qui ont franchi les frontières des Pays-Bas, de la Belgique et du Luxembourg, de Gaulle devine la manœuvre de l'ennemi. Il s'agit d'attirer les armées alliées dans la nasse, pour mieux les encercler en perçant à Sedan, et en fonçant, si l'attaque réussit, vers la mer.

Il suffira ensuite de serrer ce lacet autour des divisions aventurées en Belgique.

De Gaulle imagine les Panzers du général Guderian, ceux-là qui ont déferlé en Pologne, franchissant la Meuse, les forêts des Ardennes et roulant vers Abbeville, Calais, Dunkerque.

Et de Gaulle sait qu'il lui faut attendre que sa 4e division cuirassée soit constituée.

Le sera-t-elle le 15 mai, comme on le lui a annoncé ? Chaque minute compte.

Guderian dans son véhicule de commandement en 1940.

De Gaulle, comme Rommel, veut se souvenir qu'il y a une vie hors de la guerre.

Il écrit ce vendredi 10 mai :

« Ma chère petite femme chérie,

« Voici donc la guerre, la véritable guerre commencée. Je serais cependant assez surpris si les opérations actuelles de Hollande et de Belgique devaient constituer vraiment la grande bataille franco-allemande, cela viendra à mon avis un peu plus tard.

« En tout cas, il faut s'attendre à une activité croissante des aviations et par conséquent prendre des précautions. Pour toi, pour le tout-petit, pour Mademoiselle, Colombey serait un bon gîte. Fais donc bien attention, de jour, à rentrer et faire rentrer s'il y a alerte et, le soir, à bien éteindre les lumières... Pour Philippe, à Paris, il faut qu'il ne fasse pas inutilement le "malin" si l'on tire... »

Dans les heures qui suivent, il reçoit l'ordre de se rendre à son poste de commandement qui est fixé au Vésinet. Il aura quarante-huit heures pour constituer l'état-major de sa division, et la mettre en état de combattre.

Après des années perdues, c'est l'urgence. Mais il faut faire face.

Paul Reynaud, ce vendredi 10 mai, s'y essaye.

Il a fait entrer au gouvernement des personnalités de droite, afin de réaliser un gouvernement d'union nationale. Mais il a dû pour cela remanier son équipe et a suscité des mécontentements.

Il a confirmé le général Gamelin dans ses fonctions, mais il sait que l'entente n'est qu'apparente.

Gamelin si policé, si maître de lui, s'est écrié en prenant connaissance de la composition du nouveau gouvernement :

« Cet homme, ce Paul Reynaud, n'est qu'un cochon ! Il vient de balancer son ministère, ses sous-secrétaires d'État, etc., sans d'ailleurs savoir pourquoi. Pas de confiance à lui faire ! »

Et Daladier, ministre de la Guerre, approuve le généralissime.

On est loin de l'union sacrée, de l'autorité sans faille que Clemenceau a réussi à exercer en 1917 et 1918.
Reynaud tente de parler comme le Tigre lorsqu'il s'adresse à la nation dans l'appel radiodiffusé qu'il lance ce vendredi 10 mai.
Le ton en est pathétique car, derrière les mots, on devine l'angoisse d'un homme qui sait bien que, dans les jours qui viennent, ce n'est pas seulement son destin qui se joue mais celui de la France.
Et il est trop lucide pour s'illusionner sur les capacités du haut commandement français.
Mais il doit tenter de rassembler le peuple autour de lui, du gouvernement.

« Trois pays libres, commence-t-il, ont été envahis cette nuit par l'armée allemande. Ils ont appelé à leur secours les armées alliées. Ce matin, nos soldats de la liberté ont franchi la frontière. Ce champ de bataille plusieurs fois séculaire de la plaine des Flandres, notre peuple le connaît bien. En face de nous, se ruant sur nous, c'est aussi l'envahisseur séculaire. »

À 7 heures, ce vendredi 10 mai, le tiers des armées françaises – les divisions les mieux dotées de toute l'armée – s'est mis en mouvement.
Elles avancent pour atteindre la ligne Anvers-Namur, qu'elles dépassent bientôt. Mais elles s'étirent sur près de 200 kilomètres, sans couverture aérienne, marchant dans la plaine vers les Panzers.
Dans son quartier général, Hitler peut, dans un geste joyeux, frapper de ses deux paumes ses cuisses, puis s'exclamer :
« C'est merveilleux comme tout se déroule conformément aux prévisions ! Il fallait que les Anglais et les Français croient que nous demeurions fidèles au vieux plan Schlieffen, et ils l'ont cru ! »

Il n'ose encore penser, quelques heures après le début de l'offensive, que la partie est gagnée, mais Hitler ne peut s'empêcher de jubiler.

Le Führer a fait publier un mémorandum qui accuse les Belges et les Hollandais d'avoir « prêté la main aux tentatives de l'Intelligence Service en vue de faire éclater une révolution en Allemagne et de faire disparaître le Führer... ».

En outre, les deux pays ont favorisé les concentrations de troupes anglo-françaises en vue d'une attaque contre l'Allemagne.

Et, comble du cynisme, le mémorandum conclut :

« Le gouvernement allemand vient donc de donner l'ordre d'assurer la neutralité de ces pays par tous les moyens de force militaire dont dispose l'Allemagne. »

Ce n'est pas le nombre des hommes ni même celui des Panzers ou des avions qui compte d'abord, mais la manière dont l'état-major, et Hitler en est ces jours-là l'instigateur, les utilise.

La Luftwaffe bombarde La Haye et Rotterdam.

Des troupes aéroportées attaquent ces deux villes, s'y incrustent, et les Panzers réussissent à les rejoindre.

Hitler et le général en chef des forces aéroportées, Kurt Student, ont jeté dans la bataille 4 000 parachutistes, alors qu'ils ne peuvent compter que sur un total de 4 500 hommes !

Une division d'infanterie légère de 12 000 hommes est transportée par avion.

Les ponts sont l'objectif prioritaire et ils sont pris avant que les Hollandais aient pu les faire sauter. Les Panzers vont pouvoir progresser, semant la panique, le désordre, démoralisant les troupes hollandaises qui se replient.

La peur est contagieuse.

Ce même vendredi 10 mai, les Belges sont à leur tour frappés par l'offensive allemande qui, en quelques heures, désorganise la défense du pays et jette sur les routes des soldats affolés et des civils terrorisés qui veulent fuir l'invasion, la tête pleine des souvenirs de l'occupation allemande en 1914.

Les Stuka fondent sur ces foules saisies par l'effroi. Le roi Léopold III et son état-major, qui ont tant tardé à autoriser les troupes alliées à entrer en Belgique, sont démunis.

La rumeur se répand que des milliers de parachutistes ont sauté sur le pays ; qu'ils ont pour mission de couper les routes, d'empêcher les fuyards de gagner la France.

Et les troupes françaises se heurtent à ces flots de réfugiés, aux yeux hagards, proies des bombardiers en piqué qui lâchent leurs bombes, mitraillent, accompagnés par le hurlement de leurs sirènes.

Tout se joue en une matinée.

Des parachutistes s'emparent de deux ponts sur le canal Albert que franchissent aussitôt des Panzers. La plus grande et la plus puissante forteresse de Belgique, le fort d'Eben-Emael dont les canons peuvent balayer le canal Albert et ses abords, est prise par surprise par 78 parachutistes commandés par le lieutenant Witzig.

Cette poignée d'hommes a débarqué de ce que le général Kurt Student appelle un « planeur-cargo », et les 1 200 Belges qui constituent la garnison du fort se rendent aux Allemands.

Sur les routes, dans les prairies de Flandre, des fuyards découvrent des mannequins simulant des parachutistes et refusent d'admettre qu'ils sont victimes d'une ruse allemande. C'est Hitler, confie Student, qui a eu l'idée de ce leurre, alors que les derniers 500 parachutistes sont employés à s'emparer des ponts, à permettre ainsi à deux divisions de Panzers de percer la ligne de défense belge.

Les généraux Reichenau et Paulus ont d'abord été sceptiques, mais Hitler a imposé sa stratégie.

La rumeur se répand que des milliers de parachutistes, aidés par une « cinquième colonne » coupent les routes, font sauter les ponts. Et la Belgique, au soir du vendredi 10 mai, puis dans la nuit, chancelle, comme un boxeur paralysé avant même de s'être mis en garde, et qui encore debout ferme déjà les yeux, perdant conscience.

Ce n'est rien encore.

Dès le samedi 11 mai, les Panzers se sont enfoncés dans les forêts des Ardennes, pilonnées par les Stuka.

La Meuse est déjà atteinte, ici et là, par des avant-gardes qui s'emparent des ponts ou, sous le feu, traversent le fleuve en canot pneumatique et construisent des ponts de bateaux. De jeunes généraux n'hésitent pas à prendre la tête des troupes, ou des colonnes de chars. Ainsi, la « charnière » qui, articulée autour de Sedan, commande le dispositif français, est moins de deux jours après le début de l'offensive en passe d'être brisée.

Et les troupes alliées entrées en Belgique sont submergées sous les vagues de soldats belges et de réfugiés qui fuient et dont le flot tumultueux bloque les routes.

Le général Rommel, à la tête de sa VIIe division, attaque le nord de la charnière qui devrait lier les troupes françaises et les troupes belges.

Ses motocyclistes atteignent déjà la Meuse et les Panzers suivent.

Rommel écrit le premier compte rendu de ses combats :

« Dans le secteur assigné à ma division, l'ennemi a depuis des mois préparé des obstacles de toutes sortes. Les routes et les chemins forestiers sont coupés par des barricades fixes et des mines ont creusé de profonds cratères dans les routes principales. Cependant, la plupart des barricades sont laissées sans défense par les troupes belges ; c'est ainsi que rares sont les endroits où ma division doit subir des arrêts de longue durée. Nous pouvons éviter beaucoup de ces barricades en passant à côté ou en prenant des routes latérales. Autrement, tout le monde se met à la destruction de l'obstacle et la route est bientôt dégagée. »

Plus au sud, les divisions de Panzers du général Guderian se sont avancées et menacent Sedan.

Elles trouvent en face d'elles des unités de cavalerie française, que les Stuka écrasent sous leurs bombes.

Les chevaux sont affolés par les hurlements des sirènes et personne ne peut les maîtriser. Bêtes et hommes fuient.

Le samedi 11 mai, alors que les unités commandées par Guderian s'apprêtent à franchir la Meuse, Rommel écrit quelques mots à sa femme :

« 11 mai 1940,

« Très chère Lu,

« Aujourd'hui, j'ai pour la première fois un moment pour respirer et une minute pour écrire. Tout est merveilleux jusqu'à présent. J'ai pris de l'avance sur mes voisins. Je suis complètement enroué à force de donner des ordres et de crier. J'ai tout juste eu trois heures de sommeil et un repas de temps en temps.

« À part cela, en pleine forme. Contentez-vous de ces mots, je suis si fatigué. »

Mais l'euphorie de la victoire efface la fatigue.

Les Panzers s'enfoncent en Belgique, et les populations sont si surprises, si désemparées qu'elles imaginent voir passer des unités anglaises et néerlandaises qu'elles applaudissent.

Le dimanche 12 mai, Daladier se rend auprès du roi des Belges. Léopold III accepte enfin de placer ses troupes sous le commandement du général Billotte.

Mais que peut l'état-major français ?

Gamelin a refusé d'accompagner Daladier parce qu'il craint que Reynaud ne profite de son départ pour le remplacer.

Quant à Reynaud, lorsqu'il apprend que Daladier rencontre le roi des Belges, il décide de le rejoindre aussitôt.

Mais, sur les conseils du colonel de Villelume, il renonce à s'y rendre parce que, compte tenu de l'encombrement des routes, il ne pourrait y arriver à temps.

On a déplié devant Paul Reynaud une grande carte de Belgique et entouré d'un trait rouge la ville de Liège.

Les Allemands ont atteint la ville et se sont emparés de ses forts ce dimanche 12 mai dans l'après-midi.

Plus au sud, les Panzers du général Guderian sont sur la rive nord de la Meuse.

Paul Reynaud se laisse tomber sur une chaise plus qu'il ne s'assoit.

La comtesse Hélène de Portes entre dans le bureau.

Elle assure d'un ton joyeux qu'elle a appris que Churchill, le nouveau Premier Ministre anglais, vient de déclarer « qu'il n'y avait aucune raison de supposer que les opérations ne marchent pas bien ».

Nous sommes le dimanche 12 mai 1940 à la fin de l'après-midi.

9.

Il suffit de quelques heures dans la nuit du dimanche 12 au lundi 13 mai pour que, en France, les illusions dans les états-majors, dans les cercles proches du pouvoir s'effondrent parce que Sedan est tombé, une brèche s'est ouverte là où, en 1870, l'empereur Napoléon III a été vaincu par les Prussiens. Et la France a connu la débâcle, le Second Empire s'est effondré et Paris s'est insurgé.

Or, le 13 mai 1940, le front est crevé, et le mot de débâcle, celui de Zola, se répand comme un poison mortel.

Sur tout le cours de la Meuse, à Sedan, de Givet à Dinant, les Allemands commencent à traverser le fleuve, bien que les troupes françaises aient réussi à faire sauter les ponts et que leurs avant-postes s'accrochent, infligeant de lourdes pertes aux soldats de Guderian et de Rommel.

« Le lundi 13 mai, note Rommel, je me rends à Dinant vers 4 heures du matin avec le capitaine Schräpel. Dans la ville, tombent les obus de l'artillerie française installée sur la rive ouest ; plusieurs chars atteints se trouvent sur la route conduisant à la Meuse. Le bruit de la bataille monte de la vallée. De minute en minute, le tir ennemi devient plus gênant. Un de nos bateaux en caoutchouc, qui a subi des avaries, dérive devant nos yeux ; un homme s'y cramponne grièvement blessé, hurlant au secours. Le malheureux est en train de se noyer, mais nous ne pouvons rien faire pour lui : le tir ennemi est trop nourri. »

Rommel se redresse en dépit des rafales :

« Je prends personnellement le commandement du IIe bataillon du VIIe fusiliers et je dirige moi-même les opérations pendant quelque temps. »

Il réussit à établir une tête de pont, sur la rive ouest de la Meuse.

C'est là, sur les rives de ce fleuve, que se joue le sort de l'offensive allemande.

De Gaulle le sait, lui qui, au Vésinet, s'impatiente ces 13 et 14 mai, attendant ses chars lourds, jaugeant les uns après les autres, souvent avec sévérité, les officiers qui vont commander sous ses ordres « sa » 4e division blindée.

Enfin, il va pouvoir mettre en œuvre, sur le terrain, les conceptions stratégiques qu'il martèle en vain depuis les années trente.

Mais il est bien tard.

Au début de l'après-midi du lundi 13 mai, les Panzers du général Guderian, qui ont pris Sedan dans la nuit, attendent, tapis sur la rive est de la Meuse. La Luftwaffe écrase sous ses bombes les positions françaises, interdisant ainsi aux artilleurs français de tenir le fleuve sous le feu de leurs canons. Car Guderian veut tenter la traversée de la Meuse sans attendre l'arrivée du corps d'armée d'infanterie.

Il se contentera des troupes qui accompagnent les Panzers.

À 16 heures, l'assaut est donné. Les Français, écrasés par les attaques des Stuka, réagissent faiblement.

À minuit, l'avance est de 8 kilomètres. Les sapeurs achèvent la construction d'un pont de bateaux et les Panzers commencent à s'engouffrer dans la brèche.

La tête de pont est précaire, mais Guderian sait que la vitesse et la surprise sont décisives.

Le front est en effet crevé. Trois divisions de Panzers s'enfoncent dans la brèche, bientôt large d'une centaine de kilomètres. Les 1 800 blindés allemands, entraînés par l'initiative de Guderian, s'élancent vers l'ouest, vers Péronne, Cambrai, la Manche.

C'est la débâcle qui s'annonce.

La « charnière » est brisée. Entre les armées françaises, les Panzers enfoncent leur coin de fer et de feu. Et c'est la menace d'enfermer les troupes alliées entrées en Belgique qui devient réalité.

La panique saisit les troupes qui résistent encore dans les forêts qui dominent la Meuse. Elles ont subi les bombardements en piqué des Stuka. Elles se sont terrées. Et tout à coup, la rumeur se répand que les chars avancent. « Ils sont là, ils sont là », les soldats jettent leurs armes. Les officiers ont souvent fui les premiers.

Ceux qui tentent d'arrêter les fuyards, de placer des camions sur la route pour les empêcher de déferler, sont bousculés, écartés, contournés.

En quelques heures, ces 13 et 14 mai, la 55e division d'infanterie avec son artillerie puissante a presque cessé d'exister.

Ceux qui s'enfuient ainsi, abandonnés par leurs officiers, marchent sans se retourner vers Reims, à 90 kilomètres de là, la peur aux trousses.

Le général Gamelin, de son donjon de Vincennes, téléphone le mardi 14 mai au ministre de la Défense. Et Daladier ne sait que répéter que ce n'est pas possible, que c'est impensable, quand Gamelin lui annonce que la défense française est enfoncée, que les blindés allemands foncent sur Paris et qu'il n'a aucune réserve pour protéger la capitale.

Daladier, atterré, presque aphone, alerte aussitôt Paul Reynaud.

Mais les Panzers ne se dirigent pas vers Paris mais vers le nord, afin de serrer le nœud coulant, de fermer la nasse.

Là est l'objectif de Hitler et de ses généraux.

Dans la matinée du mardi 14 mai, alors que des négociations ont commencé entre Allemands et Néerlandais pour la reddition de Rotterdam, la Luftwaffe écrase le centre de la ville sous les bombes.

Il s'agit de terroriser : on dénombre 800 morts, plusieurs milliers de blessés, et près de 100 000 personnes sont sans abri.

La radio allemande répète d'une voix triomphante :

« Sous la terrible attaque des bombardiers en piqué et devant l'imminent assaut des chars allemands, la ville de Rotterdam a capitulé, échappant ainsi à la destruction. »

Son cœur historique est détruit.

Et, au crépuscule de ce mardi 14 mai, la nouvelle de ce bombardement de Rotterdam glace d'effroi les populations de Belgique. Elles fuient les villes, se jettent sur les routes, rendant ainsi difficiles, sinon impossibles, les déplacements des troupes alliées.

Ce même 14 mai, alors que la nuit est tombée, le commandant en chef des forces hollandaises ordonne à ses troupes de déposer les armes.

La reine Wilhelmine et les membres du gouvernement gagnent Londres à bord de deux destroyers anglais.

Dans la nuit du mardi 14 mai, Paul Reynaud télégraphie à Churchill.

« Nous avons perdu la bataille, écrit-il. La route de Paris est ouverte. Envoyez tous les avions et toutes les troupes que vous pourrez. Faites tout ce qui est en votre pouvoir pour nous aider. »

10.

Dans l'aube immaculée et douce du mercredi 15 mai 1940, une plaie béante saigne au flanc de la France, le long de la Meuse, entre Sedan et Dinant.

Et les divisions de Panzers creusent, élargissent cette blessure ouverte entre les unités des généraux Huntziger et Corap.

C'était la 9e armée et le général Corap annonce, alors qu'un soleil impavide commence à illuminer un ciel immuablement bleu, qu'il a donné l'ordre de repli, son armée ayant été en partie anéantie.

Rommel pendant l'invasion de la France en 1940.

Il n'y a plus ni fortifications, ni divisions, ni obstacles de quelque nature que ce soit devant les Panzers des généraux Guderian, Schmidt, Reinhard et Rommel. Ils sont à la tête de 1 800 blindés.

Reynaud le répète, et Gamelin, et le général Hering, gouverneur militaire de Paris, le confirment : plus rien ne s'oppose à la ruée de l'envahisseur allemand vers Paris, sinon le choix qu'il ferait de rouler à une vitesse qui atteint parfois 65 kilomètres à l'heure, vers la Manche.

Et pourtant, des troupes françaises se battent encore avec acharnement sur les bords de la Meuse alors qu'elles sont écrasées par les bombardements aériens, et submergées par les Panzers.

Mais elles résistent, se sacrifient dès lors que les officiers qui les commandent sont décidés à mourir à leur poste et non à fuir les premiers, à se soucier de leur confort.

Ce 15 mai, alors que ses Panzers roulent vers Philippeville, Rommel voit sortir des buissons, sur les bas-côtés de la route, des centaines de motocyclistes français qui, leurs officiers en tête, se rendent, poussent leurs motos dans les fossés, puis lèvent les bras.

« Je m'occupai pendant quelque temps de ces prisonniers, explique Rommel. Les officiers m'adressèrent de nombreuses demandes, notamment la permission de garder leurs ordonnances et aussi que leurs bagages fussent enlevés de Philippeville…

« Je fis monter plusieurs officiers avec moi dans mon véhicule blindé et, précédant toute la colonne, roulai à grande allure sur la route poussiéreuse.

« La surprise des troupes françaises devant notre apparition soudaine était complète… Centaines d'hommes par centaines d'hommes, les troupes françaises et leurs officiers se rendaient dès notre arrivée. »

Et tout à coup, un homme se dresse, anonyme.

Rommel, tout en roulant, note dans son carnet, esquisse la silhouette de ce lieutenant-colonel français.

« Il se montre particulièrement irritable lorsque nous l'interpellons et lorsque je lui demande son nom et son affectation. Ses yeux reflètent la haine et la fureur impuissante. Comme on peut prévoir que la circulation excessive qui règne sur la route entraînera de temps à autre la séparation de nos différents éléments de colonne, je décide réflexion faite de l'emmener avec nous.

« Il est déjà à cinquante mètres en arrière quand il est emmené devant le colonel Rothenburg qui lui fait signe de monter dans son char. Il s'y refuse d'une façon cassante. Trois sommations lui sont faites de monter dans le char mais il faut se résoudre à l'abattre. »

Dans la marée de la débâcle, des récifs de détermination, de courage et d'héroïsme, surgissent ainsi.

Sacrifice des pilotes anglais et français qui tentent de détruire le pont de Gaulier, sur la Meuse, bien que des batteries antiaériennes créent une barrière de feu.

En un seul jour, ce mercredi 15 mai, 167 avions dont 47 Britanniques sont abattus par les mitrailleuses de Guderian, qui réussit à faire traverser la Meuse à 60 000 soldats, 22 000 véhicules dont 850 chars.

Et malgré cette avalanche de Panzers, ce déluge de feu déversé par les Stuka, malgré les assauts des fantassins allemands, des unités françaises opposent sur les bords de la Meuse une résistance acharnée.

Dans le secteur de Monthermé, une unité de réservistes français bloque durant deux jours la VIe Panzerdivision.

« Dignes des Poilus de Verdun », dit le général Reinhardt.

Même détermination, même sacrifice, à La Horgne, à 20 kilomètres au sud-ouest de Sedan.

Ce sont des spahis algériens, marocains qui bloquent l'avance allemande. Ils refusent de se rendre.

« Ces spahis se sont sacrifiés pour la France, note le commandant du Ier régiment de fusiliers allemands. J'ai donné l'ordre que l'on traite particulièrement bien les quelques prisonniers. »

Et la Ire Panzerdivision perd ce jour-là un millier de tués ou blessés, ainsi qu'une vingtaine de blindés. À peine la moitié de l'effectif normal est encore debout.

Six cents spahis ont été tués ou blessés.

Ces combats héroïques ne sont même pas reportés sur les cartes que le colonel de Gaulle examine à Montry, ce mercredi 15 mai, au quartier général du général Doumenc où il a été convoqué.

Les flèches qui retracent l'avance des Panzerdivisionen de Guderian montrent que les Allemands, après avoir franchi la Meuse, se laissent glisser dans la vallée de la Serre, en direction de Montcornet, le nœud des routes qui vont vers Saint-Quentin, Laon et Reims, et aussi vers Abbeville, sur la Somme.

Le général Doumenc charge de Gaulle de retarder l'avance ennemie afin de laisser le temps à la 6e armée du général Touchon de se déployer, d'établir une ligne de défense.

Au quartier général de La Ferté-sous-Jouarre, où se rend de Gaulle, le général Georges confirme ces dispositions.

« Allez, de Gaulle, dit Georges, pour vous qui avez depuis longtemps les conceptions que l'ennemi applique, voilà l'occasion d'agir. »

Il ne peut y avoir de pires conditions pour agir. Les routes sont encombrées d'un « peuple éperdu », civils et soldats sans armes. Il faut gagner Soissons, puis Laon, remonter ce flot de réfugiés, de troupes débandées.

De Gaulle est saisi par une « fureur sans bornes ».

« Ah, c'est trop bête, la guerre commence infiniment mal, maugrée-t-il. Il faut donc qu'elle continue. Il y a pour cela de l'espace dans le monde. Si je vis, je me battrai où il faudra tant qu'il faudra ; jusqu'à ce que l'ennemi soit défait et lavée la tache nationale. »

Combien sont-ils, ceux qui forgent en eux-mêmes une telle résolution au moment où commence la « journée noire » du jeudi 16 mai 1940 ?

La panique au contraire gagne dès le début de la matinée les services des ministères, entraîne les ministres et même Paul Reynaud qui rêve pourtant d'être le nouveau Clemenceau.

Mais quand le général Hering, gouverneur militaire de Paris, lui recommande d'ordonner l'évacuation du gouvernement, des assemblées et des ministères, il accepte cette suggestion, la transmet aux présidents de la Chambre des députés, Édouard Herriot, et du Sénat, Jules Jeanneney.

Mais certains ministres s'y opposent et celui des Transports – Monzie – annonce qu'il n'a pas un seul train à mettre à la disposition du gouvernement ou des Parisiens, et fort peu de camions.

De nombreux députés s'opposent au départ, qui serait considéré comme une fuite devant l'ennemi.

Paul Reynaud se rallie finalement à ce point de vue, mais la panique affole les plus hauts responsables de l'État.

Dans les jardins du Quai d'Orsay, on brûle les archives du ministère sans même en avoir fait l'inventaire. Et c'est Alexis Leger – Saint-John Perse –, le secrétaire général du ministère des Affaires étrangères, qui en aurait donné l'ordre.

Les fonctionnaires jettent par les fenêtres sur les pelouses des cartons verts contenant les dossiers.

On pousse dans le foyer ces documents qui recèlent des pans d'histoire de France, et une fumée noire s'élève comme si le ministère, le gouvernement, voulaient faire savoir aux Parisiens que tout est perdu, qu'il faut brûler ce qu'on ne peut emporter, ce que l'on a de plus précieux, avant de s'enfuir.

Mais les ministres se rendent dans les gares, dans les usines, pour que la population les voie, se persuade que le gouvernement n'a pas abandonné la capitale.

Paul Reynaud monte à la tribune de la Chambre des députés à 15 heures, ce jeudi 16 mai.

Il affiche une détermination sans faille, parle d'une voix vibrante, et les députés l'applaudissent à tout rompre, plusieurs fois.

« Hitler veut gagner la guerre en deux mois, déclare-t-il. S'il échoue, il est condamné, et il le sait. Le temps que nous allons vivre n'aura peut-être plus rien de commun avec celui que nous venons de vivre. Nous serons appelés à prendre des mesures qui auraient paru révolutionnaires hier. Peut-être devrons-nous changer de méthodes, et changer les hommes. »

Le maréchal Pétain en 1939.

On acclame Reynaud qui annonce ainsi qu'il va procéder à un remaniement du gouvernement et à la tête des armées.

On murmure qu'il veut remplacer Gamelin par le général Weygand, prendre lui-même le ministère de la Défense et donc contraindre Daladier à la démission, et faire entrer au gouvernement le maréchal Pétain, dont on assure qu'il a déjà quitté son ambassade à Madrid et qu'il a de grandes ambitions.

Reynaud reprend, de nouveau acclamé quand il dit :

« Pour toute défaillance, le châtiment viendra, la mort !

« Il faut nous forger tout de suite une âme nouvelle. Nous sommes pleins d'espoir. Nos vies ne comptent pour rien. Une seule chose compte : maintenir la France. »

Les députés applaudissent debout le président du Conseil qui va enregistrer une allocution qui sera diffusée le soir même à la radio.

« On a fait courir les bruits les plus absurdes, commence Reynaud. On a dit que le gouvernement voulait quitter Paris : c'est faux. Le gouvernement est et demeurera à Paris.

« On a dit que l'ennemi était à Reims. On a même dit qu'il était à Meaux, alors qu'il a réussi seulement à faire au sud de la Meuse une large poche que nos vaillantes troupes s'apprêtent à colmater.

« Nous en avons colmaté d'autres en 1918 ! Vous, combattants de la dernière guerre, vous ne l'avez pas oublié ! »

Reynaud a pris la décision, non pas de rester à Paris – quoi qu'il dise – mais de « ne quitter » la capitale qu'à la dernière minute pour éviter d'être capturé par l'ennemi...

Il le dit à Churchill, qui vient d'arriver à Paris, en ce milieu d'après-midi du jeudi 16 mai.

Churchill est stupéfait de voir les archives qui achèvent de brûler dans les jardins de ce Quai d'Orsay où Reynaud le reçoit en compagnie de Daladier et du général Gamelin.

Le Premier Ministre anglais mesure l'affolement de ces hommes, leur abattement.

Pour la première fois, il doute de leur résolution à se battre jusqu'au bout.

Il écoute Gamelin qui annonce le repli sur l'Escaut des troupes entrées en Belgique. Il s'en étonne. Il lui semble absurde d'abandonner tout ce terrain. Il interroge :

« Où sont les réserves stratégiques, où est la masse de manœuvre ?

— Il n'y en a aucune », répond Gamelin.

Daladier explique que c'est la raison pour laquelle on a demandé l'appui de l'aviation britannique afin de colmater, d'arrêter la trouée qui menace Paris.

Churchill remarque que Reynaud, resté silencieux, ne proclame pas que la France continuera la lutte quoi qu'il arrive.

Churchill ne le relève pas, affiche sa résolution et son optimisme mais pour la première fois aussi il songe qu'il faudra peut-être, sans doute, rapatrier le corps expéditionnaire britannique.

Quand Gamelin réclame à nouveau l'envoi d'escadrilles britanniques, Churchill, sa tête ronde penchée, le menton en avant, exprimant la volonté, répond « qu'il ne peut affaiblir la défense des îles Britanniques et qu'il se refuse donc à modifier la stratégie de la Royal Air Force. L'Angleterre n'a plus que trente-neuf escadrilles pour assurer sa propre protection ».

Il quitte rapidement le Quai d'Orsay, se rend à l'ambassade de Grande-Bretagne, murmure « ils sont au bout du rouleau », et, après quelques instants de réflexion, télégraphie au Cabinet de guerre :

« Situation grave au dernier degré… Mon avis personnel est que nous devrions envoyer demain les escadrilles de chasse demandées, pour donner à l'armée française une dernière chance de retrouver son courage et son énergie. Notre position devant l'Histoire ne serait pas bonne si nous rejetions la demande des Français et si leur défaite en résultait. »

À 23 h 30, la réponse positive arrive de Londres et Churchill décide d'aller annoncer la bonne nouvelle immédiatement à Paul Reynaud.

Reynaud convoque Daladier et, en compagnie de Paul Baudouin, les trois Français écoutent un Churchill véhément, énergique, volcanique, son visage enveloppé dans la fumée de ses cigares.

« L'Angleterre continuera à se battre jusqu'au bout, même si la France est envahie, vaincue », lance-t-il d'emblée, osant ainsi prononcer les deux mots encore tabous, impensables ce jeudi 16 mai. Mais Churchill le répète : « la France envahie et vaincue ». Mais l'Angleterre bénéficiera de l'appui des États-Unis.

« Nous affamerons l'Allemagne, nous démolirons ses villes. Nous brûlerons ses récoltes et ses forêts », martèle-t-il.

Si l'Angleterre est rasée par les bombardements aériens, si la France est détruite, soumise, Churchill annonce qu'il dirigera la guerre depuis le Canada. Ce sera la lutte du Nouveau Monde contre l'Ancien dominé par l'Allemagne.

Il est une heure du matin. Churchill tonitrue encore, inépuisable. Il serre les poings.

« Nous vaincrons », conclut-il d'une voix sourde.

TROISIÈME PARTIE

Vendredi 17 mai — Dimanche 16 juin 1940

« Pour moi, si l'on venait me dire, un jour, que seul un miracle peut sauver la France, ce jour-là, je dirais : je crois au miracle parce que je crois en la France. »

Paul REYNAUD
21 mai 1940

11.

Les mots de Churchill, sa résolution, son énergie, sa combativité, sa certitude que l'Angleterre vaincra, ne sont déjà plus à l'aube du vendredi 17 mai qu'un vague souvenir, comme un moment d'ivresse qui se dissipe, laissant place à une angoisse plus grande.

Churchill lui-même, rentré à Londres, déclare à ses collaborateurs qui l'interrogent :

« Les Français s'effondrent aussi complètement que les Polonais. La défaite de la France est une question de jours. La Grande-Bretagne doit se préparer à se battre seule. »

Lord Gort

En même temps, Churchill donne l'ordre au général Gort, qui commande le corps expéditionnaire britannique, de mettre en œuvre les plans élaborés par le haut commandement français.

Mais lord Gort répond, perplexe, qu'il ne sait pas ce que sont les plans français. D'ailleurs, on ignore encore les intentions allemandes : les divisions de Panzers vont-elles foncer vers Paris ou vers les côtes de la Manche ? En outre, poursuit lord Gort, l'armée française se dissout, les soldats désemparés, la plupart sans armes, fuient, mêlés au flot des réfugiés. Et Gort, craignant de ne pouvoir résister, envisage, non pas comme l'y incite le commandement français de lancer une grande offensive, mais de préparer un réduit, autour du port de Dunkerque, qui permettrait l'évacuation des troupes anglaises, si le front s'effondrait.

Les divisions de Panzers avancent si vite que, dans la nuit du 16 au 17 mai, elles ont parcouru près de 100 kilomètres, en direction de la Manche. Elles ont atteint l'Oise.

Leur avance est telle que Hitler et le haut état-major leur donnent l'ordre d'arrêter leur progression, de crainte d'une contre-attaque française sur le flanc de la percée.

« Je ne peux pas et je ne veux pas me conformer à cet ordre qui revient à renoncer à l'effet de surprise et à tous nos succès initiaux », s'écrie le général Guderian.

Il proteste, tempête, arrache l'autorisation d'effectuer de « vastes mouvements de reconnaissance », une expression vague qui permet à Guderian et aux autres commandants de Panzerdivisionen de continuer à foncer vers la mer.

On roule de nuit, à plus de 60 kilomètres à l'heure. « Les habitants sont éveillés en sursaut par le tintamarre de nos chars, le cliquetis des chenilles, le grondement des moteurs, écrit Rommel.

« Des troupes françaises campent près de la route, des véhicules militaires sont rangés dans les cours de ferme, et parfois sur la route même. Civils et soldats, la terreur peinte sur leur visage, s'entassent dans les fossés, le long des clôtures, dans les creux du sol, ou s'enfuient sur les deux côtés de la route. »

Rommel ne dispose pas d'hommes pour garder des prisonniers, il leur ordonne de marcher vers l'est, « mais, note-t-il, ils disparaissent dans les buissons dès que nous allons en avant ».

Et puis il y a des îlots de résistance, de lourds chars français – les B1, les Renault R35 – surgissent. Les obus antichars ricochent sur leur blindage de 40 à 60 mm qui ne peut être percé.

L'esprit de sacrifice, un héroïsme désespéré animent ces hommes qui affrontent les Panzerdivisionen.

Dans la nuit du jeudi 16 au vendredi 17 mai, de Gaulle écrit à son épouse :

« Ma chère petite femme chérie,

« Me voici en pleine bagarre... Les événements sont très sérieux. J'ai confiance que nous parviendrons à les dominer. Cependant il faut s'attendre à tout. Rien de bien urgent... Assure-toi très discrètement d'un moyen de transport éventuel... »

Le vendredi 17 mai, dans le brouillard dense de l'aube, de Gaulle lance ses chars à l'attaque, afin de s'emparer du nœud de communication de Montcornet.

C'est fait après quelques heures de combat. Mais dans l'après-midi, les Stuka apparaissent, des unités de Panzers arrivent en renfort. Aucune panique chez les tankistes.

« Il se dégage une impression d'ardeur générale, note de Gaulle. Allons les sources ne sont pas taries. »

La division a fait plus d'une centaine de prisonniers. Cependant, au terme de trois jours de combats, dans le secteur de la vallée de l'Aisne et d'Abbeville, elle a perdu 92 chars sur les 137 engagés.

Mais elle a vaincu, et on interviewe de Gaulle pour l'émission quotidienne *Le Quart d'heure du soldat*.

Dans la débâcle, sa division est la seule à avoir lancé une offensive et remporté des succès.

De Gaulle ignore les micros. Il parle tout en regardant le ciel de France d'un bleu immaculé, tendu au-dessus du porche de l'église de Savigny-sur-Ardres.

Nous sommes le mardi 21 mai 1940, c'est la première fois qu'il s'adresse au pays.

« C'est la guerre mécanique qui a commencé le 10 mai, dit-il. L'engin mécanique, avion ou char, est l'élément principal de la force. L'ennemi a remporté sur nous un avantage initial. Pourquoi ? Uniquement parce qu'il a plus tôt et plus complètement que nous mis à profit cette vérité.

« Le chef qui vous parle a l'honneur de commander une division cuirassée française. Cette division vient de durement combattre, eh bien, on peut dire très simplement, très gravement – sans nulle vantardise – que cette division a dominé le champ de bataille de la première à la dernière heure du combat.

« Tous ceux qui y servent ont retiré de cette expérience la confiance dans la puissance d'un tel instrument.

« C'est cela qu'il nous faut pour vaincre. Grâce à cela, nous avons déjà vaincu sur un point de la ligne.

« Grâce à cela, nous vaincrons un jour, nous vaincrons sur toute la ligne. »

De Gaulle est serein. Tout est clair, ordonné dans sa tête. L'analyse des défaites et la certitude de la victoire.

Il écrit à sa « chère petite femme chérie ».

« Je t'écris au sortir d'une longue et dure bagarre qui s'est d'ailleurs très bien déroulée pour moi. Ma division se forme en combattant et l'on ne me refuse pas les moyens car si l'atmosphère générale est mauvaise, elle est excellente pour ton mari. »

Paul Reynaud a signé un arrêté l'élevant au grade de général de brigade à titre temporaire à compter du 1er juin.

Il est cité à l'ordre de l'armée.

« Chef admirable de cran et d'énergie, a attaqué avec sa division la tête de pont d'Abbeville, a rompu la résistance allemande et progressé de 14 kilomètres à travers les lignes ennemies faisant des centaines de prisonniers et capturant un matériel considérable. »

La citation est signée Weygand, car Paul Reynaud, les samedi 18 et dimanche 19 mai, a procédé à un remaniement qu'il veut décisif.

Le maréchal Pétain est devenu numéro deux du gouvernement, ministre d'État et vice-président du Conseil. Georges Mandel, ancien collaborateur de Clemenceau, a été nommé ministre de l'Intérieur, Daladier ministre des Affaires étrangères.

Paul Reynaud se charge du ministère de la Guerre et limoge le général Gamelin, remplacé par le général Weygand.

La presse s'enthousiasme. « Ce remaniement ministériel a un sens, peut-on lire dans *L'Ère nouvelle*. Ce sens tient en un nom, celui de Pétain. Le glorieux vainqueur de Verdun est là… Il peut tout demander à la France. La France qui se reconnaît en lui le suivra. »

On se félicite aussi de la nomination du général Weygand qui fut le bras droit de Foch. Et que Pétain ait quatre-vingt-quatre ans, Weygand soixante-treize, alors que les généraux de la Wehrmacht ont souvent moins de cinquante ans, importe peu.

On ne veut pas savoir que Weygand a confié à Gamelin qu'il fallait « changer tout ce trafic de la politique ». En fait, Weygand méprise ces hommes politiques, Blum, Reynaud, Mandel, Daladier, qui incarnent un régime républicain détestable, symbole de l'impuissance et du désordre.

Quant à Pétain, il porte depuis les années trente l'espoir des Croix-de-Feu et autres ligueurs d'extrême droite. Il a longuement vu Goering en 1934. On l'a choisi pour le poste d'ambassadeur en Espagne parce que les « franquistes » l'admirent et le savent proche de leurs idées. Il est une sorte de Franco qui attend prudemment son heure. Dès 1938, Pierre Laval a confié à un diplomate italien qu'il prépare un gouvernement dont le Maréchal serait la figure emblématique, et lui l'instigateur et le chef.

La brochure d'extrême droite *C'est Pétain qu'il nous faut* a été répandue, en 1936, à des dizaines de milliers d'exemplaires.

On peut y lire : « Attention, il s'agit d'une *dictature de salut public*, confiée à Pétain, à Pétain seul, à charge pour lui de choisir son équipe et de proposer une nouvelle Constitution à base corporative où l'autorité du chef de l'État soit de telle sorte qu'on la sente passer. »

Il se murmure que Pétain et Weygand, dès ces derniers jours de mai, ont le sentiment que la partie est perdue, qu'il faut sauver ce qu'il reste de l'armée, pour lui permettre de maintenir l'ordre dans le pays, menacé par les troubles de la rue organisés par les communistes.

Le Maréchal et le général estiment que l'on fait appel à eux pour imposer l'armistice. Leurs références historiques, c'est 1870 plus que 1914-1918. Ils craignent une Commune de Paris. Ils sont prêts à négocier avec Hitler, qui n'est à leurs yeux que le successeur de Bismarck… Ils maudissent ces hommes politiques qui ont dilapidé les fruits de la victoire de 1918.

Ainsi, personne ne rappelle l'antirépublicanisme sournois et les ambitions politiques de Pétain. Les journaux exaltent au contraire le « rempart vivant de la patrie » que constitue le nouveau gouvernement qui fait revivre « la grande mémoire de Clemenceau ».

Seul, évoquant le nouveau ministre de l'Intérieur, Georges Mandel, l'hebdomadaire d'extrême droite *Je suis partout* écrit : « À une guerre juive, il fallait un Clemenceau juif ! »

Paul Reynaud semble ne pas se soucier de ces faits.

À la radio, il déclare solennellement que le maréchal Pétain restera à ses côtés jusqu'à la victoire.

« Chaque Français, qu'il soit aux armées ou à l'intérieur, doit faire ce soir avec moi le serment solennel de vaincre », conclut Reynaud. Il souligne qu'il a choisi d'être « ministre de la Guerre et de la Défense nationale, parce que le chef de gouvernement doit être placé au poste le plus exposé ».

Mais derrière la pompe des discours, la réalité implacable grimace.

Les chars de Guderian ont dépassé Amiens.

Le lundi 20, ils ont atteint la Manche, coupant ainsi les communications des armées alliées en Belgique.

Puis les Panzers remontent vers le nord, en direction des ports et des arrières de l'armée anglaise. Lord Gort donne l'ordre de se replier et d'abandonner Arras, de gagner Dunkerque. Mais les blindés de Guderian et de Reinhardt sont à Gravelines, à 15 kilomètres de là.

Et les succès de De Gaulle, à Montcornet et à Abbeville, le sacrifice dans les brèves contre-offensives des blindés français, n'empêchent pas le déferlement des Panzerdivisionen.

De Gaulle ne peut étouffer sa colère quand il apprend que Reynaud, au lieu de prendre des mesures radicales, a fait appel à Pétain et à Weygand qui l'un et l'autre ont empêché toute réforme du système militaire.

Pétain portant, lui, l'icône vénérée, une responsabilité majeure, puisqu'il a soutenu l'idée que les Ardennes suffiraient à interdire toute avance ennemie.

De Gaulle l'a beaucoup côtoyé, lui doit une partie de sa carrière, puis la rupture est intervenue. De Gaulle est un connétable qui a trop de fierté et d'indépendance pour se soumettre à Pétain.

Quant à Weygand, il est enfermé dans ses souvenirs, cultivant sa légende : bras droit du maréchal Foch !

Ni Pétain ni Weygand n'ont répondu au mémorandum que de Gaulle leur a adressé en janvier !

Et d'ailleurs, il est trop tard pour élaborer une nouvelle stratégie. Daladier, ancien ministre de la Guerre, n'a pas de mots assez durs pour juger l'arrivée de Weygand.

« Mais qu'est-ce qui a pris à Reynaud ? s'exclame-t-il. On ne change pas de cheval au milieu du gué ! Et par qui remplace-t-il Gamelin ? Mais ce Weygand, c'est une ganache ! »

Alors, il reste les prières et les mots.

Le dimanche 19 mai, le gouvernement au grand complet assiste, au premier rang d'une foule recueillie, à un office religieux à Notre-Dame de Paris. Et de là, croyants et incroyants, catholiques et francs-maçons, fidèles de l'Église et anticléricaux se rendent dans un court pèlerinage à l'église Saint-Étienne-du-Mont où sont exposées les reliques de sainte Geneviève qui arrêta les Huns d'Attila sous les murs de Paris !

Puis, le mardi 21 mai, au Sénat réuni en séance plénière, le maréchal Pétain étant assis au banc du gouvernement, Reynaud monte à la tribune. Il fait applaudir le « vainqueur » de Verdun, et Weygand qui incarne l'âme de Foch :

« La France a la fierté de penser, dit-il, que deux de ses enfants qui auraient eu le droit de se reposer sur leur gloire sont venus se mettre en cette heure tragique au service du pays ! »

On l'acclame, il se redresse comme s'il voulait se grandir, lui qui souffre de sa petite taille, et lance :

« Pour moi, si l'on venait me dire un jour que seul un miracle peut sauver la France, ce jour-là, je dirais : Je crois au miracle parce que je crois en la France. »

Mais lord Gort constate que les Panzers de Guderian sont à moins de 15 kilomètres de l'artère Lille-Dunkerque, vitale pour les troupes britanniques.

Le repli sur Dunkerque commence. Les Anglais reculent de 40 kilomètres sans en avertir le haut commandement français.

L'Amirauté britannique commence à mettre en place le plan *Dynamo* afin de rapatrier le corps expéditionnaire anglais.

Le général Spears

Dans tous les ports de Grande-Bretagne, on recense les navires, quel que soit leur tonnage, capables de traverser la Manche, d'atteindre Dunkerque.

Il faut aller vite. Devant le Comité de guerre, en présence du général Spears, envoyé de Churchill, un commandant représentant le général Blanchard, qui est à la tête des armées du Nord, déclare : « Je crois qu'il faudra envisager à bref délai la capitulation. »

C'est le samedi 25 mai. Le mot tabou, celui qui confirme l'étendue du désastre, vient d'être prononcé. Reynaud et Weygand se récrient, puis durant quelques secondes un silence étouffant accable les membres du Comité de guerre. Et tout à coup, une voix, peut-être celle de Reynaud, s'élève :

« Il n'est pas dit que notre adversaire nous accordera un armistice immédiat. »

Cet autre mot tabou, *armistice*, plus lourd encore de conséquences que celui de *capitulation*, dévoile l'état d'esprit de plusieurs membres du Comité.

Car il ne s'agit plus d'une « capitulation » des armées, mais d'un « armistice » donc d'un acte politique entraînant la violation de l'accord du 28 mars 1940 conclu entre la France et le Royaume-Uni, par lequel Paris et Londres s'engageaient à ne pas signer *d'armistice séparé*.

Le général Spears mesure à cet instant que l'Angleterre devra poursuivre seule la guerre et qu'il importe que s'engage au plus tôt le rapatriement du corps expéditionnaire britannique.

L'opération *Dynamo* doit commencer.

Spears entend Pétain répondre à ceux des membres du Comité de guerre qui rappellent l'accord du 28 mars :

« Chaque nation a des devoirs vis-à-vis de l'autre dans la proportion de l'aide que l'autre lui a donnée. »

Les partisans de l'armistice ont avec Pétain leur porte-parole, au-dessus de tout soupçon, et leurs coupables : les Anglais qui n'ont pas apporté toute l'aide voulue à la France, et les hommes politiques républicains qui ont engagé leur nation dans une guerre inutile.

« On ne meurt pas pour Dantzig ! »

Mais pour l'heure, la guerre continue, et la débâcle draine des millions de réfugiés et de soldats sur les routes du nord et de l'est de la France.

Rommel peut écrire à sa « très chère Lu » alors qu'il roule en direction de Lille, après la prise d'Arras :

« Après quelques heures de sommeil, voici le moment de vous écrire. Pour ma division c'est un triomphe. Tout va bien, la santé et le reste. Dinant, Philippeville, la percée de la ligne Maginot, une avance à travers la France de 65 kilomètres en une nuit, jusqu'au Cateau, puis Cambrai, Arras, toujours loin en avant de tout le monde. À présent, c'est la chasse aux soixante divisions britanniques, françaises et belges encerclées. Ne vous faites pas de souci pour moi. Comme je vois les choses, la guerre en France pourrait être terminée dans une quinzaine. Forme splendide. Sur la brèche du matin jusqu'à la nuit, bien entendu. Beau temps, un peu trop de soleil peut-être. »

Rien ne semble pouvoir arrêter les Panzers. Leurs généraux – Guderian, Reinhardt, Rommel – estiment qu'un assaut contre le camp retranché de Dunkerque percera la faible ligne de défense.

Et tout à coup, l'ordre de cesser d'avancer, d'attaquer, leur parvient.

Le général Halder note dans son journal :

« L'aile gauche composée de forces blindées et motorisées, qui n'a aucun ennemi devant elle, sera donc arrêtée sur ses positions sur l'ordre direct du Führer. Il reviendra à la Luftwaffe d'achever l'armée ennemie encerclée. »

Halder se souvient qu'après le franchissement de la Meuse, il y a à peine une douzaine de jours, il avait noté dans son journal : « Journée assez désagréable. Le Führer est terriblement nerveux. Effrayé par son propre succès. Il craint de prendre des risques et aurait plutôt tendance à nous freiner. »

Cette fois-ci, Halder comprend que la décision de Hitler a d'autres causes.

Le vendredi 24 mai au matin, le Führer se rend au quartier général de von Rundstedt. Il est d'excellente humeur. Il reconnaît que le déroulement de la campagne a été un « véritable miracle ». Il pense que la guerre sera finie dans six semaines. Il souhaite ensuite conclure une paix raisonnable avec la France, et la voie serait alors libre pour un accord avec la Grande-Bretagne. Devant les officiers stupéfaits, il parle avec admiration de l'Empire britannique, de la nécessité de son existence et de la civilisation que l'Angleterre a apportée au monde. Il compare l'Empire britannique et l'Église catholique... Il conclut en disant que son but est de « faire la paix avec l'Angleterre sur une base qu'elle considérerait comme compatible avec son honneur ».

Est-ce pour ménager Londres que Hitler retient les Panzers durant deux jours, permettant à l'opération *Dynamo* de commencer, aux troupes britanniques d'embarquer sur ces centaines de navires, de tout tonnage ?

D'autres généraux – Jodl, Warlimont, Kleist, Guderian –, qui ont rencontré Hitler, avancent d'autres raisons.

« Hitler craint que les blindés ne puissent opérer dans les marais des Flandres sans lourdes pertes. Or il veut conserver ces Panzers pour l'offensive finale contre la France », dit Jodl.

Guderian ajoute que c'est « la vanité de Goering qui provoque cette décision ». Goering, à la tête de la Luftwaffe, a assuré Hitler que les bombardements aériens suffiraient à écraser les troupes encerclées à Dunkerque.

Mais elles commencent à embarquer dans l'après-midi du dimanche 26 mai, alors que le roi Léopold III de Belgique se prépare à capituler et que les divisions de Panzers sont autorisées par le Führer à reprendre la progression.

Ce dimanche 26 mai, Rommel écrit :

« Très chère Lu,

« Un jour ou deux sans combat nous ont fait grand bien. La division a perdu en tout 27 officiers tués et 33 blessés, et 1 500 hommes tués et blessés. Cela fait dans les 12 % de pertes. C'est très peu comparativement à ce que nous avons accompli. Le plus mauvais est passé. Il est peu probable qu'il y ait encore de durs combats, car nous avons proprement houspillé l'ennemi. Nourriture, boissons et sommeil, tout est redevenu normal. »

Ce même jour, Paul Reynaud est à Londres.

Il informe le cabinet britannique de la situation militaire, évoque les conséquences d'une défaite, mais s'interrompt, face au refus des Britanniques d'envisager que la France signe un armistice puis une paix, séparés.

À son retour à Paris, le soir de ce dimanche 26 mai, son collaborateur Baudouin le harcèle : Reynaud a-t-il obtenu une réponse des Britanniques ?

« Je n'ai pas pu poser cette question », dit sèchement le président du Conseil. Il sait que Pétain, Weygand, Chautemps, ancien président du Conseil, influent membre du parti radical-socialiste, Baudouin, veulent cesser le combat, sortir de la guerre.

Laval, en contact avec Pétain, est l'âme cachée de cette « conspiration ».

Le lendemain, Pétain confie à Baudouin :

« Je ne suis pas partisan de poursuivre la lutte à outrance. C'est une chose facile et stupide d'affirmer qu'on luttera jusqu'au dernier homme. C'est criminel aussi, étant donné nos pertes de l'autre guerre et notre faible natalité. Il faut sauver une partie de l'armée, car sans une armée groupée autour de quelques chefs pour maintenir l'ordre, une vraie paix ne sera pas possible et la reconstruction de la France n'aura pas de point de départ. »

Au fur et à mesure que Pétain parle, ses yeux se remplissent de larmes.

12.

Le maréchal Pétain n'est pas le seul, en cette fin du mois de mai 1940, à avoir les yeux embués de larmes.

Sur le bord des routes de Flandre, assis sur les talus, la tête entre leurs mains, les soldats français des armées du Nord pleurent.

Les réfugiés en une longue et noire procession fuient devant la poussée allemande et sanglotent de désespoir.

Ce dimanche 26 mai, l'armée belge a capitulé. Le gouvernement a quitté le pays, mais le roi Léopold III a demandé qu'on dépose les armes, et négocié avec l'ennemi.

Sera-ce bientôt le sort de la France ?

Sortir au plus vite de la guerre, c'est, sous l'émotion, le projet du maréchal Pétain, celui du généralissime Weygand.

Ce dernier garde tout son sang-froid. Il donne l'ordre aux troupes « de se défendre à outrance sur les positions actuelles, sans regarder en arrière ». Il tente de constituer une ligne de défense, un front continu de la Somme à l'Aisne et peut-être demain sur la Seine, et qui sait sur la Loire. Mais il ajoute aussitôt : « Le commandant en chef a le devoir d'examiner en raison de la gravité des circonstances toutes les hypothèses. »

Il est en relation quotidienne avec le maréchal Pétain et les ministres, les hommes politiques qui veulent l'armistice.

Weygand entend sauver l'honneur de l'armée, permettre aux troupes de briser toute tentative « communarde » – communiste – de créer des troubles. Il veut faire porter la responsabilité de la défaite aux hommes politiques, à cet

« ensemble de compromissions maçonniques, capitalistes et internationales » qu'était la République. Et derrière cette politique républicaine, il y a les Juifs.

Pour le maréchal Pétain comme pour Weygand, il ne s'agit donc pas d'accepter une capitulation de l'armée, mais il faut exiger que les hommes politiques endossent un armistice, qui conduirait à un changement de régime.

Ces chefs militaires-là – Pétain né en 1856, Weygand en 1867 – sont des contemporains de l'affaire Dreyfus (1894).

Ils ont une revanche à prendre contre cette République qui a humilié l'armée, réhabilité Dreyfus, puis dilapidé « leur » victoire du 11 novembre 1918.

C'est tout ce passé qui ressurgit en ces semaines de mai et de juin 1940.

Weygand hausse les épaules quand Paul Reynaud lui demande d'étudier « la mise en état de défense d'un réduit national autour d'un port de guerre ».

Il s'agit de la Bretagne et de Brest. Mais rares sont ceux – à l'exception d'un de Gaulle – qui croient à la possibilité d'un « réduit breton » ou bien d'un repli du gouvernement et des troupes encore combattantes en Afrique du Nord.

Ce dimanche 26 et ce lundi 27 mai, Reynaud pense à tout cela quand il réagit à la capitulation du roi des Belges.

Le mardi 28, Reynaud dénonce cette « attitude inqualifiable, ce fait sans précédent dans l'Histoire », cette trahison d'un roi félon, « sans prévenir ses camarades de combat français et anglais, ouvrant la route de Dunkerque aux divisions allemandes ».

Les Panzers de Rommel ce dimanche 26 mai bifurquent vers le nord.

« Très chère Lu,

« Je vais aussi bien que possible, écrit Rommel. Nous sommes occupés à enfermer dans Lille les Britanniques et les Français. Tout va bien pour le lavage, etc. Guenther, mon ordonnance, en prend bon soin. J'ai pris quantité de photos. »

Au sud, dans le secteur d'Abbeville, de Gaulle passe parmi les unités qui vont attaquer, dans l'espoir et la détermination de percer le flanc des divisions allemandes qui désormais encerclent Dunkerque.

De Gaulle dispose de 140 chars en état de marche, de six bataillons d'infanterie, appuyés par six groupes d'artillerie. En ce crépuscule du dimanche 26 mai, il sait qu'il ne possède pas les moyens nécessaires pour changer à lui seul la débâcle en victoire. Mais il faut attaquer malgré les Stuka et le déséquilibre des forces.

« Ma chère petite femme chérie, écrit-il.

« Toujours la bagarre. Je suis général depuis hier. Rien de bien neuf, mais cela barde. »

Après la bataille victorieuse, de Gaulle est interpellé par un officier allemand prisonnier qui a le bras déchiqueté par l'explosion d'une mine.

« Ah ! de Gaulle, de Gaulle ! Le génie des chars ! Vous êtes foutus, les Français, les Français sont foutus ! Vous résistez, c'est inutile, pourquoi vous obstinez-vous ? »

De Gaulle s'éloigne, l'aumônier de la division le rejoint.

« La poussée allemande est irrésistible, murmure de Gaulle. On reculera jusqu'à la Loire. Là, j'espère qu'on tiendra assez fortement et assez longtemps pour me permettre de débarquer en Bretagne avec les chars neufs que j'irai chercher en Angleterre. Alors, je couperai les lignes ennemies, je rejoindrai le Massif central et le Morvan… »

Il élève la voix.

« Les Anglais sont des partenaires qui n'aiment jamais abandonner une partie. Avec eux, tout peut tenir jusqu'à la victoire. Ils lâcheront notre territoire mais ne lâcheront pas sur leur propre terrain. »

Ce mardi 28 mai, alors que dans le port de Dunkerque et sur les dunes s'entassent des centaines de milliers d'hommes – plus de 200 000 Anglais et plus de 100 000 Français – et qu'un millier de navires commencent leurs navettes pour les évacuer vers l'Angleterre, Churchill réunit autour de lui son gouvernement.

« Nous étions peut-être vingt-cinq autour de la table, raconte Churchill. Je leur ai décrit le cours des événements en leur expliquant franchement où nous en étions et en leur exposant tout ce qui était en jeu. Après quoi, j'ai ajouté tout à fait incidemment : "Bien entendu, quoi qu'il arrive à Dunkerque, nous poursuivrons le combat."

« Il s'est produit alors une manifestation qui m'a surpris, considérant la nature de cette assemblée, composée de vingt-cinq parlementaires et politiciens éprouvés qui représentaient avant la guerre toutes les nuances de l'opinion, bonnes ou mauvaises. Beaucoup d'entre eux ont semblé quitter la table d'un bond pour accourir jusqu'à mon fauteuil, en poussant des exclamations et en me donnant des tapes dans le dos. »

À Londres, c'est donc l'union sacrée, le patriotisme qui rassemblent toutes les énergies quelles que soient les origines et les différences. Devant Dunkerque, des navires conduits par des volontaires civils – pêcheurs, plaisanciers, équipages des barques de sauvetage, ainsi que le radeau d'incendie *Massey Shaw* des pompiers de Londres – affrontent les bombardements de la Luftwaffe, entrent dans le port ou s'approchent des rivages. Les soldats se rassemblent en files. L'ordre, imposé par les officiers de marine, est respecté.

Churchill, apprenant que des heurts ont eu lieu entre Anglais et Français, ces derniers parfois rejetés à la mer, répète qu'il faut embarquer « bras dessus, bras dessous ».

Les premiers jours, ce n'est qu'un vœu pieux ! Des Anglais, baïonnette au canon, refoulent les Français.

Les conditions de l'embarquement tiennent du miracle.

La Luftwaffe lance son premier raid dès le lundi 27 mai à 23 h 45, puis, en dépit de la Royal Air Force, attaque chaque jour, et à partir du 29 mai intensifie ses raids, bombardant le port, mitraillant les dunes.

Goering n'a-t-il pas promis au Führer qu'il détruirait le camp retranché de Dunkerque alors que les Panzers n'ont pas reçu l'autorisation d'avancer ?

Et cependant, au milieu des carcasses de véhicules incendiés par les bombes, en dépit des dizaines de navires de guerre coulés ou endommagés, d'autres dizaines de navires de commerce et de transport envoyés par le fond, des 1 841 avions de la RAF abattus, des pertes en hommes par dizaines de milliers, l'embarquement continue.

Deux cent vingt-quatre mille hommes du corps expéditionnaire britannique ont été ramenés sains et saufs ! L'Amirauté avait espéré sauver 50 000 hommes !

Outre la quasi-totalité du corps expéditionnaire, on évacue 95 000 soldats « alliés », pour l'essentiel français ! Et la dernière nuit – celle du 3 au 4 juin –, dans les lueurs d'incendie, 26 000 hommes de plus – français – purent être sauvés !

Mais quelques dizaines de milliers ne peuvent embarquer. Et l'amertume – habilement entretenue par les « défaitistes » antianglais que sont Pétain, Weygand, l'amiral Darlan et les hommes politiques hostiles depuis des années à l'alliance anglaise –, le ressentiment alimentent l'anglophobie qui favorise les partisans d'une sortie rapide de la guerre.

L'amiral Darlan

Il est vrai que la défense du « camp » de Dunkerque a été assurée par des troupes françaises « sacrifiées » et que la résistance des troupes du général Molinié à Lille, pendant trois jours jusqu'à l'épuisement des munitions, fixe aussi des divisions allemandes, ce qui, dit Churchill, « apporte une splendide contribution » à l'opération *Dynamo* d'embarquement.

Les Allemands du général von Reichenau rendront les honneurs – sur la Grand-Place de Lille, avec fanfare et compagnie au garde-à-vous – à la « défense héroïque [selon les termes de von Reichenau] des Français ».

Le mardi 4 juin, à 9 h 15, les derniers défenseurs de Dunkerque se rendent.

« Très chère Lu », écrit Rommel, dont la division a combattu à Lille, « maintenant que la bataille est terminée, on nous a mis au repos derrière le front... Peut-être la France va-t-elle renoncer à sa lutte désormais sans espoir. Sinon, nous l'écraserons jusqu'au fond du pays... Je me porte bien à tous égards... ».

Puis il ajoute :

« Ordre de me présenter aujourd'hui devant le Führer... La visite a été merveilleuse. Il m'a accueilli en ces termes : "Rommel, nous avons été très inquiets pour vous pendant l'attaque." Sa figure était rayonnante et je dus ensuite rester avec lui et l'accompagner. J'étais le seul commandant de division dans ce cas ! »

Hitler peut se laisser griser. Il n'a pas détruit les troupes anglaises à Dunkerque, mais le voulait-il vraiment ? En revanche, l'offensive finale contre la France s'annonce sous un jour favorable.

Il sait que Pétain et Weygand, et le clan politique rassemblé autour de Pierre Laval sont partisans de l'armistice ; que, dans une note à Paul Reynaud, Pétain et Weygand ont indiqué qu'il était nécessaire d'avertir Londres que « la France pourrait se trouver dans l'impossibilité de continuer une lutte militairement efficace pour protéger son sol ».

En outre, l'Italie de Mussolini est décidée à entrer en guerre. « Même si la France offrait à l'Italie, la Tunisie, l'Algérie, et le Maroc de surcroît, Mussolini déclinerait ses propositions. Le Duce a pris sa décision », confirme à l'ambassadeur de Grande-Bretagne le comte Galeazzo Ciano, ministre des Affaires étrangères italien et gendre de Mussolini.

Donc il faudra à la France combattre sur deux fronts ! Et les appels à l'aide lancés par Paul Reynaud à Roosevelt ne suscitent qu'une réponse compatissante, et l'affirmation répétée que les États-Unis ne veulent pas entrer dans la guerre !

Aucun espoir non plus du côté de l'URSS, soucieuse de ne point provoquer Hitler, et espérant le voir s'engluer dans une guerre à l'ouest, qui retarderait d'autant ses ambitions à l'est. Staline sait qu'elles dévorent le Führer, mais plus tard l'antagonisme éclatera et mieux cela vaudra pour l'URSS !

Ainsi, l'ombre de la défaite s'étend sur la France.

La décision est prise d'évacuer les réserves d'or de la Banque de France, une partie vers le Maroc, une autre vers le Canada, le reste sera transféré à Brest, et de là ultérieurement au Canada.

Car Paris est désormais une ville exposée.

Le lundi 3 juin, la Luftwaffe a largué plus de mille bombes sur les usines Renault, et sur un cantonnement à Versailles. On dénombre 200 victimes, dont 45 morts. Attaque limitée, mais chacun a en mémoire les bombardements terroristes sur Varsovie et Rotterdam. Le général Hering, gouverneur militaire de Paris, a averti Paul Reynaud :

« La défense de Paris ne peut être que symbolique. Entre l'ennemi et la capitale, il n'y a pas un seul obstacle militaire important. Je suis absolument démuni ; je manque de troupes et d'explosifs. Je manque même tout bonnement d'un PC et j'ai demandé au président Herriot de bien vouloir m'autoriser à réquisitionner celui du Palais-Bourbon... »

Il faut envisager en ces premiers jours de juin le départ du gouvernement de Paris et sans doute la déclaration de la capitale « ville ouverte » qui ne serait donc pas défendue, mais « livrée » à l'ennemi.

Ce lundi 3 juin, de Gaulle écrit à Paul Reynaud avec l'autorité que lui confèrent ses succès à Montcornet, à Abbeville, sa citation à l'ordre de l'armée, et sa lucidité sur la guerre nouvelle, dont Paul Reynaud sait qu'elle remonte aux années trente.

« Monsieur le Président,

« Nous sommes au bord de l'abîme et vous portez la France sur votre dos, écrit de Gaulle. Je vous demande de considérer ceci... »

De Gaulle ne mâche pas ses mots et s'exprime avec la force de conviction que lui dictent les circonstances.

Il condamne les « hommes d'autrefois » auxquels Reynaud a fait appel !

« Le pays sent qu'il faut nous renouveler d'urgence. Il saluerait avec espoir l'avènement d'un homme nouveau, de l'homme de la guerre nouvelle. »

« Sortez du conformisme, des situations acquises, des influences d'académie. Soyez Carnot ou nous périrons. Carnot fit Hoche, Marceau, Moreau... »

De Gaulle veut être l'un de ceux-là.

Et il ne se contentera pas d'un poste subalterne, sans responsabilités.

« J'entends agir avec vous mais par moi-même. Ou alors c'est inutile et je préfère commander.

« Si vous renoncez à me prendre comme sous-secrétaire d'État, faites tout au moins de moi un chef – non point seulement d'une de vos quatre divisions cuirassées – mais bien du corps cuirassé groupant tous ces éléments. Laissez-moi dire sans modestie, mais après expérience faite sous le feu depuis vingt jours que je suis seul capable de commander ce corps qui sera notre suprême ressource. L'ayant inventé, je prétends le conduire. »

En ces premiers jours de juin 1940, certains parlent vrai, abattent vigoureusement leurs cartes, mais d'autres dissimulent leurs objectifs.

Ceux-ci souhaitent la capitulation, l'armistice, et en fait l'accord avec Hitler, la *collaboration* entre l'Allemagne et une France nouvelle, qui naîtrait d'une *révolution nationale*.

Ceux-ci – Pétain, Weygand, Laval, Baudouin – comptent sur le désarroi, le désespoir de ce peuple qui fuit sur les routes de l'exode, humilié, stupéfait, affolé, mitraillé, et les avions laissent une traînée de corps et de sang après chacun de leurs passages.

Ceux qui parlent vrai, de Gaulle, Churchill ne dissimulent rien.

Ils font appel à l'énergie et au courage.

Pas de complaisance ni de lamentations. Ils affrontent vent debout les événements, la tempête qui semble devoir tout emporter.

De Gaulle vient d'écrire à Paul Reynaud, sans inutile « modestie ».

Churchill, le mardi 4 juin, évoque à la Chambre des communes l'évacuation réussie, au-delà de toute attente, des troupes encerclées à Dunkerque.

Le Premier Ministre serre le pupitre à pleines mains. Il est comme une figure de proue, qui pénètre la vague.

« Nous devons bien nous garder de considérer cette délivrance à Dunkerque comme une victoire ; les guerres ne se gagnent pas par des évacuations… »

Il se redresse, son corps comme une masse indestructible :

« Nous nous battrons en France, reprend-il, nous nous battrons sur les mers et sur les océans, nous nous battrons dans les airs avec une confiance et des moyens sans cesse croissants. Nous défendrons notre île à n'importe quel prix. Nous nous battrons sur les terrains d'atterrissage, nous nous battrons dans les champs et dans les rues ; nous nous battrons dans les collines. Jamais nous ne nous rendrons ! Et même si notre île ou une grande partie de celle-ci devait se trouver conquise et affamée – ce que je ne crois pas un seul instant – alors notre empire d'outre-mer, armé et protégé par la flotte, poursuivrait la lutte, jusqu'à ce que Dieu fasse que le Nouveau Monde, avec toutes les ressources de sa puissance, avance pour secourir et libérer l'Ancien. »

Il se rassoit au milieu des applaudissements et des vivats. Des députés travaillistes pleurent.

Churchill se penche et murmure à son voisin :

« Et nous nous battrons avec des tessons de bouteille, parce que c'est fichtrement tout ce que nous avons ! »

Paul Reynaud a reçu le texte du discours de Churchill. Il est convaincu que l'Angleterre ne cédera jamais, l'énergie du Premier Ministre britannique est contagieuse.

Paul Baudouin

Le mercredi 5 juin, Reynaud décide de remanier son gouvernement, d'en évincer Daladier. Il prend en charge le ministère des Affaires étrangères, mais il nomme sous-secrétaire d'État au Quai d'Orsay ce Paul Baudouin favorable à l'armistice et proche de Pétain.

Reynaud, une fois encore, ne va pas jusqu'au bout, conservant Pétain et, au haut commandement, Weygand.

Mais, sensible aux arguments de De Gaulle dont il a lu et relu la lettre du lundi 3 juin, il accède à ses demandes : le général de Gaulle sera sous-secrétaire d'État à la Défense nationale et à la Guerre, chargé des relations avec la Grande-Bretagne, pour préparer la continuation de la guerre en Afrique du Nord.

Reynaud a dû passer outre à l'hostilité de Weygand.

« Quel grief avez-vous contre lui ? a-t-il demandé à Weygand.
— C'est un enfant », répond le généralissime.
De Gaulle a bientôt cinquante ans.

Il vient d'apprendre par la radio la nouvelle de sa nomination. C'est l'instant du destin.
Il rassemble les officiers de sa division qui l'attendent au garde-à-vous. Il serre la main de chacun d'eux.
« Je tiens à vous remercier, dit-il. Je suis fier de vous. Vous saurez faire votre devoir. »
Puis, après un « vous pouvez disposer », de Gaulle gagne la voiture qui doit le conduire à Paris.

13.

Il est 3 h 30 du matin, ce mercredi 5 juin 1940. La nuit commence à bleuir dans les vallées de la Somme et de l'Aisne. Et peu à peu surgissent dans les lueurs de l'aube les centaines de Panzers, les automitrailleuses, les camions dans lesquels s'entassent les soldats de l'infanterie motorisée. Les motocyclistes sont assis dans l'herbe et somnolent, le casque posé près d'eux.

Les cent divisions allemandes, dont dix de Panzers, attendent le signal de l'attaque.

Il faudra se saisir des ponts, franchir le canal de la Somme, percer, rouler vite, vers Rouen et Le Havre, c'est-à-dire atteindre la Seine, avec Paris comme objectif.

Le général Rommel date la lettre qu'il écrit à sa « Très chère Lu » du 5 juin, 3 h 30 du matin.

« La seconde phase de l'offensive commence aujourd'hui, précise-t-il. Nous traversons le canal dans une heure. Nous avons eu tout le temps et l'affaire a donc été bien préparée, autant qu'on puisse le prévoir. Je vais observer l'attaque d'assez loin, à l'arrière. Dans une quinzaine j'espère, la guerre sera terminée sur le continent. Des masses de courrier nous arrivent tous les jours. Tout le monde envoie ses félicitations. Je n'ai pas ouvert la moitié de ces lettres. Pas eu le temps. »

L'attaque se déclenche à 4 h 30 sur un front de 300 kilomètres entre la mer et Longuyon, là où s'amorce la ligne Maginot.

Les Panzers et l'infanterie motorisée rencontrent ici et là des résistances héroïques.

Les unités de Rommel se heurtent ainsi au 12e régiment de tirailleurs sénégalais. Les combats sont acharnés, les pertes allemandes importantes et il faudra plusieurs heures aux soldats de Rommel pour s'emparer du village de Condé-Folie.

La voiture dans laquelle se trouve le général est mitraillée. Rommel échappe de peu à la mort.

« Des troupes coloniales françaises se défendent avec une grande bravoure, écrit-il, mais nos chars ont le dernier mot. »

Les Sénégalais prisonniers sont séparés de leurs camarades blancs. Un officier indigène, le capitaine N'Tchoréré, est abattu d'une balle dans la tête pour avoir protesté contre cette décision.

Peu après, des dizaines de Sénégalais et de soldats blancs sont abattus à la mitraillette et à la grenade.

Rommel ne rapporte pas ces faits à sa « Très chère Lu ». Il évoque les nombreux soldats qui se rendent, « dont beaucoup paraissent ivres ».

Le journaliste anglais Alexandre Werth signale « une masse de soldats fatigués, démoralisés, dont beaucoup paraissent ivres, sans fusil, qui refluent dans Paris ». Car en dépit de ces poches de résistance, sur la Somme, sur l'Aisne où se distingue la 14e division d'infanterie commandée par le général Jean de Lattre de Tassigny, la ligne de défense française est percée.

Les Panzers de Rommel foncent vers Rouen – le 7 juin, ils seront à 35 kilomètres de cette ville.

Ils ignorent les soldats désarmés errant sur le bord des routes, les réfugiés, les civils apeurés qui s'enfuient, et certains imaginent que ces unités qui roulent à grande allure sont britanniques…

Qui pourrait imaginer les Allemands sur la Seine, remontant vers Cherbourg ?

Les Français ont écouté le général Weygand qui, le lundi 3 juin, à 10 heures, a adressé à ses troupes un ordre du jour martial !

« La bataille de la France a commencé. L'ordre consiste à défendre nos positions sans penser à battre en retraite... Puisse la pensée de notre pays blessé vous inspirer irrévocablement et vous déterminer à tenir partout où vous êtes... Le destin de notre pays, la sauvegarde de nos libertés, l'avenir de nos enfants dépendent de votre ténacité. »

Le dimanche 9 juin, alors que les Allemands ne sont plus qu'à 60 kilomètres de Paris, Weygand adresse aux troupes un nouvel ordre du jour, dans lequel il ose dire : « L'ennemi est au bout de son effort, nous sommes au dernier quart d'heure. »

Qui peut croire Weygand ?

Qui peut croire Paul Reynaud quand il adresse aux Français, le jeudi 6 juin, ce message empli de confiance :

« Le rêve allemand d'hégémonie va buter contre la résistance française, car la France dressée aujourd'hui devant Hitler n'est pas celle d'entre les deux guerres. C'est une autre France. De même l'Angleterre qui combat Hitler n'est pas l'Angleterre de ces vingt dernières années. Nous autres Français de juin 40 n'avons qu'une pensée : sauver la France. Et tous les membres du gouvernement sont animés d'une volonté commune de vaincre. »

Ces mots s'adressent à un peuple accablé, à des centaines de milliers de Français qui s'enfuient vers le sud, traînant, poussant, conduisant toutes sortes de véhicules sur lesquels sont arrimés les objets les plus précieux et les plus dérisoires. C'est l'exode qui mêle civils et soldats désarmés.

Cette foule hagarde est mitraillée par la Luftwaffe, et les gens se précipitent dans les fossés des bords de la route, puis reprennent leur marche, abandonnant les morts et les enfants devenus en une poignée de minutes des orphelins.

Cette réalité, durant quelques heures, les mots la masquent encore tant les illusions sur la force de la France ont été grandes, tant on a voulu croire que l'armée victorieuse de 1918 était invincible.

Churchill lui-même a été dupe, mais dès ce jeudi 6 juin il prend la mesure du désastre. Il téléphone à Reynaud, au général Spears, son représentant auprès du gouvernement et de l'état-major français.

On devine son angoisse quand il demande :

« Est-ce qu'il existe un véritable plan de bataille ? Que feront les Français si leurs lignes sont enfoncées ? Le projet de réduit breton est-il sérieux ? Existe-t-il une autre solution ? »

Le major Spears, qui côtoie Pétain, Weygand, Reynaud et ses ministres, ne peut dissimuler à Churchill ce qu'il voit, entend, surprend.

Alors que le sort de la nation est en jeu, les rivalités divisent les hommes censés « être animés d'une volonté commune de vaincre ».

Pétain et Weygand ne cachent plus leur volonté d'imposer la conclusion d'un armistice avec Hitler. La comtesse Hélène de Portes, maîtresse de Reynaud, partage cette opinion. Or, elle est omniprésente, influençant Reynaud de toute sa volonté.

William Bullitt, l'ambassadeur des États-Unis, télégraphie, le jeudi 6 juin, au président Roosevelt – que Reynaud ne cesse de solliciter :

« Les Français qui se battent méritent mieux que d'être gouvernés par la maîtresse d'un président du Conseil… Ce soir, Reynaud lui a interdit d'entrer dans la pièce où il venait pour vous parler au téléphone. Elle est entrée néanmoins et quand il lui a ordonné de quitter la pièce, elle a refusé. Je pense que vous devriez à l'avenir éviter de telles conversations, car la dame en question les répétera par toute la ville ! »

Le premier secrétaire de l'ambassade des États-Unis, Freeman Matthews, est encore plus sévère.

« Hélène de Portes encourage les éléments défaitistes, dit-il. Elle est influencée par Paul Baudouin, lui-même homme lige de Pétain. Elle est dans un état de panique tel qu'elle ne veut rien négliger pour amener Reynaud à jeter l'éponge. »

Le samedi 8 et le dimanche 9 juin, le camp des défaitistes se renforce de tous ceux qui, au sommet de l'État, jugent – comme Chautemps, l'ancien président du Conseil, figure majeure du monde politique – qu'il faut mettre fin à la lutte.

« Elle est inutile, dit-il, et nous devons empêcher que les destructions s'étendent à l'ensemble du pays. C'est le maréchal Pétain qui comprend le mieux la situation. »

Et Pétain, qui jusqu'alors a été le plus souvent silencieux lors des réunions gouvernementales – Conseil des ministres, Comité de guerre – s'exprime sur un ton glacial, qui n'admet pas de réplique.

« L'armistice est une nécessité, dit-il, il faut examiner les conditions de la cessation des combats. Le salut et l'avenir du pays exigent que l'on procède ainsi avec courage. »

À Reynaud, qui rétorque qu'« il n'y a aucun armistice honorable avec Hitler » et que ce serait une immense imprudence que de nous séparer de nos alliés britanniques, Pétain répond :

« Les intérêts de la France doivent passer avant ceux de l'Angleterre. L'Angleterre nous a mis dans cette situation. Ne nous bornons pas à la subir, essayons d'en sortir. »

Et pendant ce temps, heure après heure, les Allemands progressent.

Rommel est à Fécamp !

« La vue de la mer bordée de falaises de chaque côté nous enthousiasme et aussi d'avoir atteint le littoral français. Nous mettons pied à terre et descendons la plage de galets vers le bord de l'eau jusqu'à ce que les vagues viennent se briser sur nos bottes…

« Plus tard, quand nous roulons vers Tourville, nous recevons un accueil triomphal de gens qui habitent une cité ouvrière et qui doivent nous prendre pour des Anglais. »

Ce dimanche 9 juin dans la matinée, le gouvernement décide de quitter la capitale le lendemain 10 juin pour s'installer à Tours et sur les bords de Loire, dans ces nombreux châteaux qui rappellent les heures fastes du royaume de France.

Ce même jour, de Gaulle est à Londres, afin de rencontrer Churchill.

La lettre de mission que lui a remise Paul Reynaud est sans équivoque.

« Vous verrez M. Churchill et vous lui direz que le remaniement de mon cabinet et votre présence auprès de moi sont les marques de notre résolution. »

Tâche accomplie.

De Gaulle approuve Churchill de ne pas déplacer des escadrilles de la RAF de Grande-Bretagne en France.

« C'est ici, dit Churchill, à Londres, et si Paul Reynaud s'y décide, dans l'Empire français que se maintiendra la résistance. »

La résolution de Churchill « ce lutteur, ce grand champion d'une grande entreprise, ce grand artiste d'une grande histoire » renforce la détermination de De Gaulle.

Il rencontre les ministres anglais, mesure à quel point ils sont surpris de l'effondrement français et soucieux de voir la flotte française, l'une des plus modernes du monde, tomber entre les mains des Allemands.

Les Français de Londres – Jean Monnet, les diplomates – ne lui paraissent pas habités par la même ferveur et la même volonté que les Anglais.

De Gaulle serait-il donc le seul à partager ces sentiments ?

Cette pensée ne le quitte plus dans l'avion qui, dans la soirée du dimanche 9 juin, survole plusieurs fois les pistes du

Bourget avant de pouvoir se poser sur le terrain qui vient d'être bombardé par la Luftwaffe. Des bombes n'ont pas explosé et rendent l'atterrissage difficile.

De Gaulle se rend aussitôt chez Paul Reynaud. La situation a empiré. Rouen serait tombé. Des reconnaissances allemandes sont signalées à L'Isle-Adam. L'Oise est franchie. Les Panzerdivisionen s'apprêtent à lancer une offensive décisive en Champagne.

Reynaud semble toujours décidé à se battre « au besoin dans nos possessions d'Amérique », dit-il. Mais de Gaulle le sent troublé. Ses plus proches collaborateurs, Paul Baudouin mais aussi Yves Bouthillier, nommé ministre des Finances, se déclarent ouvertement solidaires de Pétain et de Weygand. Pourquoi pas tout de suite l'armistice ? Quelle autre issue alors que l'Italie de Mussolini s'apprête à déclarer demain, lundi 10 juin, la guerre à la France ?

De Gaulle évoque le réduit breton, le transfert du gouvernement en Afrique du Nord.

Reynaud approuve sans décider.

À propos de Paris, Reynaud prépare une allocution pour demain, dans laquelle il dira : « Nous nous battrons *devant* Paris, nous nous battrons *derrière* Paris. »

De Gaulle se souvient de Clemenceau déclarant en 1918 : « Je me battrai *devant* Paris, je me battrai *dans* Paris, je me battrai *derrière* Paris… Mais faire la paix, jamais ! »

Reynaud a oublié « *dans* Paris ».

C'est donc que la capitale sera déclarée ville ouverte et donc bientôt ville occupée.

Ce lundi 10 juin qui commence sera, de Gaulle le pressent, « une journée d'agonie ».

À Paris, la rumeur du départ du gouvernement de la capitale s'est propagée et on rapporte les propos que le gouverneur militaire de Paris, le général Hering, aurait tenus à la radio : « L'armée se replie en bon ordre sur Paris dont les pâtés de maisons de six étages sont autant de citadelles pour retarder l'ennemi. »

Or la décision a été prise par Weygand de faire de Paris une « ville ouverte », et Reynaud a évité d'évoquer des combats *dans* Paris.

Mais, comme le répète de Gaulle, cette journée d'agonie révèle « qu'au milieu d'une nation prostrée et stupéfaite, derrière une armée sans foi et sans espoir, la machine du pouvoir tourne dans une irrémédiable confusion ».

Mais une grande peur « a saisi les Parisiens et, aux portes sud de la ville – porte d'Italie, porte d'Orléans –, la cohue est telle, les embouteillages si compacts que, sur 5 kilomètres en amont de ces portes, on n'avance que mètre par mètre, chaussées et trottoirs envahis ».

Des incidents jettent les uns contre les autres ces Français désemparés. Et dans certains quartiers, des magasins sont pillés, des passants dépouillés par une pègre qui constate que l'autorité, les forces de l'ordre, la discipline collective, ont presque totalement disparu.

Devant les ministères, les voitures attendent les hauts fonctionnaires et les ministres qui vont connaître, eux aussi, les aléas de l'exode car les routes qui mènent à Orléans, à Tours, sont envahies par la cohue désespérée.

Au fil des heures, la journée d'agonie s'assombrit encore.

Ce lundi 10 juin 1940 à 16 heures, Mussolini proclame qu'il entrera dans la guerre à minuit. Paul Reynaud s'indigne : « Quel peuple noble et admirable que ces Italiens qui nous poignardent dans le dos à un moment pareil ! »

La frontière des Alpes n'est plus défendue que par cinq divisions contre les trente-deux italiennes. En outre, les Français sont menacés par l'avance allemande qui s'approche de la vallée du Rhône ! Mais l'offensive italienne ne connaîtra aucun succès.

Les « huit millions de baïonnettes », dont se vante le Duce, ne perceront pas le front français, ne s'avançant que de quelques dizaines de mètres dans la ville de Menton.

Au début de la soirée de ce lundi 10 juin, Reynaud adresse un dernier appel au secours à Roosevelt :

« Aujourd'hui, l'ennemi est presque aux portes de Paris. Nous nous battrons *devant* Paris, nous nous battrons *derrière* Paris, nous nous enfermerons dans l'une de nos provinces pour nous battre et si nous en sommes chassés, nous nous installerons en Afrique du Nord pour continuer la lutte et, en cas de nécessité, dans nos possessions américaines.

« Une partie du gouvernement a déjà quitté Paris. Je me prépare à partir pour le front… Il est de mon devoir de vous demander une nouvelle aide plus grande encore… »

À 23 heures, la radio diffuse un bref communiqué :

« Le gouvernement est obligé de quitter la capitale pour des raisons militaires impérieuses. Le président du Conseil se rend aux armées. »

Ceux des Parisiens qui avaient hésité à partir entassent dans leurs véhicules – voitures, camionnettes, charretons, landaus… – quelques objets et se précipitent dans les rues, en pleine nuit, fuyant les combats à venir dans la capitale.

Vers minuit, Reynaud monte avec de Gaulle dans une voiture qui doit les conduire à Orléans.

Il faut une nuit entière pour rejoindre la ville de Jeanne d'Arc, qui n'est située qu'à 250 kilomètres.

Mais on avance au pas, contraints de rouler sur les bas-côtés de la route, et les motocyclistes qui tentent d'ouvrir un passage à la voiture disparaissent souvent, comme engloutis par ce peuple que la panique a déversé sur les routes.

À l'aube, on atteint enfin Orléans.

Des vers de Péguy reviennent à de Gaulle :

Vous les avez pétris de cette humble matière
Ne vous étonnez pas qu'ils soient faibles et creux
Vous les avez pétris de cette humble misère
Ne soyez pas surpris qu'ils soient des miséreux.

14.

En cette matinée du mardi 11 juin 1940, les Français sont-ils devenus ce peuple de « miséreux » que de Gaulle voit cheminer, défait, sur les routes de l'exode ?

C'est le désarroi qui creuse leurs visages, le désespoir, la grande peur, la panique qui les rendent hagards. La fatigue et la faim, la soif qui les transforment en loques, tombant d'épuisement.

Paris en trois jours s'est vidé : au soir du jeudi 13 juin, il ne reste plus que 700 000 habitants sur les 3 millions que compte habituellement la capitale.

Si de Gaulle regarde cette foule de fuyards, avec compassion, sensible à l'« humble misère », d'autres – Léon Daudet, Lucien Rebatet, écrivains d'extrême droite – éprouvent du dégoût. La haine qu'ils ont ressentie au moment du Front populaire, la peur qui, durant quelques mois, leur a serré la gorge, leur fait mépriser ces « visages hideux de bestialité, cette foule hideuse avançant au hasard, ces apatrides sortis de l'égout, ce flux des fuyards vomi de Paris ».

Pour eux, cette débâcle, cet exode, c'est le châtiment infligé à un peuple qui s'est donné pour président du Conseil, en 1936, le Juif Léon Blum.

Le leader socialiste, revenu à Paris, ce mardi 11 juin, cherche vainement quelqu'un qui pourrait le renseigner sur la situation militaire.

Alors, que peuvent savoir les « humbles » Parisiens qui tentent de monter dans les derniers trains ?

Ils se bousculent, se battent, grimpent à l'assaut des wagons, gare de Lyon, gare d'Austerlitz.

Les quelques agents présents ne peuvent contenir cette ruée de gens affolés, en proie à la « bestiale panique », comme dit un témoin, un Japonais fasciné par ces milliers de personnes pourtant si humaines, si « parisiennes dans les circonstances ordinaires ». Des enfants hurlent, des femmes s'évanouissent.

On entoure les agents.

« Est-ce qu'il y a encore des trains ? »

Et les représentants d'un ordre disparu répondent : « Foutez le camp. Tout est fini, les Allemands seront ici demain. »

Ils sont à Rouen, à Compiègne. Leurs avant-gardes motocyclistes approchent de la banlieue parisienne.

La Panzerdivision de Rommel attaque Saint-Valéry-en-Caux, et affronte des Britanniques et les troupes du général Ihler qui résistent jusqu'à l'épuisement de leurs munitions.

La victoire rend les Allemands euphoriques.

« Très chère Lu, écrit Rommel.

« Nous avons fait 100 kilomètres au cours de la poursuite d'hier, isolé plusieurs divisions. Aujourd'hui, mardi 11 juin, nous nous baignons et dormons. »

Le lendemain, mercredi 12 juin, Rommel ajoute :

« Ici, la bataille est terminée… Moment merveilleux ! Vous pouvez imaginer mon bonheur lorsque les généraux des armées britannique et française se sont présentés à moi sur la place du marché de Saint-Valéry-en-Caux et ont reçu mes ordres. Le général britannique et sa division m'ont causé une joie particulière. Tout cela a été filmé et passera certainement aux actualités.

« Nous sommes maintenant au repos pour quelques jours. Je ne pense pas qu'il se livre encore de combats sérieux en France. À certains endroits, on nous a même donné des fleurs au passage. Les gens sont heureux que la guerre soit finie pour eux. »

Mais des millions d'autres Français découvrent au contraire, en cette mi-juin 1940, l'horreur des combats, la terreur des bombardements.

Ils s'imaginaient, parce qu'ils habitaient loin des frontières, n'avoir jamais à connaître l'invasion ; les destructions, l'irruption de la mort guerrière qui saccage au hasard les vies.

Ils sont assis dans la douceur de cette soirée du 10 juin, sur la place de ce village d'Eure-et-Loir, et voici qu'un convoi tragique débouche, fait halte. De gros chevaux de labour tirent des charrettes. Sur des entassements de matelas, de hardes, il y a des femmes et des enfants !

Ils ont fui l'Est, le Nord, les Ardennes et les Flandres.

Ces fuyards, aux yeux agrandis par la peur, précèdent l'arrivée de la guerre dans les pays de la Loire, sur les confins du Massif central. Les réfugiés annoncent la venue du malheur.

Le jeune préfet de Chartres, Jean Moulin, n'a aucune illusion. Il a été chef de cabinet du ministre du Front populaire Pierre Cot. C'est un antinazi déterminé et lucide. Proche du parti radical, c'est un républicain intransigeant.

La Luftwaffe a bombardé les terrains d'aviation qui entourent Chartres, et maintenant c'est la ville qui est prise pour cible. La population saisie par la panique commence à quitter Chartres, à aller grossir les flots de l'exode. Jean Moulin fait afficher une proclamation pour tenter de la retenir, briser ce cercle de la peur et de la fuite.

Jean Moulin

« Habitants d'Eure-et-Loir, a-t-il écrit.
« Vos fils résistent victorieusement à la ruée allemande. Soyez dignes d'eux en restant calmes.
« Aucun ordre d'évacuation du département n'a été donné parce que rien ne la justifie. N'écoutez pas les paniquards qui seront d'ailleurs châtiés.
« Il faut que chacun soit à son poste. Il faut que la vie économique continue.
« Les élus et les fonctionnaires se doivent de donner l'exemple. Aucune défaillance ne saurait être tolérée.
« J'ai confiance en vous. Nous vaincrons.
« Jean Moulin
« Préfet d'Eure-et-Loir. »

C'est le mardi 11 juin 1940. Le généralissime Weygand et le maréchal Pétain, icône victorieuse de l'armée et de la plupart des anciens combattants, ne songent pas à la victoire future, à la lutte par tous les moyens, mais à la fin de la guerre et à l'armistice.

Le maréchal Pétain et le général Weygand *(à droite)*.

De Gaulle a convaincu Paul Reynaud qu'il faut, au moins, si l'on veut continuer le combat, chasser Weygand.

De Gaulle quitte Orléans, où il est arrivé dans la nuit avec Reynaud, pour Arcis-sur-Aube, où le général Huntziger a établi son quartier général. C'est à lui que de Gaulle pense pour remplacer Weygand. Reynaud devait accompagner de Gaulle, mais au dernier moment, il se dérobe.

Huntziger hésite, ne croit pas au réduit breton, et n'apparaît pas comme l'homme capable d'incarner une nouvelle stratégie.

De Gaulle repart, se rend à Briare où doit se tenir, en présence de Churchill, le Conseil suprême allié.

Il faut, pour parvenir à Briare, fendre le flot des réfugiés, qui se dispersent dans les champs comme un troupeau sans berger quand ils croient entendre le bruit d'un moteur d'avion, ou qu'ils imaginent que cette brume qui s'étend sur la campagne avec le crépuscule est un gaz.

Et puis tout à coup, on quitte la route et cette artère du désespoir, on entre dans un univers qui semble hors du temps. C'est la cour du château du Muguet, à Briare, où doit se tenir la réunion du Conseil suprême allié.

Il est 19 heures ce mardi 11 juin.

Les nouvelles sont accablantes. Il n'y a presque plus d'armée. Les Allemands sont à Dieppe, à Rouen, ils roulent vers Cherbourg. Ils ont pris Reims et Épernay.

La salle à manger du château est devenue salle de conférence.

Pétain toise de Gaulle.

« Vous êtes général, dit le Maréchal, d'une voix sèche. Je ne vous en félicite pas. À quoi bon les grades dans la défaite ?

— Mais vous-même, monsieur le Maréchal, c'est pendant la retraite de 1914 que vous avez reçu vos premières étoiles ? Quelques jours après, c'était la Marne. »

Weygand commence son exposé de la situation militaire :

« On se trouve sur une véritable lame de couteau, dit-il. C'est une course contre l'épuisement des troupes françaises qui sont sur le point de ne plus en pouvoir et sur l'essoufflement de l'ennemi. »

Weygand, le visage parcheminé, répète : « C'est bien légèrement que l'on est entré en guerre. » Il reproche aux Anglais de ne pas avoir apporté une aide suffisante.

Churchill s'insurge, invite à défendre Paris rue par rue, à transformer la France en un terrain de guérilla.

« Tout cela n'a plus de sens », lance Weygand.

On s'interrompt à 21 h 30.

On dîne. De Gaulle est assis à côté de Churchill.

« En 1918, dit Pétain au Premier Ministre, je vous ai donné quarante divisions pour sauver l'armée britannique. Où sont les quarante divisions anglaises dont nous aurions besoin pour nous sauver aujourd'hui ? »

Le Maréchal a remis discrètement une note à Paul Reynaud, où il affirme, une nouvelle fois mais avec encore plus de fermeté, que la France doit demander l'armistice.

Le lendemain, mercredi 12 juin, le Conseil suprême allié reprend ses travaux à 8 heures.

Dans la nuit, les unités allemandes motorisées ont parcouru parfois 100 kilomètres.

Elles sont à faible distance de Chartres. Elles pénètrent dans la banlieue parisienne.

Churchill répète que l'Angleterre continuera à se battre.

« Si vous avez perdu la confiance en vous-même, fiez-vous à nous et à notre résolution », martèle-t-il.

Il attire à part l'amiral Darlan.

« Il ne faudra jamais laisser les Allemands s'emparer de la flotte française », insiste-t-il.

Et la promesse solennelle de Darlan ne le rassure pas.

On se sépare après deux heures de discussion.

Et, à la fin de l'après-midi de ce mercredi 12 juin, au château de Cangé, où réside le président de la République, se tient le premier Conseil des ministres à siéger hors de Paris.

De Gaulle s'est rendu à Brest, pour tenter de mettre en place le « réduit breton », dont Weygand et Pétain ne veulent pas !

Ce qu'ils veulent, c'est l'armistice, en finir avec cette guerre.

Ils renoncent ainsi à bombarder les ports italiens – à l'exception d'une attaque sur Gênes –, de crainte de représailles, alors même que les avions du Duce s'en prennent à Toulon, à Calvi, à Bastia.

Et au fil des heures, l'avance allemande le long de la côte atlantique, en Champagne, vers la vallée du Rhône s'accentue. Les blindés de Guderian sont à Langres, ils encerclent Paris qui, ville ouverte, sera occupé dans quelques heures.

De Gaulle s'indigne, songe pour la première fois à quitter le gouvernement, à reprendre un commandement qui lui permettra de combattre.

Il retrouve Paul Reynaud dans l'un de ces innombrables châteaux des pays de Loire, le château de Chissay.

Reynaud arrive du Conseil des ministres. On dîne debout.

Le président du Conseil assure qu'au Conseil, la grande majorité des ministres s'est opposée à la proposition d'armistice avancée par Weygand et appuyée par Pétain.

De Gaulle interroge. Où ira le gouvernement puisque l'avance allemande ne peut être arrêtée ?

Reynaud est évasif.

« C'est l'Afrique du Nord ou la Bretagne, dit de Gaulle.

— Peut-être Bordeaux, comme une première étape », suggère Paul Baudouin, le secrétaire d'État aux Affaires étrangères.

C'est déjà le jeudi 13 juin. De Gaulle est averti qu'une nouvelle réunion du Conseil suprême allié se tient à la préfecture de Tours, où Churchill vient d'arriver.

De Gaulle s'y rend. Il est fasciné par le Premier Ministre britannique, vêtu d'un costume blanc, mâchonnant un cigare, répétant, parlant avec une énergie qui semble indestructible.

« Nous nous battrons jusqu'au bout, n'importe comment, n'importe où, même si vous nous laissez seuls ! » dit-il.

Il évoque la flotte française qui, réaffirme-t-il, ne doit jamais être remise aux Allemands. Et il veut qu'on lui livre les quatre cents pilotes de la Luftwaffe faits prisonniers.

C'est que la guerre va continuer, et les îles Britanniques vont être attaquées.

Il évoque l'accord du 28 mars avec la France.

Si la France ne respecte pas sa parole, sort seule du conflit, « la Grande-Bretagne ne perdra pas son temps en reproches et récriminations. Mais elle ne consentira pas à cette rupture de l'accord du 28 mars ».

Churchill serre les poings, les brandit.

« La cause de la France nous sera toujours chère et si nous gagnons la guerre nous restaurerons la France dans toute sa puissance et sa dignité. »

Ces propos sont à la fois généreux et humiliants.

Mais de Gaulle ne veut pas se laisser détourner du but à atteindre : faire que la France reste dans la guerre, refuser l'armistice, combattre aux côtés des Anglais.

En fin de journée, ce jeudi 13 juin, un deuxième Conseil des ministres se tient au château de Cangé.

« C'est le chœur tumultueux d'une tragédie, près de son terme », juge de Gaulle.

Le gouvernement va quitter les châteaux de la Loire pour Bordeaux. Seule cette mesure ne rencontre pas d'opposition.

Quant aux questions décisives, aucune n'est tranchée.

Pétain, hautain et solennel, rejette toute idée de quitter le territoire français : ce serait pour le gouvernement une désertion. Point d'Afrique du Nord. Et il est impossible d'organiser avec des troupes en pleine débandade un réduit breton.

« L'armistice est une nécessité, elle est la condition de la pérennité de la France éternelle », dit-il.

Weygand, théâtral, annonce qu'on vient de lui annoncer qu'un gouvernement communiste, présidé par Maurice Thorez, le secrétaire général du parti, déserteur par ailleurs, vient de se constituer à Paris.

Georges Mandel, ministre de l'Intérieur, quitte le Conseil et revient quelques minutes plus tard démentir la nouvelle.

Pétain intervient de nouveau, évoque l'armistice, efface ainsi la manœuvre et le mensonge de Weygand.

« Je resterai parmi le peuple français pour partager sa peine et ses misères », dit-il, ajoutant que « la renaissance française sera le fruit de la souffrance ».

Il est évident que Weygand et Pétain veulent non seulement l'armistice mais aussi le pouvoir.

C'est la nuit du jeudi 13 au vendredi 14 juin 1940.

De Gaulle vient de terminer sa lettre de démission quand Mandel le convoque à la préfecture de Tours.

Le bâtiment est plongé dans l'obscurité. Mandel, élégant, pâle, le cou serré dans un haut col blanc, parle avec gravité.

« Il y a comme un relent de coup d'État militaire dans les propos de Pétain et de Weygand, dit-il. De toute façon, nous ne sommes qu'au début de la guerre mondiale. »

Il se penche vers de Gaulle :

« Vous avez de grands devoirs à accomplir, général. Mais avec l'avantage d'être au milieu de nous tous un homme intact. »

Il pointe le doigt, condamne l'idée d'une démission de De Gaulle.

« Ne pensez qu'à ce qui doit être fait pour la France, et songez que, le cas échéant, votre fonction actuelle pourra vous faciliter les choses. »

Il s'interrompt pour répondre à un appel téléphonique.

« Les avant-gardes allemandes entrent dans Paris », dit-il.

15.

Un motocycliste allemand, à 3 h 40, ce vendredi 14 juin, traverse la place Voltaire et le bruit du moteur déchire le silence qui a englouti les quartiers de Paris. Ce soldat casqué, les pans de son manteau de cuir battant ses flancs, est seul dans les rues vides.

Une fine poussière grise comme une neige sale recouvre les chaussées.

Les vents d'ouest ont poussé sur la capitale les cendres des incendies qui ont détruit, de Rouen jusqu'à Colombes et Port-Marly, les réservoirs de pétrole de la vallée de la Seine.

Les rues se remplissent du bruit du moteur de l'éclaireur allemand puis le silence retombe.

À Sarcelles, un officier français, le commandant Devouges, s'avance, portant un drapeau blanc, vers le groupe d'officiers allemands qui l'attendent pour, non pas négocier, mais l'informer des dispositions prises par l'état-major du général Block, commandant le groupe d'armées B, pour pénétrer et occuper Paris.

Si le général gouverneur ne peut obtenir l'adoption de cette solution pacifique, la résistance de la ville sera brisée par les moyens les plus rigoureux, « sur terre et dans les airs ».

Les ponts ne doivent pas être détruits. L'eau, l'électricité doivent continuer à être distribuées. La police peut garder ses armes afin d'assurer l'ordre. La population ne sortira pas de chez elle pendant les premières quarante-huit heures.

Le commandant Devouges signe.

À 5 h 20, des compagnies de soldats allemands occupent la gare du Nord et la gare de l'Est, mettent des canons antichars en batterie. Les casernes sont encerclées. Les motocyclistes sillonnent les différents quartiers.

À 5 h 50, les Allemands patrouillent sur le boulevard Saint-Michel. Quelques minutes plus tard, des officiers réquisitionnent l'hôtel de Crillon.

À 8 h 30, une vingtaine de motocyclistes remontent les Champs-Élysées.

Paris a capitulé !

La nouvelle se répand dans les unités allemandes. Pour quelques minutes, la discipline cède la place à l'exubérance. « Un grand jour dans l'histoire de l'armée allemande », note le général Halder dans son journal.

Le général Block, qui entre dans Paris, constate :

« La ville est à peu près vide : apparemment, seule la population la plus pauvre est restée. Elle se tient, curieuse, le long des rues où progressent nos unités. Aux questions posées, elle répond de bon gré par des informations. La police également est courtoise dans son salut et sa tenue. »

Il fait défiler dès 9 heures du matin des unités sur les Champs-Élysées et passe les troupes en revue place de la Concorde.

Les drapeaux français sont retirés des édifices publics. On hisse la croix gammée au sommet de la tour Eiffel.

Block conclut :

« Je me rends en voiture aux Invalides pour voir le tombeau de Napoléon. Puis, très bon petit déjeuner au Ritz. »

La population est dans la rue. Personne ne songe qu'il est interdit de circuler.

On assiste aux parades. Les cafés installent leurs terrasses. Les magasins lèvent leurs rideaux. Les premiers soldats – et d'abord les officiers – s'attablent, achètent parfums et lingerie…

On avait craint l'arrivée de barbares. On découvre de jeunes hommes disciplinés, et le contraste est si grand avec les souvenirs de l'exode aux portes de Paris, de ces soldats français dépenaillés et sans armes, qu'on est fasciné.

« Sous mes yeux, un officier allemand tombe lourdement de cheval, note un journaliste hongrois. La foule vient à son secours, des femmes le brossent rapidement de leurs mains. Un homme tient le cheval par la bride. »

On entoure les véhicules allemands.

Entrant dans une boutique de l'avenue Victor-Hugo, ce journaliste hongrois qui s'exprime avec un accent britannique s'entend dire par le vendeur, alors qu'il hésite sur l'achat d'une chemise :

« J'en ai assez de vous autres Anglais. J'ai déjà travaillé avec les Allemands aujourd'hui. Ils m'ont laissé plusieurs milliers de francs. Ils paient sans difficulté, eux. *Ils sont corrects.* »

Ici et là, quelques incidents provoqués par des soldats ivres qui volent la caisse des cafés, menacent, tirent des coups de feu.

Mais la vie reprend. Certains cinémas annoncent qu'ils ouvriront leurs portes dès ce vendredi dans l'après-midi. Des soldats français qui traversent la ville – ce qui est interdit – ne sont pas capturés.

Les patrouilles de gardes mobiles armés et casqués règlent la circulation. Ils échangent les saluts réglementaires avec les officiers allemands qui passent.

À 18 h 30, la cérémonie quotidienne de la flamme du soldat inconnu se déroule comme à l'habitude, à l'Arc de triomphe.

Des soldats allemands se figent, au garde-à-vous.

« *Ils sont corrects.* »

L'expression, en moins d'une journée, s'est répandue.

Mais dans la matinée de ce vendredi 14 juin 1940, on dénombre quinze suicides de Parisiens.

Ceux-là n'ont pas supporté le bruit cadencé des bottes sur les Champs-Élysées, la vue d'un détachement d'artillerie de campagne qui campe place du Palais-Royal, devant le ministère des Finances et le Conseil d'État, ou bien la voix métallique qui, place de l'Hôtel-de-Ville, tombe des voitures haut-parleurs de l'armée allemande et répète que toute manifestation d'hostilité à l'égard des troupes allemandes sera punie de la peine de mort.

Les oriflammes à croix gammée flottent ce vendredi 14 juin sur la tour Eiffel, les grands hôtels de la place de la Concorde et de la rue de Rivoli, sur le Palais-Bourbon, sur les bâtiments publics occupés.

Et des soldats français sales, hâves, encadrés par des Allemands casqués, traversent en longues colonnes de prisonniers la place de l'Opéra.

Un grand mutilé, les rubans de ses décorations à la boutonnière, regarde les yeux remplis de larmes.

Pendant ce temps, dans les cours des châteaux des bords de Loire, les ministres s'embarquent dans des voitures qui vont les conduire à Bordeaux où le gouvernement de Paul Reynaud a décidé de se replier.

« Nous sommes maintenant perdus, dit Pétain à l'amiral Darlan. Alors il faut envisager la formation d'un consulat. Pourquoi, Darlan, ne seriez-vous pas Premier consul ? »

Puis Pétain invite le général Weygand à se rendre à Bordeaux, parce qu'il faut en finir, vite. Il s'est fixé comme extrême délai samedi. Il ne supporte plus l'attitude « ignoble et lâche » du Conseil des ministres. Il faut imposer l'armistice.

De Gaulle s'apprête lui aussi à rejoindre Bordeaux. Il a en mémoire les propos de Mandel et les quelques mots qu'au terme du Conseil suprême allié d'hier – jeudi 13 juin –, Churchill lui a murmurés : « Vous, l'homme du destin. »

Sera-t-il cet homme-là ?

Il s'indigne de l'ambition et des projets de Pétain.

« La vieillesse est un naufrage, dit-il. Pour que rien ne nous soit épargné, la vieillesse du maréchal Pétain va s'identifier avec le naufrage de la France. »

« Moi, en tout cas, confie-t-il au lieutenant Geoffroy Chodron de Courcel, son aide de camp, jamais je ne signerai l'armistice. Ce serait contraire à l'honneur et à l'intérêt français. Jamais je ne m'y résoudrai. Je reprendrai un commandement, n'importe lequel. »

Une nouvelle fois, il se souvient des propos de Mandel.

Il doit se battre jusqu'au bout, au sein de ce gouvernement. Ne pas céder.

Sur la route encombrée qui conduit à Bordeaux, la voiture de De Gaulle double celle du directeur de cabinet de Paul Reynaud, Dominique Leca.

De Gaulle fait arrêter le véhicule et interroge Leca sur les dernières nouvelles.

Paris est totalement investi. Les Allemands sont au Havre, à Caen, à Alençon. Pourquoi pas demain à La Rochelle, à Bordeaux ?

« Taisez-vous, taisez-vous », murmure de Gaulle.

Leca lui apprend que Paul Reynaud a adressé un ultime message à Roosevelt.

« Si vous n'intervenez pas, a écrit Paul Reynaud, vous verrez la France s'enfoncer comme un homme qui se noie et disparaître après avoir jeté un dernier regard vers la terre de liberté d'où elle attendait son salut... Si vous ne pouvez pas donner à la France, dans les heures qui viennent, la certitude que les États-Unis entreront en guerre à très brève échéance, le destin du monde va changer. »

De Gaulle fait quelques pas aux côtés de Leca.

« C'est d'abord en soi et de soi qu'on attend le salut », dit-il.

Il s'agit de savoir si on se bat ou ne se bat pas.

16.

Voici Bordeaux en cette fin d'après-midi du vendredi 14 juin 1940.

C'est la capitale des débâcles, là où sont venus se réfugier, en 1870 et durant quelques semaines en 1914, tous les fuyards du Paris gouvernemental, cette foule où le noir officiel des complets vestons côtoie les toilettes claires des femmes élégantes.

La voiture de De Gaulle roule au pas, sur l'unique pont qui enjambe la Garonne, puis dans les rues embouteillées du centre de Bordeaux.

Les voitures des hauts fonctionnaires, des ministres, s'entassent cours de l'Intendance, devant les grands hôtels où l'on se bouscule pour obtenir une chambre. Pétain est au Grand Hôtel. Les ministres sont à l'hôtel Splendid. Paul Reynaud s'est installé rue Vital-Carles, au siège de la région militaire.

La ville est comme un vase qui déborde et qu'on continue à remplir.

Ici, à chaque pas, on croise un personnage.

Adrien Marquet, le maire de la ville, le complice de Laval, héberge à la mairie les « conspirateurs », ceux qui veulent comme lui qu'on en termine avec les combats.

Il parle haut : « La fin de la guerre est un impératif », dit-il.

Jean Ybarnégaray, ministre d'État, que de Gaulle imaginait partisan de la lutte, proclame :

« Pour moi, ancien combattant, rien ne compte que d'obéir à mes chefs, Pétain et Weygand. »

Le généralissime vient d'arriver à Bordeaux. Il a rencontré Pétain. Il ne veut pas d'un cessez-le-feu, ni d'une capitulation de l'armée, mais d'un armistice qui sauve l'honneur de l'armée, et couvre d'opprobre ces politiciens qui ont lancé le pays dans la guerre. Il faut qu'ils soient emportés par la débâcle. On tire la chasse et ils disparaissent ! Et cette vidange permettra de voir surgir un nouveau régime politique.

Quant à l'Angleterre, « dans trois semaines, elle aura le cou tordu comme un poulet », dit Weygand.

Le maréchal Pétain, l'amiral Darlan, sont du même avis.

Et la comtesse Hélène de Portes harcèle Paul Reynaud pour qu'il rallie le camp des partisans de l'armistice, où se trouvent ses amis, Paul Baudouin, Bouthillier, le ministre des Finances.

La comtesse répète ce que Weygand dit :

« Vous faites tuer des hommes pour rien. Combien cela va-t-il durer ? »

Car des fragments des armées françaises brisées continuent de combattre avec un héroïsme désespéré.

Il suffit d'une poignée d'hommes autour d'une mitrailleuse, de l'autre côté d'une rivière. Il suffit de quelques tanks pour arrêter trois ou quatre heures les Panzers allemands. Puis la machine puissante déferle, écrase les héros.

Von Kleist est aux portes de Bourges. Von Reichenau s'apprête à prendre Orléans et à franchir la Loire. Guderian entre dans Besançon.

Pendant ce temps, à Bordeaux, on conspire, on murmure que Paul Reynaud a dû pendant un dîner dans la salle à manger de l'hôtel Splendid envoyer deux verres d'eau au visage de la comtesse de Portes, affolée, hystérique.

« Une dinde », murmure de Gaulle.

Il voit Reynaud.

« Si vous restez ici, vous allez être submergé par la défaite, lui dit-il. Depuis trois jours, je mesure avec quelle vitesse nous roulons vers la capitulation. »

Il accule Reynaud, l'informe que les adversaires de l'armistice ne sont pas en sécurité à Bordeaux. Marquet dirige la police municipale. Pétain et Weygand tiennent l'armée.

« Je vous ai donné mon modeste concours, ajoute de Gaulle. Mais c'était pour faire la guerre. »

Reynaud se redresse.

Il ira à Alger, affirme-t-il. Il veut continuer la guerre aux côtés de l'Angleterre. La France est liée à elle par le traité du 28 mars. Pas d'armistice ou de paix séparés.

« Dans ces conditions, dit de Gaulle, j'irai demain à Londres. Où vous retrouverai-je ?

— À Alger », répond Reynaud.

Dans la grande salle à manger de l'hôtel Splendid, de Gaulle s'est attablé en compagnie de son aide de camp, le lieutenant Geoffroy de Courcel.

La salle décorée de miroirs et de tentures poussiéreuses amplifie le brouhaha. Ils sont tous là, Hélène de Portes, Pétain, Baudouin, Chautemps.

Il ne faut pas se laisser engloutir dans cette atmosphère. Ici, l'on se goberge alors que les Allemands défilent sur les Champs-Élysées et que les fanfares de la Wehrmacht résonnent sous les voûtes de l'Arc de triomphe.

De Gaulle se lève. Courcel lui annonce qu'il n'a pu trouver d'avion pour Londres. Il faudra rouler jusqu'à Brest, et de là embarquer sur un navire de guerre. Il faut partir cette nuit.

De Gaulle s'approche de la table où achève de dîner le maréchal Pétain.

De Gaulle, sous-lieutenant tout juste sorti de Saint-Cyr, avait servi avant l'été 1914 sous les ordres du colonel Pétain, commandant le 33e régiment d'infanterie d'Arras.

Puis la guerre, Verdun, l'appui de Pétain à de Gaulle avant la brouille des années trente.

Maintenant, c'est « l'extrême hiver » de la vie du Maréchal.

Les deux hommes se serrent la main sans échanger un mot.

L'aube du samedi 15 juin se lève, la voiture de De Gaulle roule vers Brest, à contre-courant du flot des réfugiés.

Entre Rennes et Brest, on longe des fantassins anglais et canadiens qui se replient et vont s'embarquer à Brest, d'autres le feront à Saint-Malo, à Saint-Nazaire. Près de 197 000 hommes et 300 canons en quelques jours échapperont ainsi aux Allemands.

Le général Alan Broke, vétéran de Dunkerque, a imposé à Churchill ce retrait. Le Premier Ministre voulait ne donner aucun prétexte aux Français de rompre le traité du 28 mars. Mais, inexorablement, la France s'enfonce dans la débâcle.

En Bretagne, à Paimpont, de Gaulle rend visite à sa mère, malade. Elle a connu 1870, la trahison de Bazaine. L'humiliation. Mais elle est pleine d'espérance.

Puis de Gaulle retrouve pour quelques dizaines de minutes son épouse et ses enfants réfugiés à Carantec.

« Ça va très mal, dit-il à Yvonne de Gaulle. Peut-être allons-nous continuer le combat en Afrique, mais je crois plutôt que tout va s'effondrer. Je vous préviens pour que vous soyez prête à partir au premier signal. »

À Brest, il embarque sur le contre-torpilleur *Milan*. Le navire transporte une cargaison d'« eau lourde » que le ministre de l'Armement, Raoul Dautry, envoie en Angleterre, pour soustraire aux nazis cet élément nécessaire à la fabrication d'armes nouvelles qui pourraient être terrifiantes et décider du sort de la guerre. De Gaulle est sur la passerelle.

Les mots de Churchill lui reviennent : « L'homme du destin », a dit le Premier Ministre.

La route sera longue.

Alors que dans la journée du samedi 15 juin, de Gaulle roule vers Brest, puis à bord du *Milan* vers Plymouth, à Bordeaux, Pétain, Weygand avancent résolument vers leur but, ne trouvant en face d'eux qu'un Paul Reynaud décidé à continuer la guerre, mais s'égarant dans le labyrinthe de ses manœuvres et de ses hésitations.

Il réunit un premier Conseil des ministres ce samedi 15 juin.

Camille Chautemps, sincère et madré, ne se démasque pas, évoque, la voix tremblante, la souffrance de « nos soldats » exposés presque sans défense au feu de l'ennemi.

Reynaud étudie la possibilité d'un cessez-le-feu. Aussitôt, Pétain prend la parole, « cette capitulation serait un déshonneur pour l'armée, c'est au gouvernement qu'il incombe de conclure un armistice : ce n'est pas à l'armée de déposer les armes ». Chautemps, parlementaire roué, coutumier des compromis, dit, patelin :

« Je suis convaincu que les conditions mises par les Allemands à la conclusion d'un armistice seront inacceptables. Encore faut-il en faire la démonstration. Pour cela il faut les demander. Lorsque cette démonstration sera faite, le peuple français comprendra que le gouvernement n'a pas d'autre issue que de quitter la France et tous les ministres suivront en Afrique du Nord. »

Reynaud refuse, mais quatorze ministres contre six sont favorables à la proposition de Chautemps.

Camille Chautemps

« J'ai quelques secondes de débat intérieur qui sont les plus graves de ma vie publique, confie Reynaud. Si je refuse de faire cette démarche, je serai remplacé dès aujourd'hui par Chautemps ou par Pétain, et c'est à mon avis l'armistice certain. »

S'il accepte la proposition de Chautemps, Reynaud consultera Londres. Les Anglais refuseront cette démarche. Nous resterons liés par le traité du 28 mars.

« C'est une chance pour la France que je n'ai pas le droit d'écarter. »

Reynaud se souvient du conseil que de Gaulle lui a donné hier soir avant de partir pour Londres :

« Faire la guerre sans ménager rien ou se rendre tout de suite, il n'y a d'alternative qu'entre ces deux extrémités. »

Reynaud veut faire la guerre, mais il reste un parlementaire persuadé que, même s'il devait démissionner, il reviendrait au pouvoir, seul capable de rallier une majorité autour de lui.

Après, après seulement, on pourrait partir pour Alger.

Il est 21 h 30, ce samedi 15 juin.

Winston Churchill, sa fille Diana et le secrétaire du Premier Ministre John Colville dînent aux Chequers, la résidence d'été du Premier Ministre. Le début du dîner est lugubre. On vient d'apprendre que les Français préparent une nouvelle demande d'autorisation de conclure une paix séparée.

Puis le champagne, le cognac et les cigares font leur effet.

« Nous allons certainement connaître une guerre sanglante, dit Churchill. J'espère que notre peuple saura résister aux bombardements… »

Il marche dans le jardin en compagnie de Diana, parmi les buissons de roses.

Le secrétaire lui annonce que la situation empire en France, que Reynaud semble perdre pied.

« Il faut dire aux Français, tonne Churchill, que s'ils nous laissent leur flotte nous ne l'oublierons jamais, mais que s'ils se rendent sans nous consulter nous ne leur pardonnerons jamais. Nous les traînerons dans la boue pendant un millénaire ! »

Il hausse les épaules, s'ébroue.

« Ne le dites pas tout de suite », ajoute-t-il.

En ce début de matinée du dimanche 16 juin, de Gaulle qui a débarqué à Plymouth arrive à Londres.

Les dernières nouvelles de France sont accablantes.

Les Allemands ont atteint les monts du Perche, à l'ouest, et bientôt Rennes et Brest ! À l'est, Guderian a pris Besançon. La Loire est devenue le front. Orléans est tombé.

Ce dimanche 16 juin, Rommel écrit :

« Très chère Lu,

« Avant de partir en direction du sud ce matin (5 h 30), j'ai reçu votre chère lettre du 10 dont je vous remercie de tout mon cœur.

« Maintenant que Paris et Verdun sont tombés et que la ligne Maginot a été percée sur un large front près de Sarrebruck, la guerre semble lentement tourner à une occupation plus ou moins pacifique de la France entière.

« La population est pacifique et, à certains endroits, très amicale. »

Mais les routes par lesquelles le flot de réfugiés, désespérés, s'écoule sont ensanglantées par les bombardements, les mitraillages de la Luftwaffe et des avions italiens qui, ce dimanche 16 juin, se joignent aux charognards, bombardant La Charité-sur-Loire et Gien, à basse altitude.

« Il faut agir », répète de Gaulle.

L'ambassadeur de France à Londres, Corbin, et Jean Monnet – négociateur officieux entre la France, les Anglais et les Américains – exposent à de Gaulle un plan d'*Union de la France et de l'Angleterre*, entraînant la fusion de leurs pouvoirs publics, la mise en commun de leurs ressources et de leurs pertes, la nationalité partagée pour chaque citoyen, la liaison complète entre les destins respectifs des deux nations.

Utopie, folie, mais peut-être un bon moyen d'encourager Reynaud à tenir tête aux défaitistes.

De Gaulle joint Reynaud au téléphone et, sans lui dévoiler la nature du projet, lui demande de retarder le Conseil des ministres jusqu'à 17 heures, ce jour, dimanche 16 juin.

« Vous seul, a dit Monnet à de Gaulle, pouvez obtenir l'adhésion de Churchill. Il est prévu que vous déjeuniez tout à l'heure avec lui. Ce sera l'occasion suprême. »

Sentiment d'urgence, nécessité d'agir. Et donc de rompre avec les prudences, les procédures habituelles.

Ainsi, de Gaulle donne l'ordre de détourner sur un port anglais le *Pasteur* qui, chargé de munitions, de milliers de mitrailleuses, d'un millier de canons de 75, se dirige vers Bordeaux.

Il lit, dans les yeux des officiers de la mission militaire française à Londres, l'effroi !

Mais le temps est à l'audace.

De Gaulle s'assied en face de Churchill dans la salle à manger du Carlton Club.

Le Premier Ministre ressemble à un rocher massif, enveloppé dans un costume gris à rayures roses dont les coutures semblent prêtes à se déchirer. Churchill accepte de présenter au Cabinet britannique le projet d'*Union* qu'il va soutenir.

« Dans un moment aussi grave, il ne sera pas dit que l'imagination nous a fait défaut. »

À 16 h 30, la décision est acquise. De Gaulle téléphone à Reynaud, expose le projet d'*Union franco-britannique*.

Ce peut être un tournant dans cette guerre et peut-être même dans l'histoire du monde.

« Allô, Reynaud, s'écrie Churchill, de Gaulle a raison. Notre proposition a de grandes conséquences. Tenez bon. »

De Gaulle doit rentrer d'urgence à Bordeaux. Il faut conforter Reynaud, organiser la prochaine réunion du

Conseil suprême allié, sans doute à Concarneau. Churchill a prêté un bimoteur léger *De Havilland Dragon* à de Gaulle. Le général Spears est du voyage. L'avenir va se jouer dans les heures qui viennent.

À 17 h 15, ce 16 juin 1940, le Conseil des ministres se réunit, présidé par Albert Lebrun.

Reynaud lit le texte du projet d'*Union franco-britannique* d'une voix vibrante.

« ... Les deux Parlements seront associés. Toutes les forces de la Grande-Bretagne et de la France, terrestres, maritimes ou aériennes seront placées sous un seul commandement suprême... Cette Union, cette unité concentreront toutes leurs énergies contre la puissance de l'ennemi où que soit la bataille – et ainsi nous vaincrons. »

D'abord, la stupeur et le silence, puis aussitôt la colère, les protestations.

« Nous ne voulons pas que la France devienne une domination britannique », lance Camille Chautemps.

« Plutôt devenir une province nazie, au moins nous saurions ce qui nous attend », dit un ministre, Ybarnégaray, peut-être.

Pétain est méprisant, il est debout. Il dit :

« C'est un mariage avec un cadavre. »

Les partisans de la paix à tout prix l'emportent, non parce qu'ils sont les plus nombreux – Reynaud ne fait pas voter les ministres – mais parce qu'ils sont les plus déterminés, que leur projet couve depuis des semaines voire des mois. Que l'atmosphère de Bordeaux leur est favorable. Que la peur gagne les partisans de la continuation de la guerre qui craignent l'arrestation par les policiers du maire Marquet, ou par les soldats de Weygand.

Reynaud se rend chez le président de la République, Albert Lebrun, à qui il présente sa démission, avec l'intention de reprendre les rênes du pouvoir car Pétain, Weygand et leurs séides ne pourront accepter les conditions allemandes.

Les présidents de la Chambre des députés et du Sénat, Herriot et Jeanneney, l'approuvent.

Reynaud est persuadé que la majorité des ministres – 14 – s'opposent à l'armistice.

Mais il a sous-estimé la résolution de Pétain et Weygand, la résignation d'Albert Lebrun, le degré de préparation de la conspiration, car aussitôt Reynaud sorti, Lebrun reçoit Pétain.

« Pétain ouvre son portefeuille, raconte-t-il, et me présente la liste de ses collaborateurs. Heureuse surprise pour moi ! Je n'étais pas habitué à une telle rapidité ; je me rappelai non sans amertume les constitutions de ministères, si pénibles, auxquelles j'avais présidé pendant mon séjour à l'Élysée. »

Pétain est donc le président du Conseil, Chautemps le vice-président, Weygand est à la Défense nationale, Darlan à la Marine. Deux députés socialistes – après avoir consulté Léon Blum – font partie du ministère.

Sa constitution est achevée à 23 h 30, le dimanche 16 juin. Il se réunit aussitôt et, à l'unanimité, il décide de mettre en œuvre la proposition Chautemps.

Baudouin, le ministre des Affaires étrangères, prend contact avec l'ambassadeur d'Espagne, Lequerica, et avec le nonce apostolique afin que Madrid et le Vatican annoncent à Berlin et à Rome la volonté française de connaître les conditions de l'armistice.

Hitler a, la veille, demandé à ses généraux et à ses diplomates de préparer une convention d'armistice.

De Gaulle a atterri, ce dimanche 16 juin, à 21 h 30, sur l'aéroport de Bordeaux.

Les pistes sont encombrées de véhicules. La débâcle a le visage de ce désordre.

Lorsque les membres de son cabinet venus l'attendre annoncent à de Gaulle la démission de Reynaud, le général sait qu'il faudra repartir dès demain matin, et le pilote anglais reste dans l'avion.

De Gaulle mesure au cours de cette nuit « épouvantable » les illusions de Paul Reynaud, les menaces qui se profilent. Il ne veut pas se laisser arrêter, il sait qu'on l'accuse déjà de trahison pour avoir détourné au profit des Anglais ce navire, le *Pasteur*, chargé d'armes !

Rue Vital-Carles, de Gaulle retrouve Paul Reynaud avec qui il n'échange que quelques mots.

Hélène de Portes passe, crie :

« On voulait que Reynaud joue les Isabeau de Bavière qui, au traité de Troyes, en 1420, a livré le royaume de France aux Anglais, eh bien non ! »

Elle triomphe, jubile.

« J'ai sous les yeux, dit de Gaulle, la trahison et dans le cœur le refus de la reconnaître victorieuse. »

Il approuve le directeur de cabinet de Paul Reynaud, Dominique Leca, qui dit :

« La sécurité d'aucun d'entre nous ne me paraît désormais assurée sur le territoire français au cours des prochaines journées. »

Il faut partir.

Le directeur de cabinet de De Gaulle, Jean Laurent, se fait fort d'obtenir de Dominique Leca 100 000 francs sur les fonds secrets. De Gaulle accepte, voit le général Spears. Geoffroy de Courcel décide de rester à ses côtés dans cette aventure au service de la France.

L'avion décolle le lundi 17 juin à 7 heures.

Il atterrit à l'aéroport de Heston, proche de Londres, à 12 h 30, après une escale à Jersey pour faire le plein de carburant.

Dans les rues de Londres, de Gaulle aperçoit les titres en lettres d'affiche des journaux : « *France Surrenders* ».

C'est comme s'il recevait une gifle.

Mais la France est ici, au combat ! Elle ne se rend pas !

Il sait qu'il sera seul et démuni de tout, « comme un homme au bord d'un océan qu'il prétendrait franchir à la nage ».

Il verra Churchill dans l'après-midi.

Le Premier Ministre britannique a cherché, dès 22 heures, à joindre Pétain, ne réussissant à obtenir la communication qu'à 2 heures du matin, ce lundi 17 juin.

Un témoin raconte :

« Je n'ai jamais entendu Churchill s'exprimer en termes aussi violents. Il pensait que le vieux Maréchal, insensible à tout le reste, réagirait peut-être à cela. Mais ce fut en vain. »

QUATRIÈME PARTIE

Lundi 17 juin

—

Dimanche 30 juin 1940

« C'est le cœur serré que je vous dis aujourd'hui qu'il faut cesser le combat. »

Maréchal PÉTAIN
Lundi 17 juin 1940

« Quoi qu'il arrive, la flamme de la résistance française ne doit pas s'éteindre et ne s'éteindra jamais. »

Général DE GAULLE
Mardi 18 juin 1940

« Nous avons perdu en quelques jours toute sécurité et sommes sur une pente épouvantable et irrésistible. Rien de ce que l'on peut craindre n'est chimérique et l'on peut absolument tout craindre, tout imaginer. »

Paul VALÉRY
Mardi 18 juin 1940

« Hitler sait qu'il faudra nous vaincre dans notre île ou perdre la guerre. Si nous parvenons à lui tenir tête, toute l'Europe pourra être libérée et le monde s'élèvera vers de vastes horizons ensoleillés… Armons-nous donc de courage pour faire face à nos devoirs et comportons-nous de telle sorte que si l'Empire et le Commonwealth durent mille ans encore, les hommes puissent toujours dire : C'était leur plus belle heure. »

Winston CHURCHILL
Mardi 18 juin 1940
125e anniversaire de la bataille de Waterloo

17.

« Le maréchal Pétain devient notre chef ! » s'écrie Daniel Cordier, un jeune homme de dix-neuf ans.

Il est 7 heures du matin, ce lundi 17 juin 1940. Le ciel est d'un bleu profond, une lumière rose irise les Pyrénées.

Cordier habite Pau. Il vient d'entendre à Radio-Toulouse la nouvelle de la démission du ministère Reynaud, et la désignation du maréchal Pétain comme nouveau président du Conseil des ministres.

Daniel Cordier exulte. C'est un patriote, membre de l'Action française, disciple de Charles Maurras.

« La France est sauvée ! pense-t-il. Avec le Maréchal, la grandeur de la France triomphe enfin des combinaisons politiciennes. Après l'inexplicable reculade de notre armée ces dernières semaines, l'homme de Verdun par sa seule présence brisera la ruée allemande : la Garonne sera une nouvelle Marne[1]. »

Daniel Cordier veut se battre, enfin ! Il est prêt à mourir pour la Patrie.

« Je savais bien que Dieu n'abandonnerait pas la France. Nous sommes sauvés », dit sa mère.

---

1. Daniel Cordier, *Alias Caracalla : mémoires, 1940-43*, collection « Témoins », Gallimard, 2009. Le témoignage exceptionnel du secrétaire de Jean Moulin.

Daniel Cordier rejoint son beau-père à l'usine qu'il dirige. En fin de matinée, le chef d'atelier annonce, goguenard :

« Il paraît que ça va mal là-haut. Le maréchal Pétain va parler à la TSF[1] à midi et demi. Ils viennent de l'annoncer plusieurs fois. C'est très grave. »

« Avec lui, il n'y a rien à craindre. Les Boches, il connaît, il les a déjà vaincus », commente le beau-père.

Partout en France on attend ce discours, comme si le Maréchal devait réaliser un miracle, mettre fin à ce cauchemar qu'on vit depuis le 10 mai et, ce lundi 17 juin, alors que les Panzerdivisionen approchent de Bordeaux, occupent Colmar, Metz, Pontarlier, Roanne, Le Creusot, Dijon, Chalon-sur-Saône, annoncer que l'armée allemande est arrêtée, battue, qu'elle recule.

Dans toutes les familles qui disposent d'une radio, on fait cercle autour du « poste de TSF ». On attend, anxieux et recueillis.

Daniel Cordier est aux côtés de ses parents, tous trois debout devant le poste.

Il n'a jamais entendu le maréchal Pétain qui commence son discours :

« À l'appel de M. le président de la République, j'assume à partir d'aujourd'hui la direction du gouvernement de la France… »

« Dès le premier mot, dit Daniel Cordier, je suis surpris par sa voix chevrotante. » Le jeune homme attendait une phrase de chef annonçant le combat, mais il entend :

« En ces heures douloureuses, je pense aux malheureux réfugiés qui, dans un dénuement extrême, sillonnent nos routes. Je leur exprime ma compassion et ma sollicitude. »

Daniel Cordier guette le mot « revanche », mais le maréchal Pétain, le vainqueur de Verdun, qui vient de dire « sûr

1. Poste de télégraphie sans fil.

de l'appui des anciens combattants que j'ai eu la fierté de commander, je fais à la France le don de ma personne pour atténuer son malheur », prononce des mots qui paraissent à Daniel Cordier « inouïs ».

« C'est le cœur serré que je vous dis aujourd'hui qu'il faut cesser le combat. Je me suis adressé cette nuit à l'adversaire pour lui demander s'il est prêt à rechercher avec nous, entre soldats, après la lutte et dans l'honneur, les moyens de mettre un terme aux hostilités. »

Philippe Pétain, intervenant à la radio.

Cela signifie qu'au lieu d'appeler à la revanche, on déclare « le désastre irréversible » ! Avant même d'examiner les conditions de l'armistice, on appelle à l'arrêt des combats. Comment continuer à se battre ? Comment dans cet esprit de reddition contester les clauses de l'armistice ? Pétain livre le pays à l'ennemi.

« Je sanglote en silence », confie Daniel Cordier.

Et lui qui a, fidèle de Maurras, militant de l'Action française, pensé que le Maréchal était « le sauveur miraculeux » rédige à la permanence de l'Action française le brouillon d'un texte qu'il va soumettre à ses camarades de Pau.

« Appel aux jeunes Français
Le traître Pétain demande la paix aux Boches.
Nous leur déclarons la guerre.
Les jeunes qui veulent bouter les Boches hors de France
doivent se joindre à nous pour les combattre.
Rassemblement !
Haut les cœurs ! La France ne doit pas mourir ! »

C'est en sanglotant que des millions de Français ont écouté Pétain, soulagés, accablés, honteux, comme quand la mort met fin à l'agonie de l'être cher qu'on n'a pu maintenir en vie.

Le président de la République, Albert Lebrun, rend compte de l'attitude des Français qu'il rencontre :

« Moment angoissant entre tous. Les Français connaissent la plus grande douleur de leur vie. Ce ne sont que visages baignés de larmes, poings crispés, colères rentrées. Hé quoi ! Que s'est-il passé pour qu'en si peu de temps la France soit tombée si bas ? Partout une grande lassitude, un profond découragement ! »

Ce « Je vous dis aujourd'hui qu'il faut cesser le combat » achève de désorganiser les fragments d'armées qui s'opposent à l'avance allemande.

Les maires des villes et des villages exigent que les unités qui ont pris position pour arrêter l'ennemi, faire sauter les ponts, y renoncent, mettent bas les armes. Et d'ailleurs toutes les villes de plus de 20 000 habitants sont déclarées villes ouvertes.

Cela révolte deux jeunes officiers, Messmer et Simon[1], qui, après avoir entendu le discours de Pétain, décident, dès le 17 juin, de gagner l'Angleterre.

Moins de deux heures après avoir écouté l'appel du Maréchal, le général Cochet, commandant les forces aériennes de la 5e armée, rassemble ses hommes qui, en bon ordre, en combattant, l'ont suivi d'Épinal jusqu'aux monts du Velay. Il donne ses consignes de résistance : « poursuivre la lutte contre l'ennemi, apprendre à dissimuler ».

Il a été chef du 2e Bureau, chargé du renseignement. Il connaît les intentions allemandes : briser la France, l'amputer de l'Alsace et de la Lorraine, des départements du Nord, la piller et l'humilier.

---

1. Futurs héros.

« La seule attitude possible est de résister », dit-il à ses hommes.

Sur la Loire, le général Pichon confie aux cadets de l'école militaire de Saumur la mission de défendre la Loire, entre Montsoreau et Thoureil, soit 40 kilomètres de front. Les moyens des élèves officiers sont dérisoires : un cadet tous les vingt mètres, quelques fusils-mitrailleurs, pour empêcher les divisions de Panzers d'avancer ! Le maire de Saumur souhaite déclarer Saumur ville ouverte, mais le colonel Michon commandant l'école militaire répond : « Saumur se défendra et n'évacuera pas ! »

À Chartres, le préfet Jean Moulin refuse de céder aux Allemands qui veulent lui faire signer un rapport accusant des soldats sénégalais d'avoir violé, torturé, assassiné, des femmes et des enfants. On le conduit devant des cadavres mutilés, victimes des bombardements mais qu'on a criblés de balles.

Moulin refuse. On le torture. On s'obstine. On le jette dans une cave avec un soldat noir puisque, disent les Allemands, Moulin aime les Noirs. On crie : « Demain, nous vous ferons signer. » Jean Moulin ramasse des morceaux de verre sur le sol de la cave et se tranche la gorge.

Les Allemands le trouveront baignant dans son sang. Ils le conduiront à l'hôpital.

En cent lieux du pays, ces actes spontanés de résistance montrent, dès ce lundi 17 juin, que des Français n'acceptent pas la soumission.

Certains – comme Edmond Michelet, à Brive, qui diffuse des vers de Charles Péguy – réalisent des tracts, collent de petites affiches manuscrites.

Le discours de Pétain a bouleversé la plupart des Français et révolté quelques-uns d'entre eux.

Mais c'est le désespoir, l'angoisse, mêlés au découragement, qui l'emportent.

Les réfugiés espèrent que la cessation des combats leur permettra de regagner leur domicile, que leur calvaire va prendre fin.

D'autres jouent leur carte politique.

Le numéro du lundi 17 juin du journal communiste *L'Humanité* titre : « Prolétaires de tous les pays, unissez-vous ! *Proletarier aller Länder, vereinigt euch !* Pour la paix par l'entente avec l'URSS. »

Les dirigeants communistes, du fond de la clandestinité où ils sont plongés depuis l'interdiction de leur parti après le pacte germano-soviétique du 23 août 1939, décident de prendre contact avec la Kommandantur de Paris – trois jours après l'occupation de la capitale ! – afin d'obtenir l'autorisation de reparution de *L'Humanité* ! Comme une conséquence en France du pacte de non-agression germano-soviétique !

Ils préparent leurs arguments. Ils ont combattu les Juifs Blum et Mandel, « traîtres et tartuffes immondes », manifesté leur hostilité à la guerre impérialiste, voulue par la City de Londres.

De son côté, l'ambassadeur allemand Otto Abetz, ardent partisan de la collaboration franco-allemande, est prêt à ces contacts afin d'achever la désorganisation de la nation.

« Les communistes sont en train de devenir antisémites et antimarxistes, écrit le professeur Grimm, l'un de ses conseillers. Dès lors, le jour où ils franchiront le pas vers le national-socialisme n'est plus éloigné. »

Mais ce même lundi 17 juin, à Bordeaux, le dirigeant communiste Charles Tillon, responsable pour toute la région du Sud-Ouest, lance un appel dénonçant Pétain, Weygand, les « politiciens qui maintenant livrent la France ». « Ils ont tout trahi. » Au moment où, à Paris, les responsables du parti communiste rencontrent les nazis, Charles Tillon exalte la lutte contre le fascisme hitlérien.

Ainsi, on pressent que l'appel de Pétain à « cesser le combat » provoque de fait le rapprochement inattendu de tous ceux qui, appartenant à des partis différents – l'Action française ou le parti communiste –, refusent de se soumettre et proclament leur volonté de résister, pour que la « France vive ».

Le gouvernement Pétain craint cette réaction patriotique. Il veut, dès ce lundi 17 juin, frapper ceux qui peuvent animer ce mouvement.

De Gaulle a déjà été sommé de rentrer en France.

L'ancien ministre de l'Intérieur Georges Mandel est, ce lundi à 13 h 30, arrêté par les gendarmes, alors qu'il déjeune à Bordeaux, au *Chapon fin*.

Georges Mandel

Mandel – de son vrai patronyme Louis Rothschild, bien qu'il fût sans lien de parenté avec l'illustre famille – rassemble sur sa tête toutes les haines, celles de l'extrême droite et des communistes. Le nouveau secrétaire d'État, Raphaël Alibert, ne l'appelle que « le Juif ».

On sait que Mandel, ancien collaborateur de Clemenceau, est un patriote intransigeant qui a toujours prôné la résistance à Hitler. Le général Spears lui a proposé de gagner Londres en même temps que de Gaulle. Mandel a refusé. Il approuve de Gaulle mais sa place à lui est en France. Il ne faut pas qu'on identifie le refus de l'armistice à son nom, trop honni.

Dans l'entourage de Pétain, on le hait donc et on le craint. Son arrestation a été décidée dès le dimanche 16 juin. C'est l'une des premières décisions gouvernementales. Mandel est accusé par un journaliste d'extrême droite d'organiser un complot « dans le dessein d'empêcher l'armistice ». Il aurait, selon cette dénonciation faite au Bureau central du renseignement, décidé, en compagnie du général Buhrer, inspecteur des troupes coloniales, de faire assassiner les membres du nouveau gouvernement.

Le président de la République, des ministres, protestent auprès de Pétain qui cède, fait libérer Mandel, le reçoit et accepte même d'écrire sous la dictée de Mandel une lettre d'excuses :

« Cette dénonciation ne reposait sur aucun fondement et avait le caractère d'une manœuvre de provocation ou de désordre. »

Mandel est cinglant :

« Je vous plains, monsieur le Maréchal, d'être à la merci de votre entourage et je plains mon pays qui vous a pris pour chef. »

« Je souhaite vivement que cette malheureuse affaire n'ait pas d'autre suite », écrit Pétain.

En fait, elle souligne la rupture avec la démocratie et les intentions du gouvernement Pétain : cesser le combat et changer de régime politique.

À Londres, de Gaulle le sait.

Ce lundi 17 juin, en fin d'après-midi, il se rend auprès de Churchill.

« À quarante-neuf ans, écrit-il, j'entre dans l'aventure comme un homme que le destin jette hors de toutes les séries. »

Pour de Gaulle, Churchill est l'allié naturel, celui qui ne cédera jamais.

Et le Premier Ministre britannique a besoin de montrer à son opinion publique qu'à Londres se retrouvent tous ceux qui veulent résister à Hitler : Tchèques, Polonais, Norvégiens, Néerlandais, Belges, et naturellement les Français. Ce de Gaulle, au nom qui semble incarner l'Histoire, Churchill l'a perçu comme « l'homme du destin », « jeune et énergique », dit-il, flegmatique, d'une attitude paisible et impénétrable : « voilà le connétable de France ».

Churchill consulte les membres du War Cabinet qui acceptent que de Gaulle puisse s'exprimer sur les antennes de la BBC.

C'est le mardi 18 juin.

Les troupes allemandes s'enfoncent chaque heure plus profondément dans l'épaisseur française. Elles progressent vers Bordeaux que la Luftwaffe survole. Nantes va tomber, les Panzers roulent vers La Rochelle. À l'est, Mulhouse, Belfort, Lons-le-Saunier sont occupés.

Le général Rommel a lancé ses Panzers vers Cherbourg, où les Anglais débarquent leurs dernières troupes.

Les blindés allemands progressent si vite – 400 kilomètres en quelques heures, une distance jamais parcourue au cours d'opérations de guerre – que, raconte Rommel, « un groupe d'officiers britanniques qui revient en voiture d'un bain de mer sont arrêtés et faits prisonniers ».

Dans les villages et les villes traversés, « la foule composée de civils et de soldats est saisie. Elle regarde notre défilé rapide avec curiosité et sans la moindre attitude hostile ».

Rommel signale pourtant « qu'un civil armé d'un revolver court vers la voiture et le vise ». Des soldats français se précipitent et le ceinturent, quant à Rommel et à ses unités ils poursuivent leur route sans même se soucier d'arrêter l'individu.

« Très chère Lu, écrit Rommel.

« Je ne sais pas si je mets la bonne date, j'ai un peu perdu le fil des événements depuis ces derniers jours… La guerre est peu à peu devenue un tour de France éclair. Dans quelques jours, elle sera finie pour tout de bon. Les gens d'ici – Rennes – sont soulagés tout se passant si tranquillement. »

De Gaulle travaille au premier étage gauche d'un immeuble du 8, Seamore Grove, l'appartement de Jean Laurent, son directeur de cabinet, qui lui en a remis les clés le dimanche 16 juin à Bordeaux.

C'était il y a moins de deux jours et de Gaulle, qui a le sentiment d'être entré dans un autre univers, écrit le discours qu'il doit prononcer ce soir à la BBC.

Il donne les feuillets à Geoffroy de Courcel. Celui-ci les dicte, dans une autre pièce de l'appartement, à Élisabeth de Miribel, une amie employée à la mission économique française de Londres, dirigée par l'écrivain diplomate Paul Morand qui a déjà décidé de rentrer en France, de servir le pouvoir légitime du maréchal Pétain.

De Gaulle sait qu'il va connaître la solitude du combattant et que beaucoup – tout peut-être – va dépendre de ces mots qu'il trace de sa haute écriture. Ce n'est pas seulement son destin qui va se jouer, mais celui de la France.

Et c'est aussi du sort de la France que s'entretiennent à Munich, ce mardi 18 juin, Hitler et Mussolini.

Depuis huit jours, les troupes du Duce n'avancent pas, bloquées par la résistance des troupes françaises, cinq fois moins nombreuses, et voici que Hitler évoque déjà l'armistice avec Paris. Il repousse brutalement les demandes de Mussolini qui voudrait occuper la vallée du Rhône, Toulon, Marseille, la Corse, la Tunisie et même Djibouti.

Hitler veut paraître ménager la France afin d'éviter que la flotte française ne se réfugie en Angleterre, et que le gouvernement ne gagne l'Afrique du Nord.

« Il faut un gouvernement français en fonction sur le sol français », dit-il.

« Le Duce, écrit Ciano, le ministre des Affaires étrangères, et beau-fils de Mussolini, voit s'évanouir une fois de plus cet inaccessible rêve de sa vie : la gloire sur le champ de bataille.

« La guerre a été gagnée sans aucune participation active de l'Italie, et c'est Hitler qui aura le dernier mot. »

Ce mardi 18 juin, un peu avant 18 heures, de Gaulle, accompagné de Geoffroy de Courcel, entre dans l'immeuble de la BBC, à Oxford Circus.

Partout des sentinelles en armes, derrière de petites casemates et des guérites blindées. On craint une attaque des parachutistes allemands. Sur un palier, derrière une meurtrière, un fusil-mitrailleur prend l'escalier en enfilade.

Il va être 18 heures. De Gaulle s'assied dans le studio, pose ses feuillets devant lui. On lui demande un essai de voix : « La France », dit-il seulement.

Puis, d'une voix forte et sereine, de Gaulle commence à parler, ne regardant pas ses feuillets, tant ce qu'il dit est écrit en lui depuis non des heures mais des jours, des semaines et même une décennie.

« Les chefs qui depuis de nombreuses années sont à la tête des armées françaises ont formé un gouvernement.

« Ce gouvernement alléguant la défaite de nos armées, s'est mis en rapport avec l'ennemi pour cesser le combat.

« Certes nous avons été, nous sommes submergés, par la force mécanique terrestre et aérienne de l'ennemi…

« … Mais le dernier mot est-il dit, l'espérance doit-elle disparaître ? La défaite est-elle définitive ? Non. »

Il hausse la voix. Les mots qu'il prononce, il sent qu'il les grave à jamais dans le grand récit de l'Histoire nationale.

Il sait de tout son être qu'il entre dans cette Histoire.

« Croyez-moi, moi qui vous parle en connaissance de cause, et vous dis que rien n'est perdu pour la France… Car la France n'est pas seule ! Elle n'est pas seule ! Elle n'est pas seule ! »

Il évoque l'Empire, l'Angleterre, les États-Unis.

De Gaulle prononçant l'appel du 18 juin à la BBC.

« Cette guerre n'est pas tranchée par la bataille de France. Cette guerre est une guerre mondiale… Il y a dans l'univers tous les moyens pour écraser un jour nos ennemis… »

Il invite les officiers, les soldats, les ingénieurs, les ouvriers français, avec ou sans arme, qui se trouvent sur le territoire britannique « ou qui viendraient à s'y trouver, à se mettre en rapport avec moi ».

Il relève le défi !

Il veut être « l'homme du destin ».

Tout ce qu'il a vécu et rêvé depuis l'enfance trouve ici, dans les mots qui vibrent, son accomplissement.

Il dit :

« Quoi qu'il arrive, la flamme de la résistance française ne doit pas s'éteindre et ne s'éteindra pas ! »

« Demain comme aujourd'hui, je parlerai à la radio de Londres. »

Cette voix, elle traverse les océans.

L'écrivain Georges Bernanos l'a entendue à Belo Horizonte, retransmise par la radio brésilienne. Sa femme sanglote, lui serre les poings et pleure.

Quelques dizaines de milliers de Français – sur quarante millions – l'ont écoutée, par hasard, et tous ceux-là ont découvert le nom de ce général inconnu, de Gaulle… comme la Gaule, comme la France.

Quelques journaux ont rendu compte, en une dizaine de lignes, du discours.

On l'a entendu à Bordeaux, et le gouvernement de Pétain donne à de Gaulle l'ordre de rentrer, le remet à la disposition du général commandant en chef, prépare l'annulation de sa promotion au grade de général de brigade à titre temporaire. Mesures dérisoires en ces temps de tragédie. Cécité et médiocrité de ceux qui les promeuvent.

C'est le mercredi 19 juin 1940.

Un lieutenant, Hettier de Boislambert, se présente à de Gaulle aux premières heures de la matinée.

Il n'a pas entendu l'appel du 18 juin, mais il a vu de Gaulle commander sur le front de la France. Il est le premier à se rallier.

Au même moment, la Radiodiffusion nationale française rapporte que, selon le ministère de l'Intérieur, le général de Gaulle a été rappelé en France. Ses déclarations doivent être considérées comme non avenues.

Mais au contraire, ces paroles font leur chemin alors même que, en France, la guerre continue.

Les cadets, élèves officiers de l'école militaire de Saumur, résistent en gants blancs aux Panzers et se font tuer dans les îles et sur les rives de la Loire.

Le cuirassé *Jean Bart* réussit à appareiller, à s'évader, bien que sans armes, de Saint-Nazaire.

De Gaulle reçoit Georges Boris, le collaborateur et ami de Léon Blum. Chargé d'accueillir les jeunes recrues, Boris hésite. Il est juif, a dirigé l'hebdomadaire *La Lumière*, et a été dénoncé par la droite nationaliste, donc, certains, peut-être, seront choqués par sa présence à ce poste.

« Monsieur Boris, dit de Gaulle, je ne connais que deux sortes d'hommes, ceux qui se couchent et ceux qui veulent se battre. Vous appartenez à la seconde, donc gardez la boutique. »

Puis il ajoute, ce mercredi 19 juin :

« Si le débarquement allemand en Angleterre est repoussé, et c'est possible, la situation sera d'abord stabilisée pour être ensuite renversée grâce aux ressources de l'arsenal américain... »

Il va parler, ce mercredi, à la BBC. Il dira qu'il s'exprime au nom de la France, que « tout Français qui porte encore des armes a le devoir absolu de continuer la résistance ». Il s'adresse à l'Afrique du Nord et à l'Empire français.

« Il ne serait pas tolérable que la panique de Bordeaux ait pu traverser la mer.

« Soldats de France, où que vous soyez, debout ! »

Ce mercredi 19 juin, il apprend que son discours du 18 juin n'a pas été enregistré, tous les moyens techniques de la BBC ayant été mobilisés pour le discours de Winston Churchill aux Communes.

Il s'emporte. Il faut. Il doit reconstruire une France libre et souveraine.

Il se fait communiquer le texte du discours de Churchill.

Un grand discours, à la hauteur des circonstances.

« Nous maintiendrons toujours nos liens de camaraderie avec le peuple français », a dit Churchill.

Le Premier Ministre cite tous les peuples européens représentés à Londres, et auxquels la victoire de l'Angleterre rendra la liberté.

« Hitler sait qu'il lui faudra nous vaincre dans notre île ou perdre la guerre… Armons-nous donc de courage pour faire face à nos devoirs et comportons-nous de telle sorte que si l'Empire britannique et le Commonwealth durent mille ans encore, les hommes puissent toujours dire : "C'était leur plus belle heure." »

Churchill a parlé le mardi 18 juin 1940, 125e anniversaire de la bataille de Waterloo.

Grand discours ! Grande Histoire qui rencontre celle de la France.

Churchill parle au nom de l'Angleterre.

« J'ai conscience de parler au nom de la France », dit de Gaulle.

18.

C'est déjà l'aube de ce jeudi 20 juin 1940.

Les colonnes de Panzers s'élancent sur toutes les routes de France. Les nuits sont si courtes en juin ! Le ciel est si limpide, l'air si léger.

Rommel est debout sur son char qui roule à toute vitesse à la tête de sa division blindée. Les civils et les soldats français s'ébrouent sur les bas-côtés de la route.

Rommel brandit un étendard blanc, il crie sans se soucier de savoir si on l'entend : « Guerre finie ! *Krieg Fertig ! War is over !* »

Pourtant, l'armistice n'est pas signé. Cette nuit, cette courte nuit, les plénipotentiaires français, avec à leur tête le général Huntziger, ont quitté Bordeaux, sans savoir où les Allemands qui les attendent les conduiront.

Et cette nuit du mercredi 19 au jeudi 20 juin 1940, pour la première fois, comme pour annoncer que l'Allemagne va dicter sa loi dans ces négociations, qu'elle est la maîtresse du jeu, les avions de la Luftwaffe ont bombardé Bordeaux.

Dans les hôtels où s'entassent tous ceux qui prétendent incarner l'État, comme sur les places ou sur les quais des bords de la Garonne, où dorment des milliers de réfugiés, les uns rencognés dans leurs voitures, les autres à ciel ouvert, c'est la panique.

Il faut que cela finisse !

On assure que les Allemands ont bombardé Bordeaux parce qu'ils ont appris que le gouvernement, présidé par Pétain, avait décidé de quitter la ville, menacée par les Panzers qui seraient à La Rochelle.

Le président de la République – Lebrun –, les présidents de la Chambre des députés et du Sénat – Herriot et Jeanneney – ont emporté la décision.

Le gouvernement se replierait à Perpignan où l'on est déjà en train de préparer la résidence du Président de la République.

De là, on pourrait gagner l'Afrique du Nord, Oran, Alger, continuer la guerre. Et Pétain a accepté cela !

Les bombes allemandes sur Bordeaux martèlent le refus du Reich et sa volonté : armistice, capitulation, défaite, reddition de toutes les autorités, installation d'un gouvernement sur la partie non encore occupée de la France.

Pas question de gagner Perpignan, l'Algérie ou le Maroc.

Adrien Marquet

Pierre Laval est arrivé à Bordeaux. Son ami Marquet, maire de la ville, a mis à sa disposition des bureaux dans l'hôtel de ville.

Laval rassemble ceux des parlementaires qui, depuis les années trente, se reconnaissent dans cet homme ambitieux, qui incarne la volonté de s'entendre avec l'Italie fasciste et l'Allemagne nazie.

Laval est déterminé à empêcher le départ du gouvernement vers l'Afrique du Nord.

Or, il apprend que des parlementaires – ceux qui veulent continuer la lutte, Mandel, Jean Zay, Mendès France, ces jeunes radicaux qui ont soutenu le gouvernement de Front populaire et dont certains portent leur uniforme – ont embarqué sur le paquebot *Massilia*, qui est ancré au Verdon, à l'embouchure de la Garonne, parce que la rivière plus en amont a été minée.

C'est l'amiral Darlan lui-même qui a mis ce navire à leur disposition « en accord avec le gouvernement et les présidents des deux Chambres ».

À l'embarquement, l'équipage du *Massilia* a insulté les députés, certains auraient même été giflés.

Les marins les accusent de « fuir », d'abandonner le pays.

Pétain, lui, ne part pas !

Fuyards, lâches, vendus aux Anglais, Juifs : les insultes fusent.

Et Laval a l'oreille fine. Le *Massilia*, ce peut être le piège pour ces députés hostiles à l'armistice. Leur départ, pour continuer la guerre, deviendra la tache du déshonneur s'il est présenté comme un abandon du pays.

Et c'est partie gagnée quand Laval obtient du maréchal Pétain que le gouvernement retarde son départ vers Perpignan et l'Afrique du Nord de quelques jours.

On assure au président de la République que les Allemands n'ont pas traversé la Loire, qu'ils ne menacent pas Bordeaux.

Lebrun accepte de surseoir au départ. Jeanneney et Herriot, déjà, reviennent à Bordeaux.

Le *Massilia* a appareillé, mais c'est désormais, pour ceux qui sont à bord, une prison, et le signe de leur lâcheté et de leur infamie.

Les Français souffrent, sont encore écrasés sous les bombes et les chenilles des Panzers, et ces lâches prêchent la continuation de la guerre… avec la poitrine des autres !

Pendant ce temps, Rommel poursuit sa chevauchée :

« Très chère Lu, écrit-il en ces jours de la fin juin 1940.

« Nous sommes maintenant à moins de 320 kilomètres de la frontière d'Espagne et nous espérons aller droit jusque-là, de façon à prendre tout le littoral de l'Atlantique entre nos mains.

« Que tout cela a été merveilleux ! »

La Loire, contrairement aux mensonges des ministres de Pétain favorables à l'armistice, a été franchie partout par les troupes allemandes.

Les cadets de Saumur du colonel Michon sont morts en héros, pour la gloire, submergés par les divisions de Panzers.

Les Allemands sont à Cholet, à Clermont-Ferrand, à Vienne, à Montbrison. Ils atteignent La Rochelle. Ils sont à Royan, et à Poitiers. À Thiers, à Montluçon, à Châteauroux, à Angoulême.

Que faire ?

C'est toujours le dilemme, rester debout ou se coucher, se battre ou se rendre.

« Nous nous sommes levés pour sauver la France », dit Daniel Cordier à la poignée de ses camarades qui ont réussi à embarquer à Bayonne, sur un navire belge, le *Léopold II*, qui appareille pour le Maroc, puis changera de cap et rejoindra l'Angleterre.

Ceux qui partent ainsi – jeunes officiers, marins-pêcheurs de l'île de Sein étudiants – ont parfois entendu l'appel du 18 juin, ou ont su « qu'un certain général » au nom étrange – Gaulle, de Gaulle – continuait le combat aux côtés des Anglais et invitait ceux qui voulaient « résister », à le rejoindre.

Ainsi, entre Pétain et de Gaulle, en cette fin juin 1940, dans ces six jours cruciaux du jeudi 20 au mardi 25 juin, la *guerre des voix* est engagée.

Il y a eu le lundi 17 juin le discours du Maréchal de quatre-vingt-quatre ans, à la voix chevrotante.

Il y a eu l'appel du 18 juin du général qui n'aura cinquante ans qu'en novembre.

Qui l'emporte ?

L'un dit : je suis à vos côtés. Je fais don de ma personne et de ma compassion.

L'autre répond : la flamme de la résistance française ne doit pas s'éteindre et ne s'éteindra pas. La France a perdu une bataille mais n'a pas perdu la guerre.

L'un berce, console et réprimande, invite à la prière, au repentir.

L'autre réveille, serre les poings, entraîne, appelle à ramasser le tronçon du glaive.

Qui incarne la France ? Qui doit-on écouter ?

De Gaulle partagé entre l'amertume et la colère, lit l'article que l'académicien François Mauriac, bonne conscience de centaines de milliers de lecteurs, publie dans *Le Figaro* du mercredi 19 juin :

« Le 17 juin, après que le maréchal Pétain eut donné à son pays cette suprême preuve d'amour, les Français entendirent à la radio une voix qui leur assurait que jamais la France n'avait été plus glorieuse. Eh bien non ! Il ne nous reste d'autre chance de salut que de ne plus jamais nous mentir à nous-mêmes ! »

De Gaulle s'indigne d'autant plus que l'appel à « cesser le combat » lancé par le maréchal Pétain, alors que rien n'a été signé avec les Allemands, incite les soldats français à déposer les armes, à se rendre, à partir en longues étapes, à pied, vers les camps de prisonniers.

Combien sont-ils – un million ? –, victimes de ces quelques mots du glorieux Maréchal ?

Et ceux qui se battent encore ce jeudi 20 juin sont souvent traités par les Allemands de « partisans » et non de soldats appartenant à une unité régulière.

Ces « résistants » sont abattus d'une rafale de mitrailleuse, d'une balle dans la nuque, leurs corps broyés sous les chenilles des chars.

Certains, isolés, accomplissent les premiers actes de sabotage. Ils coupent les lignes téléphoniques, incendient un véhicule militaire.

L'un d'eux – le premier résistant ? –, Étienne Achavanne, le jeudi 20 juin, est arrêté pour avoir à Rouen sectionné les lignes de communication entre la Feldkommandantur et le terrain d'aviation de Boos. Déféré devant une cour martiale, il sera exécuté.

Ce même jour, jeudi 20 juin, Pétain s'adresse pour la deuxième fois aux Français. Sa voix est déjà devenue familière.

« J'ai demandé à nos adversaires de mettre fin aux hostilités, commence-t-il. Le gouvernement a désigné mercredi les plénipotentiaires chargés de recueillir leurs conditions.

« J'ai pris cette décision, dure au cœur d'un soldat, parce que la situation militaire l'exigeait… Trop peu d'enfants, trop peu d'armes, trop peu d'alliés, voilà les causes de notre défaite ! »

De Gaulle s'insurge lorsqu'il lit le texte de ce discours.

La vérité est qu'il n'y avait pas de déséquilibre des forces entre la France et l'Allemagne – autant d'avions et de chars, de part et d'autre –, mais qu'un abîme séparait l'aveuglement des chefs militaires français de la lucidité et de l'invention des jeunes généraux allemands.

Guderian – et d'abord Hitler – avait lu de Gaulle, théoricien de l'emploi des chars.

Mais Pétain veut effacer les fautes de l'état-major.

« Depuis la victoire de 1918, dit-il, l'esprit de jouissance l'a emporté sur l'esprit de sacrifice. On a revendiqué plus qu'on a servi. On a voulu épargner l'effort, on rencontre aujourd'hui le malheur.

« Les coupables sont les Français et les hommes politiques qui les ont conduits. »

Pétain incarne la vertu !

« J'ai été avec vous dans les jours glorieux. Chef du gouvernement, je suis et resterai avec vous dans les jours sombres… »

Le lendemain, vendredi 21 juin, la délégation française chargée de négocier et de signer l'armistice, conduite par le général Huntziger, est arrivée à Paris. Elle repart pour une destination inconnue, encadrée par des Allemands qui ne parlent pas.

Ce vendredi 21 juin, à 20 h 30, le général Weygand, ministre de la Défense, reçoit à Bordeaux un coup de téléphone de Huntziger.

« Je suis dans le wagon, dit Huntziger.

— Mon pauvre ami », répond Weygand.

C'est dans le vieux wagon-lit du maréchal Foch, celui-là même où les généraux allemands ont été contraints, le 11 novembre 1918, d'accepter l'armistice, que Hitler a choisi de forcer les Français à reconnaître leur défaite.

Le mercredi 19 juin, les soldats allemands du génie ont démoli les murs du musée où se trouvait le wagon. Ils ont tiré le wagon jusqu'à cette clairière de Rethondes au cœur de la forêt de Compiègne, là où il stationnait le 11 novembre 1918 à 5 heures.

Ce vendredi 21 juin 1940 est une journée ensoleillée, qui donne aux arbres séculaires – ormes et chênes – la majesté d'une forêt de colonnes, soutenant le ciel.

À 15 h 15 précises, Hitler arrive dans sa grosse Mercedes, accompagné de Goering, Keitel, Ribbentrop, Hess. Ils marchent lentement dans les allées ombragées, passent devant la statue de l'Alsace-Lorraine qu'on a recouverte de drapeaux à croix gammée afin de cacher l'épée s'enfonçant dans l'aigle prussien.

Ils s'arrêtent pour lire l'inscription gravée dans un bloc de granit au centre de la clairière de Rethondes :

« *Ici, le 11 novembre 1918, succomba le criminel orgueil de l'Empire allemand vaincu par les peuples libres qu'il avait essayé de conquérir.* »

Hitler et tous les dignitaires nazis la lisent lentement.

« J'observe l'expression de Hitler, note le journaliste américain William Shirer.

« Je le vois avec mes jumelles comme s'il était en face de moi. Son visage est enflammé de mépris, de colère, de haine, de vengeance et de triomphe… Soudain, comme si son visage n'exprimait pas complètement ses sentiments, il met tout son corps en harmonie avec son humeur. Il fait claquer ses mains sur ses hanches, arque les épaules, écarte les pieds. C'est un geste magnifique de défi, de mépris brûlant pour ce lieu, pour le présent et pour tout ce qu'il a représenté pendant les vingt-deux années durant lesquelles il attestait de l'humiliation de l'Empire germanique. »

Dans le wagon, Hitler s'installe dans le fauteuil qu'occupait Foch. Cinq minutes plus tard, la délégation française, conduite par le général Huntziger, entre à son tour dans le wagon.

Signature de l'armistice dans le wagon de la forêt de Rethondes.

C'est le jour de la revanche allemande et de l'humiliation française.

« Les conditions de l'armistice, comme le dit Huntziger, sont pires que celles imposées en 1918 à l'Allemagne. »

Après un échange téléphonique avec Bordeaux, une tentative pour obtenir quelques concessions, Huntziger signe l'armistice le samedi 22 juin à 18 h 50. Mais il n'entrera en vigueur qu'après qu'un armistice aura été signé à Rome avec les Italiens.

Les Français n'ont pas à livrer leur flotte de guerre aux Allemands. Les navires seront désarmés et resteront dans les ports français sous contrôle allemand et italien.

Le gouvernement Pétain obtient quelques garanties concernant l'obligation de livrer les réfugiés politiques allemands. Mais il s'apprête déjà à remettre aux nazis deux anciens ministres socialistes et le magnat de la Ruhr, Fritz Thyssen, qui avait conseillé aux Alliés l'opération contre la route du fer en Scandinavie.

Les frais des troupes d'occupation – il y a une zone libre et une zone occupée – sont à la charge du gouvernement français. La France est humiliée, asservie, pillée.

L'armistice – après négociation avec les Italiens le 24 juin – entrera en vigueur le mardi 25 juin à 0 h 15.

Dès le samedi 22 juin, les clauses de l'armistice sont connues à Londres.

Churchill s'indigne : les navires français de la flotte de guerre resteront dans les ports contrôlés par les Allemands et les Italiens, qui s'engagent à ne pas s'en emparer ! Mais comment peut-on croire Hitler et Mussolini ?

Comment faire confiance à un gouvernement français qui avait promis d'envoyer en Angleterre les quatre cents pilotes de la Luftwaffe qu'il détenait, et qui s'était engagé, le 28 mars, à ne pas conclure d'armistice ou de paix séparés ? Et qui n'a pas tenu parole !

À 11 heures, ce samedi 22 juin, Churchill intervient à la BBC, sachant que Radio-Londres commence à être très écoutée en France.

Il est brutal et clair :

« Le gouvernement de Sa Majesté ne peut pas croire que ces conditions auraient été acceptées par n'importe quel gouvernement français en possession de sa liberté, de son indépendance, et de l'autorité constitutionnelle. Non seulement le peuple français sera tenu assujetti mais forcé de travailler contre ses alliés.

« Que les Français qui le peuvent aident l'Angleterre dans son combat ! »

Churchill au micro de la BBC.

En outre, Churchill décide d'ouvrir les micros de la BBC à de Gaulle qui lui ont été fermés tant que les Anglais espéraient que le gouvernement Pétain résisterait, sur la question de la flotte de guerre, aux pressions allemandes.

Pétain a, en fait, cédé, et seulement sauvé les apparences.

Alors de Gaulle parle, et sa voix, maintenant, aura plus d'écho qu'elle n'en a eu les 18 et 19 juin.

Il est 18 heures ce samedi 22 juin.

Les ponts sont coupés entre de Gaulle et le gouvernement français.

On met de Gaulle à la retraite pour insubordination, et puisque pointe déjà le délit de la trahison, de Gaulle est menacé d'arrestation et de traduction devant un tribunal militaire.

Mais sa voix ne tremble pas, elle est dure comme un couperet. Il dit :

« Un gouvernement de rencontre, cédant à la panique, après avoir demandé l'armistice connaît les conditions de l'ennemi… Cet armistice est non seulement une capitulation mais un asservissement.

« L'honneur, le bon sens, l'intérêt supérieur du pays, de la Patrie commandent à tous les Français libres de continuer le combat là où ils seront et comme ils pourront. »

C'est la *guerre des voix*.

Le dimanche 23 juin, à 12 h 30, Pétain répond au discours de Churchill.

Il dit que « le gouvernement et le peuple français ont entendu hier avec une stupeur attristée les paroles de M. Churchill ».

La réponse de Pétain n'a qu'un seul ressort : la vieille haine contre les Anglais que Pétain s'emploie à rallumer :

« M. Churchill est juge des intérêts de son pays, il ne l'est pas des intérêts du nôtre. Il l'est encore moins de l'honneur français, notre drapeau est sans tache… »

Pas un mot ou une allusion à de Gaulle, mais ce dimanche 23 juin à 15 heures, est créé à Londres, avec l'accord de Churchill, un *Comité national français*.

Et le lundi 24 juin, de Gaulle s'exprime de nouveau.

« Il faut que quelqu'un dise quelle honte, quelle révolte se lèvent dans le cœur des bons Français. Inutile d'épiloguer sur les conditions des armistices franco-allemand et franco-italien : la France et les Français sont pieds et poings liés, livrés à l'ennemi. »

Les mots frappent, durs et forts.

Dans la *guerre des voix*, de Gaulle fait résonner la sienne.

Il perce l'anonymat. Victoire des mots, mais autour de lui, c'est encore le désert.

Il n'obtient le ralliement d'aucune personnalité importante, ni l'écrivain André Maurois, ni les diplomates Monnet et Corbin, ni Saint-John Perse, le secrétaire du Quai d'Orsay, ni Paul Morand, ni les généraux – Noguès – qui commandent en Algérie, en Afrique-Occidentale.

Un juriste, le professeur René Cassin, lui apporte son concours.

Mais Cassin est lucide :

« Si Hitler ou un de ses séides regardait par le trou de la serrure et entendait ce civil efflanqué, ce professeur qui doctrinait "Nous sommes l'armée française", et ce grand général à titre provisoire qui renchérissait : "Nous sommes la France", il s'écrierait certainement : "Voilà deux fous dignes du cabanon." »

Et de Gaulle ajoute :

« Ma surprise est de me trouver seul à Londres. Sans aucune personnalité politique de quelque surface. Qu'ai-je comme Français autour de moi ? Des Juifs lucides, une poignée d'aristocrates, tous les braves pêcheurs de l'île de Sein. »

Ceux-là, comme ceux de l'île de Batz, ont gagné l'Angleterre ce lundi 24 juin 1940, refusant l'armistice, comme ces quelques unités qui continuent à se battre, en basse Alsace, dans certains secteurs de la ligne Maginot.

D'autres Français accueillent les soldats qui, marchant vers les camps de prisonniers, réussissent à s'évader.

Mais le pays est accablé. Des centaines de milliers de personnes vivent loin de chez elles, réfugiées, à bout de ressources. Les jeunes hommes sont, par centaines de milliers, prisonniers.

Et dans cet abîme de la défaite, la voix de Pétain qui se veut consolatrice entretient l'inquiétude et l'esprit de soumission.

Le Maréchal s'adresse aux Français le mardi 25 juin :

« L'armistice est conclu. Le combat a pris fin… du moins l'honneur est-il sauf », dit-il.

« Je ne serais pas digne de rester à votre tête si j'avais accepté de répandre le sang français pour prolonger le rêve de quelques Français mal instruits des conditions de la lutte. Je n'ai voulu placer hors du sol de la France ni ma personne ni mon espoir. »

Ainsi sont stigmatisés et condamnés les adversaires de l'armistice et ce de Gaulle que Pétain connaît si bien.

« Vous avez souffert, continue-t-il. Vous souffrirez encore. Beaucoup d'entre vous ne retrouveront pas leur métier ou leur maison. Votre vie sera dure. Ce n'est pas moi qui vous bernerai par des paroles trompeuses.

« Je hais les mensonges qui vous ont fait tant de mal.

« La terre, elle, ne ment pas. Elle demeure votre recours.

« N'espérez pas trop de l'État.

« Comptez pour le présent sur vous-mêmes et pour l'avenir sur les enfants que vous aurez élevés dans le sentiment du devoir…

« Notre défaite est venue de nos relâchements.

« L'esprit de jouissance détruit ce que l'esprit de sacrifice a édifié.

« Un ordre nouveau commence… c'est à un redressement intellectuel et moral que d'abord je vous convie », annonce le Maréchal.

Autour de lui et parmi les hommes politiques qui suivent Pierre Laval, aux premiers rangs desquels il y a Adrien Marquet, on souhaite un changement de régime.

De la défaite, dont la République, les Mandel, les Blum, les Reynaud sont responsables, doit surgir un État français, porteur d'une « révolution nationale ». Elle mettrait fin à la gangrène des partis politiques, à l'esprit de jouissance.

Cet « ordre nouveau » permettrait à la France de trouver sa place dans l'« Europe nouvelle » que dessinent Mussolini, Franco, Hitler.

Le Führer suit avec attention cette évolution politique.

À ses yeux, elle confirme qu'il a eu raison de maintenir en France une zone non occupée où un gouvernement français pourra servir de paravent à la politique nazie.

À son quartier général de Brûly-de-Pesche, un village situé à quelques kilomètres de la frontière belge, non loin de Sedan et de Chimay, il confie ses intentions aux dignitaires du régime qu'il convie dans la petite maison qu'il occupe : réduire la France au rôle décoratif d'une nation de second rôle.

Le village de Brûly-de-Pesche a été entièrement vidé de ses habitants et les maisons ont été attribuées aux membres du quartier général de Hitler et aux invités du Führer.

Parmi eux, ce mardi 25 juin, Albert Speer, l'architecte et le confident de Hitler.

On attend 0 h 15, heure à laquelle a été fixé le début de l'armistice.

Les convives sont assis autour d'une table de bois.

Hitler ordonne d'éteindre la lumière et d'ouvrir les fenêtres.

Tout à coup, un clairon joue la sonnerie traditionnelle de fin des hostilités.

La nuit est fendue au loin par des éclairs de chaleur dont la lueur illumine la pièce obscure.

Puis on entend la voix de Hitler, faible, neutre :

« Quelle responsabilité… », dit-il.

Et quelques minutes plus tard, il ajoute :

« Maintenant, rallumez la lumière. »

Et la conversation reprend, anodine.

Albert Speer ressent ce moment comme « un événement extraordinaire ».

« Il m'a semblé découvrir Hitler sous son aspect humain », conclut-il.

Albert Speer

19.

C'est le mercredi 26 juin 1940.

Albert Speer quitte le quartier général du Führer pour se rendre à Reims visiter la cathédrale.

Il a écouté une bonne partie de la matinée Hitler soliloquer joyeusement.

Hitler n'a pas évoqué la préparation d'un débarquement en Angleterre. Il a donné l'ordre de mettre au repos trente-cinq divisions, d'accorder généreusement des permissions. Et une fois de plus, il a fait l'éloge de l'Empire britannique, et laissé entendre qu'il désire conclure avec les Anglais une paix honorable.

Il veut, dans les prochains jours, parcourir l'Alsace et la Lorraine, ces terres allemandes, et visiter la ligne Maginot où des unités françaises refusent encore de déposer les armes, au prétexte qu'elles n'ont pas reçu d'ordre du gouvernement français.

Mais Hitler est resté d'humeur radieuse.

Il compte se rendre à Paris, découvrir cette capitale qu'il a toujours rêvé de connaître. Albert Speer, comme le sculpteur Arno Breker, sera du voyage. Puis Hitler, tout en faisant les cent pas dans le village, accompagné par les généraux Jodl et Keitel, a dit, comme s'il commençait à dessiner un avenir évident, la prochaine étape de son projet.

« Maintenant, nous avons prouvé ce dont nous sommes capables. Croyez-moi, Keitel, une campagne contre la Russie ne serait en comparaison qu'un jeu d'enfant. »

Il est vrai que Staline pousse ses pions, lançant un ultimatum à la Roumanie, envahissant deux provinces du pays, la Bessarabie et la Bukovine.

Mais Speer, en roulant vers Reims sous un ciel d'un bleu intense, dans la plénitude solaire et insolente de l'été, se remémore avec inquiétude ces propos.

Rommel et d'autres officiers ont fait écho à Hitler.

« Les exigences de la Russie envers la Roumanie sont assez dures, a dit Rommel. Je doute que cela fasse beaucoup notre affaire. Ils prennent tout ce qu'ils peuvent. Mais ils ne trouveront pas toujours si facile de garder toutes leurs conquêtes. »

La guerre à l'est, plutôt qu'à l'ouest, donc ? La Russie communiste plutôt que l'Angleterre impériale ?

Et si le risque existait d'une guerre sur les deux fronts ?

Hitler a souvent évoqué ce cauchemar pour l'écarter. Mais l'Angleterre semble résolue à se battre jusqu'au bout.

Elle vient de décréter le blocus de la France.

Les navires français qui se trouvent dans les ports anglais, et notamment l'escadre de l'amiral Godfroy, ancrée à Alexandrie, sont bloqués par les Anglais.

Est-il possible qu'un conflit éclate entre la France et l'Angleterre à propos de la flotte française ?

Mais que pourrait la France ?

Sur les routes qui mènent à Reims, Speer a croisé ces interminables files de réfugiés. Ils se traînent sur les bas-côtés, harassés, « emportant leurs pauvres biens dans des voitures d'enfants, dans des brouettes, ou tout autre véhicule de fortune ».

Et en contraste, Speer double « les fières unités militaires allemandes, occupant le milieu de la chaussée ».

Les soldats sont souvent torse nu. Ils chantent, rient, donnant l'image d'une force juvénile et invincible. Souvent, entre les camions de la Wehrmacht, se traînant, engoncés dans leurs lourdes capotes d'hiver, cheminent des colonnes de prisonniers, couverts de poussière, les yeux éteints, le pas traînant. Et il suffit de deux ou trois fantassins allemands pour garder ces centaines d'hommes vaincus.

À Reims, Speer découvre une « ville fantomatique », presque déserte, bouclée par la Feldgendarmerie à cause de ses caves. Des volets battent dans le vent qui chasse dans les rues des journaux vieux de plusieurs jours. Des portes ouvertes laissent voir l'intérieur des maisons. Comme si la vie s'était arrêtée de manière absurde, on découvre encore sur la table des verres, de la vaisselle, des repas commencés et jamais finis.

C'est le visage de la France, meurtrie, dont avec suffisance les Allemands mesurent aussi le retard.

Rommel décrit « les misérables taudis de certains villages où l'on ne trouve pas l'eau courante. On se sert encore de puits. Aucune maison n'est aménagée en vue du froid. Les fenêtres ne ferment pas et l'air siffle à travers ».

Et Rommel, contraint de loger dans l'une de ces maisons – « grossièrement construites en moellons de grès, avec ces toits plats en tuiles rondes exactement semblables à celles des Romains » – conclut : « J'espère toutefois que les choses s'amélioreront bientôt. »

Il a le regard et la morgue du vainqueur.

Et les vaincus, en voyant passer ces unités mécanisées, ces jeunes soldats, baissent les yeux, humiliés et honteux.

Le discours de Pétain, qui le mardi 25 juin a justifié l'armistice, est écouté, accepté, les larmes aux yeux, parce qu'il exprime cette désolation, ce désespoir.

« Devant une telle épreuve, la résistance armée devait cesser », dit le Maréchal. Le gouvernement était acculé à l'une de ces deux décisions : soit demeurer sur place, soit prendre la mer.

Il a choisi de rester.

Comment ne pas l'approuver ?

« En ce jour de deuil national, continue Pétain, ma pensée va à tous les morts, à tous ceux que la guerre a meurtris dans leur chair et dans leurs affections… »

Et François Mauriac, une nouvelle fois, exhale son émotion dans *Le Figaro* :

« Les mots du maréchal Pétain en ce soir du 25 juin avaient un son presque intemporel. Ce n'était pas un homme qui nous parlait mais quelque chose des profondeurs de notre Histoire. Ce vieil homme nous a été légué par les morts de Verdun ! »

Mais le Maréchal n'est pas que cette personnalité sanctifiée par l'écrivain. Il n'est pas que le porte-parole et le gardien des morts de l'ossuaire de Verdun.

Il a fait de Pierre Laval un ministre d'État, vice-président du Conseil.

Et Laval et ses complices – Marquet, le proche de toujours, mais aussi Raphaël Alibert et Yves Bouthillier qui furent des collaborateurs de Paul Reynaud – préparent derrière la statue du maréchal Pétain, sculptée par François Mauriac – et Paul Claudel –, un changement de régime.

Ils retiennent à bord du *Massilia*, en rade de Casablanca, les parlementaires hostiles qui réclament leur rapatriement et qu'on accuse d'être des fuyards.

Ils dénoncent Paul Reynaud, dont les deux membres les plus influents de son cabinet – Dominique Leca et Gilbert Devaux – ont été arrêtés à Madrid, le mardi 25 juin, le jour de l'armistice, porteurs de documents, d'or, de bijoux, ainsi que d'une forte somme d'argent en francs et en dollars estimée à 12 millions, sans doute les fonds secrets de la présidence du Conseil.

Ils empêchent Paul Reynaud d'obtenir ce poste d'ambassadeur à Washington qu'il a sollicité auprès de Pétain.

Yves Bouthillier, ministre des Finances, porte plainte contre lui pour exportation illicite de capitaux à l'étranger.

En clouant Reynaud au pilori, il s'agit de briser tous les opposants à la « révolution nationale » dont le Maréchal vante la nécessité et les vertus, et dont Laval et ses spadassins organisent les « basses œuvres ».

Et la presse – *Le Matin* – accable et « tue » Paul Reynaud en l'accusant de ne pas avoir eu le « souci de la vie des soldats ».

« Quand on se trompe en faisant tuer tant de monde, poursuit l'éditorial, on n'a qu'une excuse : *se donner la mort* ! Si l'on ose encore vivre après les agissements que nous venons de voir, l'Histoire ne peut trouver pour Paul Reynaud qu'un seul mot : lâcheté. »

Ce réquisitoire qui accable Paul Reynaud accuse aussi Mandel, Blum. Reynaud pressent qu'on ouvrira, contre les « fauteurs de guerre », un procès.

Mais il est encore hésitant sur la conduite à tenir à l'égard de Pétain, ce qui explique sa candidature à l'ambassade de France à Washington.

Sa maîtresse, la comtesse Hélène de Portes, l'invite à solliciter ce poste. Ses trois enfants vivent aux États-Unis.

Mais le vendredi 28 juin, dans l'après-midi, la voiture que conduit Paul Reynaud quitte la route, s'écrase. Le rapport de gendarmerie souligne que cet accident est inexplicable.

D'origine criminelle ?

Grand parlementaire, Reynaud pouvait être un obstacle aux projets de Laval.

Reynaud n'est que contusionné, mais Hélène de Portes, gravement blessée à la tête, décède la nuit suivante, à l'âge de trente-huit ans.

Reynaud est bouleversé. Il confie ses sentiments, son désarroi, sa douleur, sa détresse à William Bullitt, l'ambassadeur des États-Unis.

« La prodigieuse vitalité, l'intelligence, la noblesse d'âme de cette femme admirable ont été anéanties pour toujours ! Et cela à quelques mois du jour où nous allions enfin nous marier… Je me suis demandé, pendant plusieurs jours, si je pourrais vivre… Et puis peu à peu, s'est installée en moi cette idée qu'elle aurait voulu que je vive pour mon pays et pour ses enfants, c'est-à-dire pour ce qu'elle aimait avec moi : elle aurait voulu que mon énergie s'accroisse au lieu de se diminuer. »

Reynaud va donc faire face, contre ce gouvernement Pétain-Laval qui est contraint, le samedi 29 juin, de quitter Bordeaux puisque la ville fait partie de la zone occupée par les Allemands. Les ministres s'installent d'abord à Clermont-Ferrand, non loin de la propriété que possède Laval à Châteldon.

Mais Clermont manque d'hôtels pour loger ministres, membres du cabinet, et toute cette faune qui gravite autour du pouvoir.

Baudouin, ministre des Affaires étrangères, campe dans un petit hôtel presque sordide, comprenant sept chambres en tout, sans électricité, et sans même le téléphone. On décide donc de gagner Vichy, où les palaces de cette ville d'eaux pourront accueillir le gouvernement et les parlementaires.

Car le but de Laval est clair : convoquer les deux Chambres, les réunir en « Congrès » et les contraindre à voter les pleins pouvoirs au maréchal Pétain pour élaborer une nouvelle constitution.

Pétain hésite. Que dira le président de la République ?

« Je me fais fort d'obtenir le plein accord de Lebrun à sa disparition », dit Laval.

Pétain hoche la tête, visage impassible. Mais Laval revient au bout d'une heure. Il s'est rendu à Royan où réside Albert Lebrun.

« Eh bien, monsieur le Maréchal, ça y est. »

« Le Maréchal regarde son interlocuteur avec un étonnement admiratif, note Baudouin. Pierre Laval affirme qu'il est certain du succès. Il hait la Chambre actuelle. Il méprise Albert Lebrun. Que le Maréchal laisse faire. Il répond du complet succès. »

« Alors, essayez », dit Pétain.

À Londres, de Gaulle a pressenti, analysé les intentions de Laval et de Pétain.

La signature de l'armistice devait nécessairement conduire à une capitulation politique. Désirer, accepter l'armistice avec Hitler, c'est aussi signer l'acte de décès de la République.

De Gaulle l'a dit avec force dès le mercredi 26 juin, répondant au discours de celui qu'il appelle avec déférence « Monsieur le maréchal Pétain » mais qu'il conteste avec une force implacable.

« Hier, j'ai entendu votre voix que je connais bien, et non sans émotion j'ai écouté ce que vous disiez aux Français pour justifier ce que vous avez fait.

« Monsieur le Maréchal, dans ces heures de honte et de colère pour la Patrie, il faut qu'une voix vous réponde. Ce soir, cette voix c'est la mienne. »

Il dénonce « un système militaire mauvais ». Or c'est Pétain qui a « présidé à notre organisation militaire ».

De Gaulle sait que des centaines de milliers de Français écoutent désormais Radio-Londres. Sa responsabilité est immense.

Il analyse les conditions imposées par l'ennemi : « Armistice déshonorant », s'exclame-t-il.

« La Patrie, le gouvernement, vous-même réduits à la servitude ! Ah, pour obtenir et accepter un pareil pacte d'asservissement on n'avait pas besoin de vous, monsieur le Maréchal, on n'avait pas besoin du vainqueur de Verdun ; n'importe qui aurait suffi.

« Et vous conviez la France livrée, la France pillée, la France asservie à reprendre son labeur, à se refaire, à se relever ! Mais dans quelle atmosphère, par quels moyens, au nom de quoi voulez-vous qu'elle se relève sous la botte allemande et l'escarpin italien ?

« Oui, la France se relèvera. Elle se relèvera dans la liberté. Elle se relèvera dans la victoire. Dans l'Empire, dans le monde, ici même des forces françaises se forment et s'organisent.

« Un jour viendra où nos armes... reviendront triomphantes sur le sol national.

« Alors oui, nous referons la France. »

De Gaulle vit ainsi des jours remplis de contradictions : il oscille de l'exaltation à la déception. Il reçoit une lettre de Jean Monnet qui considère que ce serait une grande faute de constituer en Angleterre une organisation qui pourrait apparaître en France comme une autorité créée à l'étranger, sous la protection de l'Angleterre... Ce n'est pas de Londres qu'en ces moments-ci peut partir l'effort de résurrection.

De Gaulle pense au contraire que c'est ici, en Angleterre, qu'il faut affirmer l'existence d'une France libre.

Il voit Londres s'engager avec une détermination totale pour résister à une invasion allemande.

Toutes les plaques signalétiques dans la campagne anglaise ont été changées de façon à empêcher les troupes ennemies, leurs parachutistes, de reconnaître leurs itinéraires ! Ce pays va se battre jusqu'au bout !

Et puis, il ne se passe pas de jour que des Français ne rejoignent l'Angleterre. Ainsi, 146 jeunes arrivent accompagnés de 75 officiers, presque tous aviateurs. Ils se sont embarqués à Saint-Jean-de-Luz sur des navires polonais.

Il y a dans les ports anglais dix-sept navires de guerre français.

Il vaudrait mieux qu'ils dépendent de moi, explique de Gaulle à Churchill. « Il est urgent de me donner les moyens de constituer une Légion française volontaire. »

Churchill le comprendra-t-il ?

Autour du Premier Ministre, au Foreign Office, on continue d'hésiter, on espère encore obtenir des garanties de Pétain concernant la flotte française.

Des officiers anglais expliquent aux soldats français qui arrivent en Angleterre que, s'ils rejoignent de Gaulle, ils seront considérés comme déserteurs et rebelles par leur gouvernement.

Mais ils peuvent s'engager dans les troupes anglaises ou canadiennes ! Ces Anglais interdisent aux envoyés de De Gaulle de venir exposer les buts de guerre du Général. Alors, troublés, ces soldats rejoignent la France.

C'est ce que fait la majorité des troupes du général Béthouart qui ont combattu en Norvège. Béthouart, camarade de De Gaulle à Saint-Cyr, choisit lui aussi le retour, même s'il en a les larmes aux yeux.

Le capitaine Kœnig, d'autres officiers, chasseurs alpins, et la plus grande partie des deux bataillons de la 13e demi-brigade de la Légion étrangère – soit un total de 1 300 hommes – décident de poursuivre le combat.

Enfin, un officier supérieur, l'amiral Muselier – peu apprécié de ses pairs parce qu'il serait un amiral politique, un amiral « rouge » –, rejoint de Gaulle.

« Vous commanderez la marine et l'aviation dans la Légion que j'essaye de constituer », lui dit de Gaulle.

Des lointaines possessions africaines, des Antilles, du Pacifique, des officiers, des administrateurs, de simples citoyens, manifestent leur volonté de se rallier au général de Gaulle.

En cette fin juin, il décide de faire imprimer une affiche qui sera placardée sur les murs de Londres :

> À tous les Français
> *La France a perdu une bataille !*
> *Mais la France n'a pas perdu la guerre !*
> Des gouvernants de rencontre ont pu capituler, cédant à la panique, oubliant l'honneur, livrant le pays, à la servitude.
> Cependant, rien n'est perdu ! […]
> Voilà pourquoi je convie tous les Français, où qu'ils se trouvent, à s'unir à moi dans l'action, dans le sacrifice et dans l'espérance !
> Notre patrie est en péril de mort !
> Luttons tous pour la sauver !
> VIVE LA FRANCE !
>
> *Général de Gaulle*

Il relit le texte. Il se sent porté par le grand souffle de l'Histoire quand, ce jeudi 27 juin, il est convoqué par Churchill au 10 Downing Street.

Churchill, le visage grave, l'accueille bras ouverts, disant d'une voix forte :

« Vous êtes tout seul, je le sais, eh bien, je vous reconnais tout seul. »

Il tend à de Gaulle le communiqué qui sera diffusé demain vendredi 28 juin :

« Le gouvernement de Sa Majesté reconnaît le général de Gaulle comme chef de tous les Français Libres où qu'ils se trouvent qui se rallient à lui pour la défense de la cause alliée. »

De Gaulle ne s'est pas trompé sur le sens de sa vie.

Ce vendredi 28 juin, il s'adresse une nouvelle fois aux Français depuis le siège de la BBC.

Avant de commencer, on lui communique les résultats des enquêtes de *Mass Observation*. Le général de Gaulle est la seule personnalité étrangère applaudie dans les salles de cinéma quand elle apparaît sur les écrans. Il incarne la France et sa voix se fait plus vibrante :

« L'engagement que vient de prendre le gouvernement britannique en reconnaissant dans ma personne le chef des Français Libres a une grande importance et une profonde signification, commence-t-il.

« Cet engagement permet aux Français Libres de continuer la guerre aux côtés de nos alliés.

« Il sera formé immédiatement une force française terrestre, aérienne, navale…

« Tous les officiers, soldats, marins, aviateurs français, où qu'ils se trouvent, ont le devoir absolu de résister à l'ennemi…

« Malgré les capitulations… déjà faites par tant de ceux qui sont responsables de l'Honneur du drapeau et de la grandeur de la Patrie, la France Libre n'a pas fini de vivre. Nous le prouverons par les armes. »

Ce même vendredi 28 juin, vers 5 heures du matin, l'avion de Hitler s'est posé sur l'aéroport du Bourget.

Trois grandes Mercedes noires attendent le Führer qui, accompagné d'Albert Speer et d'Arno Breker, réalise l'un de ses rêves : visiter Paris.

Il se rend d'abord à l'Opéra de Paris où tout est éclairé comme un soir de représentation.

Speer est étonné : Hitler connaît le bâtiment dans ses moindres détails. Le Führer dit avec fierté qu'il en a étudié tous les plans. Il fait remarquer au Français qui guide la visite qu'un salon a disparu. Le Français, un homme aux cheveux blancs, confirme que cette pièce a été supprimée.

« Vous voyez comme je m'y connais ici », dit Hitler.

Il demande à l'un de ses aides de camp de donner un pourboire au Français qui, malgré l'insistance de Hitler, refuse.

Puis on se rend à la Madeleine, sur les Champs-Élysées, au Trocadéro, à la tour Eiffel.

Adolf Hitler à Paris.

Hitler fait une halte à l'Arc de triomphe, aux Invalides, où il s'arrête un long moment devant le tombeau de Napoléon.

Il visite le Panthéon dont les dimensions l'impressionnent. Mais ni la place des Vosges, ni le Louvre, ni la Sainte-Chapelle ne suscitent son intérêt. Il restera longuement au Sacré-Cœur, à Montmartre.

Les nombreux fidèles qui l'ont à l'évidence reconnu font mine de l'ignorer.

À 9 heures, la visite est terminée et on roule vers l'aéroport.

« C'était le rêve de ma vie de pouvoir visiter Paris. Je ne saurais dire combien je suis heureux que ce rêve soit réalisé aujourd'hui », dit Hitler.

Il envisage d'organiser un défilé militaire pour célébrer la victoire, puis, secouant la tête, il y renonce :

« Nous ne sommes pas encore au bout », dit-il.

Le soir de ce vendredi 28 juin, dans la petite salle de la ferme du village de Brûly-de-Pesche, il convoque Speer.

Il est assis seul à une table.

« Préparez un décret, Speer, dans lequel j'ordonne la pleine reprise des constructions à Berlin. N'est-ce pas que Paris était beau ? Mais Berlin doit devenir beaucoup plus beau ! Je me suis souvent demandé s'il ne fallait pas détruire Paris, mais lorsque nous aurons terminé Berlin, Paris ne sera plus que son ombre. Alors pourquoi le détruire ? »

Lorsque le décret sur les travaux à entreprendre à Berlin sera rédigé, quelques jours après cette visite, Hitler le datera du mardi 25 juin 1940, jour de l'armistice et de son triomphe.

Mais on ne peut arrêter le temps.

Daniel Cordier note à la date du samedi 29 juin dans le carnet qu'il tient depuis son arrivée en Angleterre, le mardi 25 juin, la date même que Hitler veut fixer pour l'avenir :

« On nous a réunis dans la cour de l'*Olympia Hall* où sont rassemblés les volontaires français. Le gouvernement de Gaulle est formé. Une Légion française se constitue. Nous sommes engagés volontaires. Un courant de discipline commence à parcourir le camp où l'anarchie était maîtresse et nous divisait.

« Dans une *Marseillaise* sans grandiloquence, jeune, franche, généreuse dans sa fraternité, c'est l'âme de la France qui a pris son vol, une âme farouche dans sa résolution de vaincre. »

CINQUIÈME PARTIE

Lundi 1er juillet

—

Dimanche 14 juillet 1940

« Les Anglais qui réfléchissent ne peuvent ignorer qu'il n'y aurait, pour eux, aucune victoire possible si jamais l'âme de la France passait à l'ennemi.

« Les Français dignes de ce nom ne peuvent méconnaître que la défaite anglaise scellerait pour toujours leur asservissement…

« Quoi qu'il arrive… nos deux peuples, nos deux grands peuples, demeurent liés l'un à l'autre. Ils succomberont tous les deux ou bien ils gagneront ensemble. »

Général DE GAULLE
8 juillet 1940

20.

De Gaulle s'est rendu à l'*Olympia Hall*, là où Daniel Cordier et ses camarades attendent de pouvoir s'engager dans ces Forces françaises libres qui se constituent.

Souvent, ces jeunes Français qui ont pris tous les risques pour parvenir en Angleterre sont des adolescents – en culottes courtes quelquefois ! – qui changent leur date de naissance afin de se vieillir et pouvoir ainsi prendre les armes.

Ils commencent à être pour les Anglais les *Free French*.

Pour qu'on puisse identifier ses troupes, de Gaulle a décidé que chaque navire rallié – et l'amiral Muselier a entraîné quelques cargos avec lui –, chaque avion des Forces françaises libres portera comme emblème la croix de Lorraine ; et ce, à compter de ce lundi 1er juillet 1940. La proposition en a été faite par un capitaine de corvette – Georges Thierry d'Argenlieu – qui vient de s'enfuir de Cherbourg où il était prisonnier.

Mais de Gaulle se souvient qu'il avait fait peindre cette croix sur ses blindés quand il commandait à Metz le 507e régiment de chars.

Un autre temps, si proche et qui semble d'un autre siècle, tant sa vie a changé !

Hier, dimanche 30 juin, le général Weygand lui a donné l'ordre de se constituer prisonnier à la maison d'arrêt de Saint-Michel de Toulouse !

Et aujourd'hui, lundi 1er juillet, M. de Castellane, diplomate qui représente le gouvernement du maréchal Pétain, lui transmet le message que l'ambassade vient de recevoir :

« Le général de brigade de Gaulle (Charles, André, Joseph, Marie) est informé qu'il est renvoyé devant le tribunal militaire de la 17e région, pour CRIME de refus d'obéissance en présence de l'ennemi et délit d'incitation de militaires à la désobéissance. Il doit se constituer en état d'arrestation. »

On l'avait déjà rayé des cadres de l'armée !

De Gaulle retourne le document.

« Il ne présente à mes yeux aucune espèce d'intérêt », écrit-il en marge.

De Gaulle éprouve du mépris pour ces ministres de Pétain qui agissent comme si le monde n'était pas entré en « révolution » et n'allait pas être totalement bouleversé par cette guerre qui commence.

Il le dit à un jeune homme au visage émacié, Maurice Schumann, qui était journaliste à *L'Aube*, un quotidien catholique et social. Schumann s'est embarqué pour l'Angleterre à Saint-Jean-de-Luz. Il veut continuer le combat.

L'essentiel, expose de Gaulle, ce lundi 1er juillet, c'est que Hitler ne réussisse pas à vaincre l'Angleterre et donc qu'il ne parvienne pas à débarquer.

« S'il avait dû venir, il y serait déjà ! Vous avez lu *Mein Kampf* ? Hitler sera donc conduit à attaquer l'Union soviétique et il se perdra dans une nouvelle campagne de Russie, et la guerre germano-soviétique donnera à cette guerre sa dimension planétaire, comme ce fut le cas pour la précédente. Je veux dire que l'Amérique entrera dans la guerre… Puisque la guerre est un problème terrible mais résolu, il ne reste plus qu'à ramener du bon côté non pas des Français mais la France ! »

À Vichy, où le gouvernement Pétain s'installe, on ne regarde pas au loin ! On imagine la guerre finie, l'Allemagne victorieuse. On se soucie d'abord de se partager les hôtels.

Pétain, Laval, et le ministère des Affaires étrangères s'installent à l'hôtel du Parc.

Les parlementaires, qui sont convoqués pour la réunion en Congrès des deux Chambres, le mercredi 10 juillet, seront au moins sept cents, logeront à l'hôtel Majestic.

Mais Vichy, dès ce premier jour de juillet, est surpeuplé, grouille d'ambitieux, de journalistes, d'escrocs, de financiers, d'industriels, de toute cette faune qui vit dans la proximité du pouvoir et en tire argent – par la distribution des prébendes, des fonds secrets – et honneurs.

Les hôtels sont bondés, la mairie embouteillée.

On couche pêle-mêle sur la paille, dans les bâtiments du concours hippique. On colporte les rumeurs. On se presse dans le hall de l'hôtel du Parc afin de tenter d'apercevoir le maréchal Pétain, droit, presque guindé, sa canne à la main, son visage rose et ses yeux clairs, ou Pierre Laval, le teint foncé, le poil noir, petit et râblé, sorte de silhouette de maquignon retors.

Il n'a qu'un seul but – c'est cela son « horizon » dans la Nouvelle Europe allemande –, faire voter par le Congrès des deux Chambres (Sénat et Chambre des députés réunis) l'abolition de la Constitution de la IIIe République.

Laval prend toutes les précautions afin de rassembler une majorité.

Des « gros bras » arrivent à Vichy pour intimider les parlementaires qui seraient réticents. Le Congrès doit se réunir sous la pression de la « rue », vivre dans l'inquiétude et même la peur.

Quant aux députés embarqués à Bordeaux sur le *Massilia*, on les a conduits à Alger. Ils tempêtent, exigent leur rapatriement en métropole, invoquent leur droit à participer à la réunion du Congrès, le 10 juillet. Mais le gouvernement s'y refuse. Ce sont des opposants déterminés. On les retient à Alger en dépit de leurs protestations.

Ce lundi 1er juillet, Laval est donc tout entier engagé dans la préparation de sa manœuvre politique à laquelle il veut donner une apparence de légalité.

Il ne se soucie pas des informations qui commencent à circuler sur les intentions anglaises de déclencher dans les prochains jours – peut-être les prochaines heures – l'opération dite *Catapult*, destinée à « neutraliser » la flotte de guerre française, afin d'empêcher les Allemands de s'en emparer.

Churchill, depuis la signature de l'armistice, est persuadé que l'article 8 de l'accord, accepté par les Français, laisse en fait les mains libres aux troupes de Hitler. Cet article 8 prévoit que la flotte française « sera rassemblée dans les ports à désigner pour y être démobilisée et désarmée sous contrôle allemand et italien ».

Churchill n'est pas homme à croire en la parole de Hitler !

Et cette question du sort de la flotte française l'obsède depuis le 10 juin, quand il a pressenti la défaite française. Il craint, si les Allemands s'emparent de la flotte, « d'exposer la Grande-Bretagne à des dangers mortels et de lourdement compromettre la sécurité des États-Unis ».

Et puis un ultimatum, un coup de force, une rupture violente avec le gouvernement Pétain-Laval proclameraient aux yeux du monde l'irréductible détermination anglaise.

Et peut-être aussi annihileraient-ils les intentions des quelques politiciens anglais – lord Halifax – tentés de conclure la paix avec Hitler.

Déjà, les navires français ancrés dans les ports britanniques sont bloqués et toutes les démarches et protestations du gouvernement Pétain sont rejetées. L'interdiction d'appareiller est strictement maintenue.

Dans la rade d'Alexandrie, l'amiral Cunningham se voit confirmer l'ordre de bloquer la Force *X* française de l'amiral Godfroy.

Le lundi 1er juillet, Churchill prend la décision de mettre en œuvre l'opération *Catapult* dans la nuit du 2 au 3 juillet.

Des commandos entrent en action à l'aube, avec efficacité, habileté et détermination. Dans les ports de Plymouth, Portsmouth, Falmouth, Sherness, ils bondissent sur les ponts des navires français.

Les équipages sont chassés du bord. Les incidents les plus violents ont lieu sur le sous-marin *Surcouf*. On compte des blessés et un tué.

Les Français sont humiliés, mais l'opération ne devient pas une tragédie.

Il en est de même en rade d'Alexandrie où un accord est conclu entre Français et Anglais.

Mais la tragédie explose, devant Oran, dans la rade de Mers el-Kébir.

Ce mercredi 3 juillet 1940, à 9 h 30, la flotte de l'amiral Somerville – 3 cuirassés, 1 porte-avions, l'*Ark Royal*, 2 croiseurs, 11 torpilleurs – se présente devant Mers el-Kébir.

Là, sont ancrés et protégés par les batteries côtières d'Oran les joyaux de la marine française, les cuirassés *Dunkerque*, *Bretagne*, *Strasbourg*, *Provence*, et des contre-torpilleurs. Ils sont commandés par l'amiral Gensoul.

Celui-ci reçoit le commandant Holland – ancien attaché naval anglais à Paris ! – qui lui remet une série de propositions anglaises.

Soit les Français rejoignent les Anglais, dans la lutte contre les Allemands ; soit ils se rendent dans un port britannique, les équipages étant rapatriés ; soit ils gagnent « en notre compagnie » un port français des Antilles où les bâtiments seront démilitarisés, ou confiés aux États-Unis.

« Enfin, conclut l'amiral Somerville, si aucune des propositions ci-dessus n'était acceptée, j'ai reçu du gouvernement de Sa Majesté l'ordre d'employer tous les moyens de force qui pourraient être nécessaires pour empêcher vos bâtiments de tomber entre des mains allemandes ou italiennes. »

Pour l'amiral Gensoul, c'est un ultimatum, qu'il transmet au gouvernement Pétain, omettant la proposition d'un transfert des navires dans un port des Antilles françaises.

Réponse : « Bâtiments français répondront à la force par la force. »

Le mercredi 3 juillet à 13 h 09, l'amiral Darlan annonce à l'amiral Gensoul, *en clair*, qu'il demande à toutes les forces françaises en Méditerranée de rallier Mers el-Kébir.

Churchill avait envoyé à l'amiral Somerville le message suivant : « Vous êtes chargé de l'une des missions les plus désagréables et les plus difficiles qu'un amiral britannique ait jamais eu à remplir, mais nous avons la plus entière confiance en vous et nous comptons que vous l'exécuterez rigoureusement. »

Un dernier message est envoyé à 18 h 26, ce mercredi 3 juillet : « Les navires français doivent accepter nos conditions ou se saborder ou être coulés par vous avant la nuit. »

Mais l'amiral Somerville a anticipé l'ordre de Churchill.

À 17 h 54, il a donné l'ordre d'ouvrir le feu.

Les avions de l'*Ark Royal* bombardent. Les batteries des cuirassés visent les navires français immobiles. Le *Bretagne* saute et chavire : 900 morts ! Le *Dunkerque* et le *Provence* s'échouent. Ils sont achevés par des avions torpilleurs le jeudi 4 juillet.

Un cinquième de la flotte française a été coulé. On dénombre 1 297 tués et 351 blessés !

La flotte française détruite à Mers el-Kébir.

À Vichy, les ministres sont accablés et remettent leurs décisions au lendemain, jeudi 4 juillet.

À Londres, de Gaulle, prévenu dans la nuit du mercredi 3 au jeudi 4 juillet, s'exclame : « C'est un terrible coup de hache dans nos espoirs. »

Il imagine les commentaires des ministres de Pétain, les réquisitoires des journaux, l'émotion et la colère des citoyens français.

De Gaulle s'emporte, et, dans une exclamation chargée de douleur et de colère, il lance :

« Ces imbéciles d'Anglais, ces criminels ! Ils font couler le sang français et ils trouvent encore le moyen d'apporter de l'eau au moulin de la capitulation… Ils ne peuvent pas résister à l'envie d'abaisser la puissance maritime de la France ! »

Puis, après un très long silence, il ajoute :

« Il faut considérer le fond des choses du seul point de vue qui doive finalement compter, c'est-à-dire du point de vue de la victoire et de la délivrance. »

Mais il n'ose avouer cette pensée qui le hante :

« À la place des Anglais, j'aurais fait ce qu'ils ont fait. »

Churchill confie avant de prendre la parole aux Communes, le jeudi 4 juillet dans l'après-midi : « Ce fut la plus pénible et la plus odieuse décision que j'aie eu à prendre. »

Puis il empoigne la tribune et parle d'une voix sourde :

« Lorsqu'un ami et un camarade, aux côtés duquel vous avez affronté de terribles épreuves, est terrassé par un coup décisif, il peut devenir nécessaire de faire en sorte que l'arme qui lui est tombée des mains ne vienne pas renforcer l'arsenal de votre ennemi commun.

« Mais il ne faut pas garder rancune à votre ami pour ses cris de délire et ses gestes d'agonie. Il ne faut pas ajouter à ses douleurs : il faut travailler à son rétablissement.

« L'association d'intérêts entre la France et la Grande-Bretagne demeure ; la cause commune demeure ; le devoir inéluctable demeure. »

L'ensemble des députés se lève pour l'acclamer.

Churchill murmure devant un secrétaire :

« Cette histoire me brise le cœur. »

Les Français sont accablés, comme si l'abîme dans lequel ils sont tombés n'avait pas de fond.

On approuve le gouvernement Pétain d'avoir rompu les relations diplomatiques avec Londres. 1 297 morts, 351 blessés. C'est un massacre !

On apprécie la gravité de Paul Baudouin qui, ministre des Affaires étrangères, répond à Churchill à la radio dans la soirée du jeudi 4 juillet. « À cet acte inconsidéré d'hostilité, le gouvernement français n'a pas répondu par un acte d'hostilité », dit-il.

Pas de guerre contre l'Angleterre donc, mais l'exploitation politique de la tragédie de Mers el-Kébir, l'utilisation de l'émotion, par Laval qui, ce jeudi 4 juillet, en Conseil des ministres, présente son projet de réforme de l'État. Il lit de sa voix rocailleuse :

« *Article unique* : l'Assemblée nationale donne tous pouvoirs au gouvernement de la République, sous la signature et l'autorité du maréchal Pétain, président du Conseil, à l'effet de promulguer par un ou plusieurs actes la nouvelle constitution de l'État français.

« Cette constitution devra garantir les droits du Travail, de la Famille et de la Patrie. Elle sera ratifiée par les Assemblées qu'elle aura créées. »

À certains ministres qui manifestent quelques réserves, Laval répond qu'il doit rencontrer des sénateurs afin de les informer sur « cette agression et destruction de nos bateaux, sur cet acte impardonnable ».

Comment en un tel moment contester le gouvernement ?

« Nous ne pouvons recevoir des coups pareils sans réagir », conclut Laval.

L'opinion est tout entière écrasée par ce que François Mauriac appelle dans *Le Figaro* « le dernier coup ».

Il écrit :

« Tout à coup le malheur, le seul auquel nous ne nous fussions pas attendus, les corps de ces marins que chacun de nous veille dans son cœur ! M. Winston Churchill a dressé, et pour combien d'années, contre l'Angleterre une France unanime. »

Et le général Rommel commente la situation devant ses officiers.

« L'état de guerre entre la France et la flotte britannique est un événement sans précédent. Il est salutaire pour la France d'agir aux côtés des vainqueurs. Les conditions de paix lui en seront d'autant plus adoucies. »

À Londres, ce jeudi 4 juillet, lors de la pause de midi, à l'*Olympia Hall*, parmi les *Free French*, Daniel Cordier entend les premières rumeurs concernant Mers el-Kébir.

« Cela nous paraît si incroyable que nous mettons ça sur le compte de la cinquième colonne. »

Lorsque la nouvelle est vérifiée c'est la consternation. Les Bretons qui ont presque tous un parent dans la marine sont les plus virulents. Au mieux, on les entend dire : « On a besoin d'eux mais ces Anglais, quels salauds ! »

Daniel Cordier connaît, comme lecteur de Maurras, tous les griefs qu'on peut reprocher aux Anglais, de Jeanne d'Arc à Napoléon ! Mais il estime « sans rien connaître des circonstances, que si la marine française avait rallié l'Angleterre comme c'était son devoir, elle serait aujourd'hui intacte et glorieuse ! Une fois de plus, je maudis Pétain ! ».

21.

Ce « terrible coup de hache » de Mers el-Kébir, de Gaulle en mesure les conséquences dans les jours qui suivent ce qu'il appelle une « canonnade fratricide », un « épisode cruel » et une « odieuse tragédie ».

En quelques jours, ce sont près de 20 000 marins et soldats de tous grades qui, hébergés dans des camps de regroupement en Angleterre, ne répondent pas aux appels des envoyés de la France Libre et choisissent d'être rapatriés.

Ils embarquent à destination du Maroc, sur une dizaine de paquebots, et l'un d'eux, le *Meknès*, avec à son bord 3 000 hommes, est torpillé. Cela ne tarit pas le nombre des candidats au départ.

Et parmi ceux qui restent, beaucoup souhaitent servir sous l'uniforme britannique !

De Gaulle ne baisse pas les bras. Il va d'un camp de regroupement à l'autre.

À la base aérienne de Saint Atham, il s'adresse aux 200 aviateurs arrivés de France et d'Afrique du Nord, dont un grand nombre veut s'engager dans la Royal Air Force.

« Deux cents aviateurs sous l'uniforme français sont plus utiles que deux mille ne le seraient sous l'uniforme anglais », dit-il.

C'est des intérêts de la France qu'il s'agit et non de destins individuels.

Il se rend à l'*Olympia Hall*, où l'attendent les jeunes volontaires.

Daniel Cordier le trouve froid, distant, impénétrable, plutôt antipathique, parlant sans céder à l'émotion.

« Je ne vous féliciterai pas d'être venus : vous avez fait votre devoir, commence-t-il. Quand la France agonise, ses enfants se doivent de la sauver. C'est-à-dire de poursuivre la guerre avec nos alliés. Pour honorer la signature de la France, nous nous battrons à leurs côtés jusqu'à la victoire. Notre armée sera française, commandée par des chefs français. Vous voyagerez beaucoup car il faut que, dans toutes les batailles, le drapeau de la France soit au premier rang. Ce sera long, ce sera dur, mais à la fin nous vaincrons. N'oubliez jamais l'exemple des Français qui, dans notre Histoire, ont sacrifié leur vie pour la Patrie. »

« Il cherche à expliquer plus qu'à entraîner, constate Yves Guéna, un autre jeune volontaire, camarade de Daniel Cordier. Le ton est exempt de toute familiarité, il n'y perce nul soupçon de complicité avec ceux qui sont là et qui épousent sa querelle, rien qui ressemble à “on les aura” ou à “je compte sur vous”. »

De Gaulle a parlé à l'*Olympia Hall* dans la matinée du samedi 6 juillet.

La veille, le vendredi 5 juillet, il a pris connaissance d'une dépêche qui annonce que le tribunal militaire de la 17e région a condamné le colonel de Gaulle à quatre ans de prison et cent francs d'amende pour refus d'obéissance.

Et le gouvernement de Pétain a décidé d'engager une nouvelle procédure, jugeant la peine trop légère.

De Gaulle froisse la dépêche, déclare : « Je tiens l'acte des hommes de Vichy comme nul et non avenu. Eux et moi, nous nous expliquerons après la victoire. »

Quelle victoire ?

En ce début du mois de juillet 1940, les « hommes de Vichy » sont persuadés que c'est déjà celle de l'Allemagne, qu'elle ne peut qu'être confirmée et renforcée.

Ce vendredi 5 juillet, Hitler a reçu à Berlin un accueil délirant.

Des millions d'Allemands se sont pressés depuis l'aube, pour offrir au Führer un triomphe impérial. On a répandu sur les chaussées, jusqu'à la Chancellerie du Reich, des pétales de rose. Les femmes sont au premier rang de la foule, difficilement maintenue par un service d'ordre débonnaire. Les visages sont extatiques, rayonnants d'enthousiasme et de ferveur.

Cependant, bien que porté par cette adhésion populaire, la plus grande que le Führer ait jamais suscitée, Hitler est hésitant.

Il voulait prononcer un grand discours dans lequel il se proposait de faire des offres de paix à l'Angleterre. Mais l'affaire de Mers el-Kébir montre que Churchill est implacable, d'une détermination d'airain. Ce n'est pas l'homme d'une paix de compromis.

Faut-il donc préparer le débarquement en Angleterre, écraser l'île sous les bombes, faire de Londres et des villes anglaises de nouveaux Varsovie ?

Hitler hésite.

Il ne comprend pas ces Anglais, confie-t-il à l'ambassadeur italien à Berlin, Dino Alfieri :

« Je ne peux concevoir qu'une seule personne en Angleterre croie encore sérieusement à la victoire », dit Hitler.

Mais il y a eu Mers el-Kébir !

Le haut commandement de la Wehrmacht – OKW – rapporte :

« Le Führer et commandant suprême décide :

« Qu'un débarquement en Angleterre est possible, à condition que la supériorité aérienne puisse être réalisée et certaines autres conditions remplies. La date n'est pas encore décidée… Tous les préparatifs doivent être entrepris sur la base que l'invasion est seulement un projet et n'a pas encore été décidée. »

Galeazzo Ciano

Le dimanche 7 juillet, le ministre des Affaires étrangères de Mussolini, Galeazzo Ciano, note dans son journal :

« Hitler est plutôt enclin à continuer la lutte et à déchaîner une tempête d'acier sur les Anglais. Mais la décision finale n'a pas été prise et c'est pour cette raison qu'il retarde son discours dont, il le dit lui-même, il veut peser chaque mot. »

En France, que ce soit dans la « zone occupée », sous la responsabilité directe des autorités militaires allemandes, ou en « zone libre », où le pouvoir est entre les mains du gouvernement Pétain-Laval, on ignore les incertitudes de Hitler. L'Allemagne est victorieuse, la France vaincue : les jeux sont faits.

À Paris, les dirigeants communistes sont toujours en contact avec Otto Abetz et les services allemands, afin d'obtenir le droit de reparution pour leurs journaux, *L'Humanité* et *Le Soir*.

Les Allemands jouent leur partie. Ils cherchent à troubler l'opinion.

Ils ont même organisé la libération de 400 prisonniers politiques détenus à Fresnes, pour l'essentiel des communistes.

« Messieurs, vous avez défendu la paix, leur a dit l'officier de la Wehrmacht qui les a rassemblés dans le hall de la prison. Vous avez lutté pour empêcher que votre pays ne soit entraîné dans la guerre voulue par les capitalistes anglais et les Juifs. D'ordre du Führer, vous êtes libres, vous pourrez quitter la prison dès demain. »

Ces libérations commencées dès la fin juin se poursuivent en juillet.

Et parfois la police française se saisit de nouveau de ces communistes et les réemprisonne !

Cette situation ambiguë, mouvante, achève de troubler l'opinion, de la désarmer. Elle ne saisit pas ce qui se trame.

À Vichy, le climat est pour d'autres raisons tout aussi délétère.

Pierre Laval règne, une éternelle cigarette à la bouche, marchant légèrement courbé.

C'est le « maquignon des hommes ». Il flatte, menace, corrompt, surveille son « monde ». « Tout est noir en lui, note un témoin, costume, visage, âme ; la seule tache blanche est celle de sa cravate. »

En ville, la peur augmente chaque jour. On a peur des bandes de Doriot qui insultent, bousculent les parlementaires. Les soldats de Weygand sont à Clermont-Ferrand, les Allemands à Moulins.

Léon Blum ne peut sortir qu'entouré de gardes du corps. On le couvre d'injures. C'est « le Juif », le responsable de la guerre, le président haï du Front populaire.

Léon Blum

La lâcheté est une gangrène que la peur suscite.

Les grands parlementaires – Mandel, Jean Zay, Daladier, Mendès France – sont retenus à Alger. Paul Reynaud n'arrive que le lundi 8 juillet à Vichy.

Les parlementaires, sénateurs et députés, apeurés, n'ont plus de repères. Nombre d'entre eux sont des anciens combattants de 14-18 : ils font confiance à Pétain. Ils se méfient de Laval, mais que faire ? Ils sont divisés. Deux socialistes font même partie du gouvernement Pétain !

Blum écrit : « J'ai vu là pendant deux jours des hommes s'altérer, se corrompre comme à vue d'œil, comme si on les avait plongés dans un bain toxique. Ce qui agissait c'était la peur… C'était vraiment un marécage humain dans lequel on voyait, je le répète, à vue d'œil se dissoudre, se corroder, disparaître tout ce qu'on avait connu à certains hommes de courage et de droiture. »

Laval, dans ce cloaque, manœuvre, usant de la force, de la peur, du désarroi, isolant ceux des sénateurs et des députés qui lui résistent.

Quand, le vendredi 5 juillet, 25 sénateurs anciens combattants veulent remettre à Pétain un contre-projet de constitution, ils doivent attendre un jour et demi, alors que le temps est compté puisque la réunion du Congrès est fixée au mercredi 10 juillet.

Ils remettent leur texte au Maréchal le dimanche 7 juillet. Pétain donne son approbation puis ajoute qu'il leur faudra convaincre Pierre Laval « qui pour cette mission est l'avocat du gouvernement ».

Pétain n'ignore pas que Laval va refuser, ce qu'il fait en effet avec arrogance et impatience.

Laval s'exprime avec la même insolence devant les députés réunis dans l'après-midi du vendredi 5 juillet.

La salle du casino a été aménagée de manière à évoquer l'hémicycle du Palais-Bourbon. Elle n'en est que la caricature dérisoire, un mauvais décor, avec ce premier rang de fauteuils d'orchestre réservé aux membres du gouvernement.

Laval, la tête enfoncée dans les épaules, écoute les députés, perplexes.

« Pourquoi changer la forme du gouvernement ? interroge Marcel Héraud, député du 6ᵉ arrondissement de Paris. Si la République a perdu une guerre, n'oublions pas qu'elle en a gagné une autre… Nos malheurs, c'est aux hommes qu'il faut les attribuer, plus qu'au régime républicain. »

C'est à Héraud que répond Laval, négligeant les autres députés qui sont intervenus.

Il est violent, véhément, emporté par sa rancœur, son mépris de l'institution parlementaire, sa haine de la République.

C'est le moment qu'il attend depuis une décennie, ces années trente, quand il avait élaboré une politique étrangère d'alliance avec l'Italie fasciste.

Ce vendredi 5 juillet 1940, à Vichy, dans cette salle de casino, c'est la revanche des années 1934-1936.

« Nous venons de vivre des années où il importait peu de dire d'un homme qu'il était voleur, escroc, souteneur, voire assassin, martèle Laval. Mais si on disait de lui "c'est un fasciste", alors le pire qualificatif lui était décerné ! Nous payons aujourd'hui le fétichisme qui nous a enchaînés à la démocratie en nous livrant aux pires excès du capitalisme alors qu'autour de nous, l'Europe forgeait, sans nous, un monde nouveau qu'animeraient des principes nouveaux… »

Laval avec une violence méprisante continue de s'adresser à Héraud :

« Vous avez fait un discours, un beau discours… Alors vous vous imaginez que nous avons encore le temps d'écouter des discours ? Vous vous trompez ! C'est fini les discours. Nous ne sommes pas ici, vous, pour les prononcer, nous, pour les entendre ! Nous avons à rebâtir la France ! »

Le silence dans la salle du casino est dense, comme si chacun des parlementaires se terrait, terrifié devant cet homme noir qui tombe le masque, qui dit :

« Nous voulons détruire la totalité de ce qui est. Ensuite, cette destruction accomplie, créer autre chose qui soit entièrement différent de ce qui a été, de ce qui est. »

Il se sent fort. Il attend ce moment depuis si longtemps, qu'il poursuit sur le même ton violent, comme s'il voulait par ses propos extrêmes débusquer ses adversaires, les forcer à l'affronter.

Il lance un véritable ultimatum. Il veut une reddition. Le temps des demi-mesures prudentes est achevé.

« De deux choses l'une. Ou bien vous acceptez ce que nous vous demandons et vous vous alignez sur la Constitution allemande ou italienne ; ou bien Hitler vous l'imposera ! »

Du chantage à la peur ? Pourquoi pas ! Il méprise trop ces « démocrates » pour les ménager.

« Désormais… il n'y aura qu'un seul parti, celui de tous les Français, un parti national qui fournira les cadres de l'activité nationale. »

Il reprend son souffle. Il a dévoilé son projet. Les parlementaires n'ont même pas osé l'interrompre, hurler alors qu'il annonçait la mort de la République, et la naissance d'un État prenant pour modèle le nazisme et le fascisme !

Maintenant qu'ils sont soumis, tétanisés, il peut les voir individuellement, les cajoler. Ils sont devenus des animaux domestiques.

Il éprouve à les flatter, après les avoir fustigés, une jouissance profonde.

Ces députés, ces républicains, vont voter le 10 juillet leur propre mort et celle du régime dont ils ont tant chanté les vertus.

Et que cette Chambre soit celle du Front populaire ajoute un plaisir savoureux à cette victoire politique dont il ne doute pas.

De Gaulle a lu les dépêches qui rapportent les propos de Pierre Laval. Au moins ce « maquignon des hommes » a-t-il eu le cynisme d'afficher son programme politique !

Il veut que la France devienne l'une des provinces de l'Europe nazie. Et ce n'est pas seulement la République qui doit disparaître, mais la nation elle-même ! Le gouvernement Pétain désignera bientôt son ambassadeur à Paris.

Peut-on imaginer plus grande humiliation et plus honteuse vilenie ?

Quelles que soient la cruauté de « l'affreuse canonnade d'Oran » et les souffrances qu'elle a engendrées – 1 297 morts ! –, le choix est clair et le lundi 8 juillet 1940, de Gaulle parle à la BBC.

Il s'était exprimé le mardi 2 juillet. Il avait dit : « L'âme de la France est avec ceux qui continuent le combat. » Mais le drame de Mers el-Kébir n'avait pas encore eu lieu.

Ce lundi 8 juillet, il faut l'affronter.

« J'en parlerai nettement, sans détour, car dans un drame où chaque peuple joue sa vie, il faut que les hommes de cœur aient le courage de voir les choses en face et de les dire avec franchise », commence-t-il.

Il dit sa « douleur », sa « colère » devant ce « drame déplorable et détestable ».

Mais « j'aime mieux savoir, même le *Dunkerque*, notre beau, notre cher, notre puissant *Dunkerque* échoué devant Mers el-Kébir, que de le voir un jour, monté par des Allemands, bombarder des ports anglais ou bien Alger, Casablanca, Dakar.

« En amenant cette canonnade fratricide, puis en cherchant à détourner contre des alliés trahis l'irritation des Français, le gouvernement qui fut à Bordeaux est dans son rôle, dans son rôle de servitude…

« Les Français dignes de ce nom ne peuvent méconnaître que la défaite anglaise scellerait pour toujours leur asservissement… Nos deux grands peuples demeurent liés l'un à l'autre. Ils succomberont tous les deux ou bien ils gagneront ensemble.

« … Quant à ceux des Français qui demeurent encore libres d'agir suivant l'honneur et l'intérêt de la France, je déclare en leur nom qu'ils ont, une fois pour toutes, pris leur dure résolution.

« Ils ont pris, une fois pour toutes, la résolution de combattre. »

Ce lundi 8 juillet 1940, à l'*Olympia Hall*, Daniel Cordier et ses camarades écoutent ce discours de De Gaulle, sur un poste de TSF que Cordier vient d'acheter.

Cordier, au fur et à mesure que les phrases se déroulent, « admire l'audace de cet homme qui exprime sans concession, non pas notre réaction passionnelle mais le point de vue de la France. Sa parole ne traduit pas une opinion mais une politique… Je suis bouleversé par ce discours. L'exposé sans chaleur qui m'a tant choqué lors de sa venue parmi nous le samedi 6 juillet prend, à la lumière de la tragédie de Mers el-Kébir, une grandeur digne du langage de la France. »

22.

C'est la fin de la journée du lundi 8 juillet 1940. Il va être 21 heures, le crépuscule étire, au-dessus de Vichy, ses voiles rouges.

Des gardes mobiles, casqués, baïonnette au canon de leurs mousquetons, montent la garde autour de l'hôtel du Parc où va se tenir le Conseil des ministres, le dernier de la IIIe République, espère Pierre Laval.

Il vient encore de répéter à des députés et à des sénateurs ce qu'il a martelé toute la journée.

« La démocratie parlementaire a perdu la guerre. Elle doit disparaître pour céder la place à un régime autoritaire, hiérarchisé, national et social. »

Et quand il a rencontré des résistances, il a fixé ses contradicteurs de ses yeux mi-clos qui font dire à ses adversaires qu'il a le visage d'un Mongol, et il a dit :

« Si les Assemblées ne comprennent pas leur devoir, gare au coup d'État militaire ! Je vous mets en garde, on nous guette ! »

Il veut créer un climat de peur, terroriser les parlementaires.

Dans les réunions qui se sont tenues toute la journée, ses partisans ont pris à partie les élus réticents. On les a houspillés, insultés.

On a protesté quand on a vu arriver Paul Reynaud, la tête enveloppée dans un large et épais pansement. On a hurlé que c'était un scandale, une provocation de voir siéger le responsable de la guerre, de la défaite, l'employé de la City de Londres.

Ce lundi 8 juillet, le jour où des avions torpilleurs anglais attaquent, dans la rade de Dakar, le cuirassé *Richelieu* qui, heureusement, n'a pas été coulé, et a riposté, comment accepter la présence de l'homme qui voulait vendre la France à Churchill ?

Ces Anglais qui ne se satisfont pas d'avoir assassiné 1 297 marins français à Mers el-Kébir.

Des bandes formées de membres du Parti populaire français de Doriot, des « cagoulards », adhérents de l'organisation fasciste, le CSAR (Comité secret d'action révolutionnaire), responsables de meurtres et d'attentats, parcourent les rues.

Il n'est pas bon de s'appeler Blum, Herriot, Jeanneney, Reynaud, Daladier.

« Le spectacle est affreux », dit Blum.

La peur, la lâcheté, la vénalité, sont à l'œuvre.

« Laval promet ambassades, préfectures et autres emplois avantageux », note Blum.

Dans ce climat, le Conseil des ministres qui se réunit, ce lundi 8 juillet à 21 heures, et que préside encore Albert Lebrun, président de la République, ne fait qu'enregistrer les décisions prises par Laval.

Demain, mardi 9 juillet, la Chambre des députés et le Sénat se réuniront séparément, l'une le matin, l'autre l'après-midi. Les parlementaires voteront le projet de constitution et d'attribution des pleins pouvoirs à Pétain.

Le lendemain, ils se réuniront en Congrès, et cette Assemblée nationale votera à son tour. Et c'en sera fini de la République !

« Chacun, écrit Albert Lebrun, a le sentiment de l'inutilité d'un débat, car on sait par les événements des jours passés que les jeux sont faits. On se sent pris dans une atmosphère lourde, méphitique, qui vous annihile. Moi-même, j'éprouve à présider ce Conseil qui sera le dernier une tristesse profonde. »

Léon Blum et quelques autres sont révulsés, accablés devant la bassesse avec laquelle Laval et ses partisans s'évertuent à donner des gages à Hitler, à singer le régime politique mis en place par le Führer, espérant ainsi attirer ses bonnes grâces.

« Un vaincu ne doit pas être un vassal, tente d'expliquer Léon Blum. S'imaginer que par prévenance aux vœux intimes de Hitler, on apaisera son orgueil et modérera sa haine, est une chimère insensée... Pourquoi supposer d'ailleurs que s'il existait un moyen de fléchir ou de séduire Hitler, ce serait la bassesse ? »

Mais le mardi 9 juillet, les voix discordantes ne peuvent se faire entendre.

Dans la salle du Grand Casino où se réunissent la Chambre des députés – le matin – puis le Sénat – l'après-midi –, les cris jaillissent dès qu'un opposant veut intervenir.

La présence – muette – de Paul Reynaud déclenche la fureur d'un jeune député d'extrême droite, Tixier-Vignancour.

Tixier-Vignancour

Il dépose une motion demandant le jugement et la punition des « responsables du désastre ».

Édouard Herriot, le maire de Lyon, républicain, radical-socialiste qui préside la Chambre des députés – invoque le règlement pour écarter la motion de Tixier-Vignancour.

« Je conteste le règlement qui nous empêche de discuter la punition des coupables alors qu'il permet à Paul Reynaud de venir se montrer dans cette assemblée », répond Tixier-Vignancour.

D'une voix pathétique, Herriot en appelle à l'unité, à l'approbation unanime du projet. Et il rend un vibrant hommage à Pétain.

« Autour de M. le maréchal Pétain, dans la vénération que son nom inspire à tous, notre nation s'est groupée en sa détresse. Prenons garde de ne pas troubler l'accord qui s'est établi sous son autorité. »

395 députés contre 3 votent la résolution gouvernementale. Cette Chambre avait en 1936 apporté son soutien au Front populaire par 384 voix… Blum était président du Conseil.

Aucune personnalité éminente n'a rallié le général de Gaulle à Londres. Mais toutes les élites politiques soutiennent Pétain. Et le grand républicain Herriot donne l'exemple.

Jules Jeanneney, qui préside la réunion du Sénat, dépasse Herriot dans l'hommage à Pétain.

« J'atteste à M. le maréchal Pétain notre vénération et la pleine reconnaissance qui lui est due pour un don nouveau de sa personne… Nous savons la noblesse de son âme…

« À la besogne ! Pour forger à notre pays une âme nouvelle, pour y faire croître force créatrice et foi, la muscler fortement aussi, y rétablir enfin, avec l'autorité des valeurs morales, l'autorité tout court. »

229 députés contre 1 votent le texte du gouvernement qui scelle le tombeau de la République.

Le lendemain matin, mercredi 10 juillet 1940, la Chambre des députés et le Sénat se réunissent à huis clos au Grand Casino, que des cordons de gardes mobiles – casqués, baïonnette au canon – encerclent, vérifiant longuement les identités des parlementaires. Dans la salle, l'atmosphère est tendue, violente, car une dizaine de députés tentent de s'opposer à Laval.

Ils s'inquiètent de « l'alignement sur d'autres régimes ». Mais Laval lit une lettre de Pétain.

« Le vote du projet que le gouvernement soumet à l'Assemblée nationale me paraît nécessaire pour assurer le salut de notre pays. »

Le piège se referme sur tous ceux qui, tels Herriot et Jeanneney, ont chanté les louanges du Maréchal, dont pourtant la pensée politique et les ambitions étaient connues.

Laval, applaudi à tout rompre, peut déclarer :

« Il ne peut donc y avoir aucun doute que c'est bien la pensée du Maréchal sur le projet, que j'exprime ici. »

Et comme il l'a déjà fait la veille, il n'hésite pas à affirmer qu'il veut la fin du régime parlementaire.

« La France a abusé de la liberté, dit-il. C'est pourquoi nous en sommes arrivés là… Un désastre comme celui que nous avons subi ne doit pas laisser subsister des institutions qui l'ont permis. »

Mais il ajoute sur le ton tout à coup de la confidence :

« Savez-vous ce qu'il y a au fond de tout ce que je vous ai dit ? Savez-vous pourquoi surtout nous avons déposé ce projet ? C'est pour faire, retenez-le bien, méditez ce propos avant de venir à la séance publique, c'est pour faire à la France la paix la moins mauvaise possible. »

Le vaincu doit, pour amadouer le vainqueur, l'imiter servilement : tel est le mobile avancé par Laval.

C'est à la fois un prétexte, un moyen de chantage moral et politique, et une habileté de maquignon pour masquer ses intentions dictatoriales ou les faire accepter en fournissant aux députés des excuses… patriotiques.

La séance à huis clos terminée, on part déjeuner au restaurant à la mode, le *Chanteclerc*, où se retrouvent les parlementaires, les diplomates, les journalistes et les belles élégantes.

Puis, peu après 14 heures, on retourne au casino, pour la séance publique.

Quelques députés s'opposent au projet qui donne tous les pouvoirs – exécutifs et législatifs – au maréchal Pétain.

On crie : « Clôture, clôture ! » Et le public – trié – des tribunes mêle sa voix à celles de la majorité des parlementaires qui veulent en finir avec la « discussion générale ».

Jeanneney, qui préside, cède, cependant qu'on empêche, en le retenant par la veste, le député radical Vincent Badie d'accéder à la tribune.

« Le président Jeanneney n'a pas tenu sa promesse, commente Badie. S'il l'avait voulu, malgré tous les hurlements, j'aurais au moins pu lire notre motion de protestation. »

Cela n'eût pas changé les résultats du vote, écrasants.

569 voix contre 80 et 17 abstentions.

La majorité des députés socialistes et radicaux, « républicains farouches », a rejoint ce mercredi 10 juillet 1940 la majorité des « conservateurs ».

La IIIe République est morte.

« Je ne savais pas qu'il y avait tant de lâches et de traîtres dans mon parti », dit le député socialiste Le Troquer, retenu à Alger avec les « passagers » du *Massilia*.

On assure que Weygand a déclaré : « Je n'ai pas eu les Boches mais j'ai eu le régime ! »

Dans la salle du casino, Laval s'est levé. Il est 18 heures, ce mercredi 10 juillet 1940. « Messieurs, au nom du maréchal Pétain, je vous remercie pour la France », déclare Laval.

Les députés l'acclament. Une voix lance :

« Vive la République quand même ! »

Les « 80 » parlementaires qui à Vichy, dans ce climat de peur, se sont opposés à Laval et à Pétain, ont fait preuve de courage.

Ils ont accompli un acte de *résistance*.

23.

En cette mi-juillet 1940, la voix des 80 parlementaires opposés au projet de Laval et de Pétain est étouffée par la majorité écrasante qui a accepté de mettre fin à la République.

Sait-on seulement que Laval est désigné comme successeur de plein droit du Maréchal en cas d'empêchement de ce dernier ?

Et on a déjà oublié le nom de ce président de la République si terne, M. Albert Lebrun.

Dans la matinée du samedi 13 juillet, Pétain lui a rendu visite.

« Monsieur le président, dit Pétain, le moment pénible est arrivé. Vous avez bien servi le pays, et cependant le vote de l'Assemblée nationale crée une situation nouvelle. Je ne suis pas votre successeur puisqu'un nouveau régime commence.

— Soyez sans souci à mon égard, répond Lebrun… L'Assemblée nationale a prononcé. Tous les Français doivent se soumettre. »

Dès le jeudi 11 juillet, Pétain, dans une allocution à la radio, a parlé en chef d'État stigmatisant cette Angleterre qui a attaqué à l'improviste les navires français « immobilisés dans nos ports et partiellement désarmés ».

C'est bien là la perfide Albion.

Il a condamné la « société dévoyée, l'argent trop souvent serviteur et instrument du mensonge, moyen de domination ».

« Dans la France refaite, l'argent ne sera que le salaire de l'effort. »

Fini la devise *Liberté*, *Égalité*, *Fraternité* ! Place à *Travail*, *Famille*, *Patrie*.

« Donnons-nous à la France. Elle a toujours porté son peuple à la grandeur. »

Et Pétain annonce que :

« Le gouvernement se propose de siéger dans les territoires occupés.

« Nous avons demandé, à cet effet, au gouvernement allemand, de libérer Versailles, et le quartier des ministères, à Paris. »

On écoute le vainqueur de Verdun parler en monarque, dire :

« Nous, Philippe Pétain, maréchal de France, déclarons assumer les fonctions de chef de l'État français, décrétons... »

En cette mi-juillet 1940, alors que la moitié du pays est occupée, que des centaines de milliers de réfugiés sont encore sur les routes de l'exode, s'inquiètent pour leurs demeures – peut-être pillées ou détruites –, où l'on ne sait rien encore du sort des prisonniers, les Français ne s'interrogent pas sur le nouveau régime.

Pétain est une icône, dont on n'imagine pas qu'à quatre-vingt-quatre ans il ait d'autres ambitions que de servir le pays.

L'Ordre nouveau ?

Travail, Famille, Patrie : cela rassure parce qu'on gît au fond de l'abîme.

Et quand on est écrasé par les angoisses et les difficultés personnelles, les malheurs de la patrie, on accepte de croire Pétain qui dit :

« Tous les Français fiers de la France, la France fière de chaque Français, tel est l'ordre que nous voulons instaurer. »

Mais en cette veille du dimanche 14 juillet 1940, alors qu'on vient de tuer la République, des Français de toutes opinions, et parmi eux de nombreux monarchistes comme des communistes, refusent de se soumettre à l'Ordre nouveau.

Certains ont réussi à rejoindre la France Libre.

De Gaulle estime à 7 000 le nombre de *Free French* enrôlés dans les « armées » de la France combattante.

Certains, en ces jours de juillet, sont déjà en mission de renseignements en France, sous l'autorité du colonel Passy (un capitaine, polytechnicien, nommé Dewavrin) qui vient de créer ce qui deviendra le Bureau central de renseignements et d'action (BCRA).

Des *réseaux* commencent à se constituer, à l'initiative de quelques Français qui n'acceptent pas la défaite.

Ainsi des ethnologues, Boris Vildé et Germaine Tillion, créent au musée de l'Homme l'un de ces premiers noyaux de résistants.

Boris Vildé

À Brive, Edmond Michelet entreprend de diffuser les tracts qu'il a commencé d'imprimer dès l'annonce de l'armistice.

On lit Péguy : on croit entendre de Gaulle, ou le jeune Daniel Cordier, ou l'un des 80 parlementaires qui se sont opposés à Laval.

« En temps de guerre, celui qui ne se rend pas est mon homme, quel qu'il soit, d'où qu'il vienne et quel que soit son parti, écrit Péguy. Il ne se rend point, c'est tout ce que je lui demande. Et celui qui se rend est mon ennemi, quel qu'il soit, d'où qu'il vienne et quel que soit son parti. »

Les communistes français sont-ils parmi ceux qui se rendent, ou pis, ou bien sont-ils de ceux qui résistent ?

On les a vus solliciter l'ambassade d'Allemagne, à peine Paris était-il occupé. Mais certains militants ont appelé à lutter contre le « fascisme hitlérien ».

En juillet 1940, un texte signé par leurs deux plus importants dirigeants – Maurice Thorez, exilé à Moscou après avoir déserté, et Jacques Duclos – lance un *Appel au peuple de France*.

Daté du 10 juillet, il accuse les « responsables de la guerre, de la défaite, de l'occupation… Les politiciens à la Daladier, à la Reynaud, à la Mandel… le Parti socialiste avec ses Blum… ».

Il dénonce un « Parlement de valets et de corrompus qui ont poussé la France à la guerre pour servir les intérêts des ploutocrates ».

Mais au-delà de ces accusations, qui ne gênent en rien l'occupant, mais au contraire reprennent ses arguments, il affirme que « la France ne deviendra pas une sorte de pays colonisé, jamais un grand peuple comme le nôtre ne sera un peuple d'esclaves… ».

Il appelle à former « le front des hommes libres contre la dictature des forbans, contre le gangster de la politique, Laval ! À la porte le gouvernement de Vichy… ».

Ambigu, attaquant à la fois Blum et Laval, réclamant la paix et n'appelant pas à la résistance, ce texte annonce un changement de politique.

Il s'inscrit dans la multiplication des écrits, des actes, qui refusent l'illusion qu'entretient Pétain.

Et cette floraison se produit moins d'un mois après l'armistice du 25 juin.

On pressent ainsi que l'armistice n'a marqué que la fin du prologue de la tragédie qui va bouleverser l'ordre du monde.

De Gaulle et Churchill l'ont dit.

Laval, Pétain, et leurs partisans sont myopes devant cette réalité.

Hitler, lui, sait bien que ces journées de la mi-juillet 1940 sont cruciales.

Hitler au Berghof.

Les 11 et 13 juillet, il réunit au *Berghof*, au-dessus de Berchtesgaden, ses généraux et l'amiral Raeder. Que faire avec l'Angleterre ?

Le mercredi 10 juillet, les premières attaques aériennes ont eu lieu. Mais la bataille d'Angleterre n'est pas réellement engagée.

« Pourquoi l'Angleterre ne veut-elle pas prendre le chemin de la paix ? » répète Hitler.

Faut-il employer la force pour la contraindre à la paix ?

« Mais, soliloque Hitler, si nous écrasons l'Angleterre militairement, l'Empire britannique se désintégrera et l'Allemagne n'en tirera aucun profit. Avec le sang allemand, nous accomplirons quelque chose dont seuls le Japon, l'Amérique et les autres tireront profit. »

Ce samedi 13 juillet, Hitler écrit à Mussolini, refuse l'offre du Duce de fournir des troupes et de l'aviation italiennes pour l'invasion de l'Angleterre.

« J'ai fait à l'Angleterre tant d'offres d'accord, et même de coopération, écrit-il au Duce, et j'ai été traité avec un tel mépris que je suis maintenant édifié. Tout autre appel à la raison ira au-devant d'un refus, car actuellement ce n'est pas la raison qui gouverne dans ce pays… »

Les *Free French*, qui vivent désormais parmi les Anglais, comprennent eux que c'est la passion patriotique, la volonté de rester libres et souverains qui habitent Churchill et les Anglais.

Et si des milliers d'Anglais – dont Mme Churchill – acclament, le dimanche 14 juillet, de Gaulle qui, en compagnie de l'amiral Muselier, passe en revue quelques centaines d'hommes – des légionnaires et des fusiliers marins –, c'est parce que de Gaulle et les Français Libres expriment les mêmes sentiments.

De Gaulle passant en revue les troupes à Londres, le 14 juillet 1940.

« Au fond de notre abaissement, dit de Gaulle, ce jour doit nous rassembler dans la foi, la volonté, l'espérance. »

Dans l'après-midi de ce dimanche de fête nationale, il a invité les « Volontaires » au cinéma *New Victoria Theater*. La foule, regardant passer ces jeunes hommes qui marchent au pas par rangs de trois, crie « Vive de Gaulle ! Vive la France ! ».

De Gaulle arrive à 14 heures, s'installe au premier rang, enlève son képi puis, seul debout, s'adresse aux « Volontaires » :

« Le 14 juillet, symbole de liberté, est aujourd'hui un jour de deuil pour la France trahie... Je vous ai conviés à fêter notre volonté d'être fidèles à la France. »

« Cet après-midi, écrit Daniel Cordier, présent dans la salle, nous sommes davantage ses enfants que ses soldats.

« Après son discours, nos applaudissements – les premiers à son égard – prouvent que, quels que soient le lieu ou le ton de sa harangue, nous sommes dévoués à une cause que seuls nous avons choisie. Désormais, il l'incarne pour nous. »

SIXIÈME PARTIE

Lundi 15 juillet
—
Mercredi 30 octobre 1940

« C'est dans l'honneur et pour maintenir l'unité française, une unité de dix siècles, dans le cadre d'une activité constructive du nouvel ordre européen, que j'entre aujourd'hui dans la voie de la collaboration...
« Je vous ai tenu jusqu'ici le langage d'un père ; je vous tiens aujourd'hui le langage du chef. Suivez-moi. Gardez votre confiance en la France éternelle. »

Maréchal PÉTAIN
mercredi 30 octobre 1940

24.

En ces jours et ces nuits de la mi-juillet de l'an quarante, plus de trois millions de réfugiés, peut-être quatre, que l'offensive allemande du mois de mai a jetés sur les routes de l'exode, essayent de rentrer chez eux, l'angoisse dévorant leur cœur, la fatigue, la faim et la soif rongeant leur corps.

Ils découvrent qu'une véritable frontière avec ses postes de contrôle, des soldats allemands qui vous dévisagent, vous obligent à vous aligner, à présenter vos papiers attestant votre identité, votre domicile, partage la France en deux zones.

Au nord de cette *ligne de démarcation*, la zone occupée sous l'administration allemande représente les trois cinquièmes du territoire.

La zone libre ne couvre que le centre et le sud du pays, et s'étend le long de la Méditerranée.

D'un côté Paris, où les music-halls rouvrent, dont les cafés ont ressorti leurs terrasses.

De l'autre, Vichy, où s'entassent dans les hôtels les services de ce gouvernement dont le maréchal Pétain est le chef.

À Paris, les *girls* s'exhibent au *Palace*, au *Concert Mayol*, aux *Folies-Bergère*, au *Lido*, au *Casino de Paris*.

On lève haut la jambe sur les planches où l'on présente des revues à grand spectacle, *Amour de Paris*, *Voilà Paris*, *Folies d'un soir*…

Le champagne pétille dans les coupes qui s'entrechoquent. Et les spectateurs sont en uniforme *feldgrau*.

Les occupants ont leurs salles de cinéma, le *Rex*, le *Paris*, le *Marignan* sur les Champs-Élysées et les grands boulevards, leurs hôtels rue de Rivoli.

Tout le quartier de l'avenue Kléber est réservé aux administrations de guerre des occupants.

Partout, des drapeaux à croix gammée, des panneaux de signalisation aux carrefours pour les véhicules allemands qui traversent la capitale.

Le Grand Palais est un immense garage pouvant contenir 1 200 camions ! L'École polytechnique, l'École normale supérieure sont des casernes. Le palais du Luxembourg abrite l'état-major de la Luftwaffe.

Depuis le mercredi 10 juillet, des bombardiers, Heinkel III, Dornier 17, Junkers 88, des chasseurs Messerschmitt 109 et 108, sont dirigés, à partir de ce quartier général où Goering s'est fait aménager une résidence luxueuse, vers les ports du sud de l'Angleterre. Ce ne sont encore que des escadrilles de quelques dizaines d'appareils mais Southampton, Portsmouth, Plymouth sont frappés.

Les navires anglais sont attaqués dans la Manche. Les Spitfire et les Hurricane vont à leur rencontre et des combats s'engagent, puis le ciel s'apaise, comme si le prologue venait de se terminer et qu'on se préparait au lever de rideau sur la grande dramaturgie que sera l'assaut contre l'Angleterre.

Le dimanche 14 juillet, Churchill est intervenu à la radio. La voix est frémissante tant l'énergie qui la porte est puissante. Personne ne peut douter de la résolution de cet homme qui semble né pour affronter cette tempête-là, celle où se joue le sort de l'Angleterre et de son Empire.

« Ici, dit-il, dans ce puissant lieu d'asile qui abrite les documents du progrès humain, ici, entourés de mers et d'océans où règne notre flotte, ici, nous attendons sans crainte l'assaut qui nous menace. Peut-être viendra-t-il aujourd'hui, peut-être viendra-t-il la semaine prochaine, peut-être ne viendra-t-il jamais… Mais que notre inquiétude soit violemment brève ou lente, ou les deux, nous n'accepterons aucun compromis, nous ne consentirons pas à parlementer, nous exercerons peut-être une certaine clémence, mais nous n'en solliciterons pas. »

Ce même jour, de Gaulle écrit dans le premier numéro d'une publication de la France Libre, *Quatorze Juillet*, qui porte en sous-titre la devise républicaine *Liberté, Égalité, Fraternité* :

« Il n'y a plus de fête pour un grand peuple abattu… Mais le 14 juillet 40 ne marque pas seulement la grande douleur de la patrie, c'est aussi le jour d'une promesse que doivent se faire les Français. »

Il faut résister, se battre, vaincre.

« Eh bien, ajoute de Gaulle, puisque ceux qui avaient le devoir de manier l'épée de la France l'ont laissée tomber, brisée, moi j'ai ramassé le tronçon du glaive. »

À Londres, à l'*Olympia Hall*, le lundi 15 juillet, Daniel Cordier et ses camarades de la 1re compagnie reçoivent uniformes et trousseaux. Le mot « France », brodé en blanc sur fond kaki, doit être cousu sur les manches du blouson britannique.

« Au rapport du soir, la section prend une allure martiale dont nous sommes très fiers. »

Parmi ces jeunes hommes, un « vieux » sergent de trente-cinq ans, professeur, simple, direct, courtois, empreint d'une gentillesse naturelle qui le rend attentif aux autres. Il se nomme Raymond Aron, et Daniel Cordier l'écoute analyser la situation avec une lucidité et une rigueur implacables.

« Il y a un mois que Pétain a demandé l'armistice, dit Aron. Les Allemands occupent la moitié du pays. Nous sommes ici une poignée de volontaires. L'armée française qui stationnait en Grande-Bretagne a rejoint avec armes et bagages le Maroc. Pourtant, c'est ici que se joue l'avenir de la liberté, de la démocratie. »

Cordier est subjugué. La simplicité et le style oral d'Aron transforment les ténèbres en lumière.

« Si Hitler ne débarque pas ici et n'est pas vainqueur cet été, il perdra la guerre, ajoute Aron. Mais la victoire n'est pas pour demain. En attendant, il n'y a pas d'autre voie que de préparer la bataille, ni d'autre issue que la victoire. »

Ce mot de « victoire », à Vichy, autour de Laval et de Pétain, rime avec Allemagne.

Personne ne semble imaginer que le Reich puisse être vaincu par cette Angleterre isolée.

Hitler se prépare à signer un pacte à trois, associant le Japon et l'Italie au Reich.

Toute l'Europe continentale est sous le contrôle de l'armée allemande. La Russie de Staline, si elle élargit son glacis, livre scrupuleusement au Reich produits agricoles et matières premières.

Et les communistes, orchestrés par le Komintern – l'*Internationale* que dirige Moscou –, appellent à la paix et non à la résistance. À Bruxelles comme à Paris, ils condamnent les « ploutocrates » stipendiés de Londres et juifs, bien entendu.

Ce sont eux les responsables de ce déclenchement de la guerre : Blum et Mandel, Daladier et Reynaud, coupables, et non pas M. Hitler ! Ces propos sont le décalque de la propagande allemande.

À Vichy, on veut donc faire entrer la France dans le nouvel ordre européen que construit autour d'elle l'Allemagne. Et pour cela, il faut en finir avec le « système » républicain, responsable du désastre.

Pétain, Laval, Darlan, Weygand « veulent faire table rase de tout ce que la France a représenté au cours des deux dernières générations », constate un diplomate américain.

Adrien Marquet, le plus proche de Laval, dresse le réquisitoire du régime vaincu.

« C'est une politique néfaste, économique et sociale épuisée qui, au premier choc des armées allemandes, s'est effondrée sur nos têtes. Nous sommes sous les décombres du régime capitaliste libéral et parlementaire. »

Et Baudouin, secrétaire d'État aux Affaires étrangères, ajoute :

« Nous avons vécu vingt ans d'erreurs et de mécontentement. Nous vivions sous une caricature de démocratie. Depuis des années, la France a vécu sous le régime de la lâcheté et du mensonge… »

C'est à l'hôtel du Parc, situé au centre de Vichy, que s'élabore la politique du gouvernement Pétain.

Pétain à la sortie de l'hôtel du Parc.

Le Maréchal dispose au troisième étage d'un bureau et d'une chambre. Dans la pièce voisine, loge l'officier d'ordonnance, le capitaine Bonhomme, jalousé par tous les intrigants, et d'abord par le docteur Ménétrel qui peu à peu deviendra le plus proche des collaborateurs du Maréchal.

Tout ce troisième étage est consacré aux services de la présidence du Conseil.

Au premier étage, est situé le ministère des Affaires étrangères ; et au second, Pierre Laval, vice-président du Conseil. Laval peut ainsi contrôler les allées et venues des uns et des autres. Car l'hôtel du Parc comme l'hôtel Majestic, et tous les lieux investis par le gouvernement Pétain et ses rouages, grouillent d'intrigues.

Gouverner et représenter la France dans ces conditions est une gageure.

Mais Pétain et ses ministres ont la certitude que la paix est proche, et les Allemands ont promis, lors des discussions d'armistice, qu'ils laisseraient le gouvernement s'installer à Paris et à Versailles.

On vit avec cet espoir.

Le soir, Laval rentre chez lui, dans sa propriété de Châteldon.

Pétain, au milieu de l'après-midi, fait une courte promenade dans le parc de l'hôtel. On l'entoure. Il embrasse les enfants. Les femmes pleurent d'émotion en le voyant. Les hommes – presque tous sont d'anciens combattants de 14-18 – se mettent au garde-à-vous. Il est le Père, le Patriarche glorieux, juste, mesuré, mais rigoureux, voire sévère. Il est celui qui dit la vérité.

Un culte s'organise autour de sa personne.

De Gaulle, pour les *Free French*, a dit Daniel Cordier le 14 juillet, est l'incarnation de la cause de la France.

Mgr Gerlier, cardinal, primat des Gaules, proclame : « Pétain, c'est la France. »

« Quelle faveur de vivre au temps d'un homme dont on sait déjà qu'il dépassera l'Histoire et qu'il entrera d'emblée dans la Légende », écrit René Benjamin, hagiographe du Maréchal.

Paul Claudel, écrivain d'une autre envergure, tresse une ode au Maréchal.

« France, écoute ce vieil homme qui sur toi se penche et qui te parle comme un père.

« Fille de Saint Louis, écoute-le et dis “En as-tu assez maintenant de la politique ?”

« Écoute cette voix raisonnable sur toi qui propose et qui explique

« Cette proposition comme de l'huile et cette vérité comme de l'or… »

Au côté de la silhouette auréolée du Maréchal, apparaît, débraillé, mal rasé, courtaud, le mégot au coin des lèvres, Pierre Laval.

C'est l'image même du « politicien », tel que le caricaturent les militaires qui vénèrent le Maréchal.

Autour de Laval gravitent des journalistes, des affairistes, aux origines incertaines. Comment le Maréchal et le vice-président du Conseil, si différents, pourraient-ils s'entendre durablement ?

Mais Laval semble irremplaçable. Il a, le mercredi 10 juillet 1940, organisé le meurtre de la IIIe République dans les formes d'apparence régulières. Si bien que trente-deux gouvernements étrangers ont immédiatement reconnu l'État français, issu d'un vote et dont la légalité et la légitimité ne peuvent être mises en doute.

Ou alors il faudrait évoquer le coup d'État masqué, la présence des « bandes » dans Vichy, des troupes allemandes à Moulins. Il faudrait déchirer le rideau tendu par la lâcheté, la peur et l'habileté.

Seuls les Français Libres le font.

Mais les États-Unis, l'URSS, le Vatican ont maintenu auprès du nouveau chef de l'État leurs diplomates accrédités. Vichy peut, juridiquement, prétendre qu'il représente la France et qu'il est issu de votes réguliers des Assemblées réunies en conformité avec les lois de la République.

Ce succès parlementaire, Laval se l'attribue. Mais le Maréchal estime que c'est sa personne, sa réputation, son aura qui ont permis de l'emporter. Laval n'a été qu'un valet d'armes ! Et Pétain le chevalier.

Les deux hommes sont ainsi liés et opposés.

Le Maréchal ? Une « potiche », dit à qui veut l'entendre Laval. « Un vieux schnock », ajoute l'entourage du vice-président du Conseil.

Laval ?

Pétain fait une moue dédaigneuse et dit :

« Avez-vous vu comme M. Laval me souffle dans le nez la fumée de ses cigarettes, comme il est sale ? Il me dégoûte et me fait horreur. »

En fait, Pétain, vieux militaire, aspire à gouverner seul, tel un autocrate, que sa surdité isole, qui n'entend pas dans le brouhaha d'un débat.

« Dans le gouvernement de Paul Reynaud nous étions plus de vingt, je n'y entendais rien, confie-t-il. Aujourd'hui, nous ne sommes plus qu'une douzaine et c'est déjà beaucoup mieux ; demain que je réduise à cinq, six, et ce sera tout à fait bien...

« Il faudrait que je puisse commander à trois hommes, qui commanderaient à quinze, lesquels commanderaient à cent. Et ainsi de suite la pyramide. »

Comment un tel pouvoir, s'exerçant sur à peine les deux cinquièmes du territoire national, pourrait-il faire jeu égal avec la machine militaire allemande ? Celle-ci met en place toute une bureaucratie qui organise le pillage systématique des biens de toutes sortes.

D'autres bureaux s'occupent de susciter des « partis » politiques en finançant ces formations dévouées à la « collaboration ».

Des services doublent et gèrent les administrations françaises : ainsi, les voies ferrées sont surveillées par un personnel allemand. Dans les prisons, des « quartiers » sont administrés par les Allemands.

Tout le pays – y compris la zone libre – est enserré dans un réseau policier, dans la trame des services de renseignements : Gestapo, Abwehr (sécurité militaire).

L'ambassadeur Otto Abetz

L'ambassadeur allemand Otto Abetz, qui s'installe à Paris dans les heures qui suivent l'occupation de la capitale, a tissé, dès les années trente, des liens nombreux avec les milieux politiques français. Il œuvrait dans le cadre de l'amitié franco-allemande. Il a été expulsé par le gouvernement français en juin 1940.

De retour à Paris, il précise ses objectifs aux chefs de service de l'ambassade.

« L'intérêt du Reich, écrit-il, exige d'une part le maintien de la France dans un état de faiblesse intérieure et d'autre part son éloignement des puissances étrangères ennemies du Reich…

« Tout doit être entrepris du côté allemand pour amener la désunion intérieure et l'affaiblissement de la France.

« Le Reich n'a donc aucun intérêt à soutenir les vraies forces populaires ou nationales en France.

« Au contraire, il faut appuyer les forces propres à créer les discordes ; ce seront tantôt les éléments de gauche, tantôt les éléments de droite. »

Et des Français se précipitent à l'ambassade allemande : communistes qui souhaitent la reparution de leurs journaux, anciens socialistes pacifistes et proallemands, tel Marcel Déat, ou militants du parti de Jacques Doriot.

Et Abetz se montre généreux.

La corruption est un ressort majeur de la politique nazie.

Ainsi, c'est un pouvoir totalitaire qui étend son emprise sur la zone occupée d'abord, mais dont les ramifications pénètrent peu à peu la zone libre.

Des agents de la Gestapo la sillonnent, se font livrer par Vichy des réfugiés allemands, personnalités ou simples engagés dans la Légion étrangère française et dont on imagine le sort.

La population de la zone libre n'est pas consciente de cette réalité. Elle célèbre le culte de Pétain. Elle imagine que la politique du Maréchal la protège.

Or Vichy, dès le mardi 16 juillet, publie un décret qui déchoit de leur nationalité française des Juifs trop récemment naturalisés. Et des lois antisémites discriminatoires commencent à être élaborées.

Dans la zone occupée, même si on continue de côtoyer sans agressivité ces Allemands qui sont « corrects », qui « occupent » la terrasse du *Café de la Paix* et les fauteuils des music-halls, on sent peser la toute-puissante présence allemande.

Les horloges sont réglées sur celles d'Europe centrale. C'est l'« heure allemande », deux heures de retard par rapport au soleil, « il semble que Paris ait été transporté sous le cercle polaire ».

Le *black-out*, très strict, l'interdiction de circuler après 23 heures, créent un climat de peur, d'angoisse.

Chaque jour, les Allemands défilent le long des Champs-Élysées ou dans la rue de Rivoli.

Des motocyclistes précédant les troupes font le vide, obligent les véhicules à stopper. Dans de nombreuses rues – et très souvent au centre de la capitale –, flottent des drapeaux à croix gammée, signalant les bâtiments occupés par les Allemands. Les théâtres – l'*Empire*, avenue de Wagram, le *Palais de Chaillot* – sont réquisitionnés et arborent l'oriflamme nazie.

Les Parisiens subissent, souvent fascinés par cet « ordre » allemand, la perfection de la parade avec cet officier qui, sabre au clair, caracole devant la garde du drapeau. Puis les Français se détournent, humiliés, avec un sentiment diffus de désespoir et de révolte.

Ils font la queue devant les boutiques. La nourriture est rare, souvent vendue sous le manteau, hors de prix, « au marché noir » qui s'installe dès ce mois de juillet 1940.

Les rations alimentaires sont maigres. Un système de « cartes d'alimentation » se met en place, donnant droit à 250 grammes de pain et 15 grammes de matière grasse par jour, 150 grammes de viande et 40 grammes de fromage par semaine, et 500 grammes de sucre par mois.

La recherche de produits alimentaires devient une obsession.

Cependant, les « restaurants de grande classe, note un journaliste, offrent des menus abondants et variés. Mais ils sont fréquentés presque exclusivement par des officiers allemands. Dans celui où j'ai déjeuné pour une cinquantaine de francs, j'étais le seul Français… Vers la fin de l'après-midi, je me suis rendu chez *Maxim's*, au *Colisée* et au *Fouquet's*. Ces cafés très parisiens étaient le rendez-vous de ce qu'il y a de plus haut gradé dans la garnison allemande d'occupation : des commandants, des colonels, des généraux… L'élément féminin habituel ne manquait pas… J'ai éprouvé une certaine surprise en voyant avenue des Champs-Élysées un car plein de touristes allemands, hommes et femmes. Déjà les "excursions à Paris" avaient commencé. Les agences allemandes de voyages ne perdent pas de temps ».

Le reportage est publié le samedi 13 juillet dans *L'Illustration*.

Certains Parisiens que révolte ce que l'un d'eux appelle « l'atroce spectacle de cette lâcheté et de cet égarement » couvrent de graffitis les affiches allemandes au risque de leur vie.

Le journaliste Jean Texcier commence à écrire le dimanche 14 juillet ses *Conseils à l'Occupé*, riposte spontanée qui marque la naissance de la presse clandestine puisque ces *Conseils* seront imprimés, diffusés.

« Fais-en des copies que tes amis copieront à leur tour. » Bonne occupation pour des occupés.

« Étale une belle indifférence mais entretiens secrètement ta colère. Elle pourra servir. »

« Depuis que tu es occupé, ils paradent en ton déshonneur. Resteras-tu à les contempler ? Intéresse-toi plutôt aux étalages. C'est bien plus émouvant car au train où ils emplissent leurs camions tu ne trouveras bientôt plus rien à acheter… »

« Les quotidiens de Paris ne sont même plus pensés en français, écoute la radio anglaise… »

L'émission de la BBC animée par Maurice Schumann, *Ici Londres, les Français parlent aux Français*, reprend au cours de l'été ces *Conseils à l'Occupé*.

Ainsi, dès cette mi-juillet 1940, l'opinion française échappe à la machine de propagande allemande, et accède au moins, grâce à la BBC, à une source d'information différente.

Maurice Schumann

Les premiers actes de résistance apparaissent. Ils sont souvent spontanés.

Sur une affiche condamnant l'Angleterre, après Mers el-Kébir, on peut lire « le combat que mène l'Angleterre contre l'Allemagne c'est notre combat ».

Quand, le mercredi 17 juillet, le journal *Ouest France* annonce le décès à Paimpont de Mme Jeanne Maillot, chacun comprend que le nom de De Gaulle a été censuré, parce qu'on sait qu'elle est la mère du Général.

L'église de Paimpont est envahie par les fidèles. Un détachement de gendarmerie, sous le commandement d'un capitaine, présente les armes, en dépit de l'interdiction des Allemands.

La tombe est régulièrement fleurie, et les gens emportent en souvenir de petits cailloux entourant la dalle.

Or, au moment même où s'exprime cet instinct patriotique, Hitler exige que le gouvernement de Vichy transforme la France en État satellite en abandonnant même la fiction entretenue de la souveraineté.

Le mardi 16 juillet, le général Weygand reçoit un ultimatum du général von Stülpnagel, exigeant que la France remette des ports de la Méditerranée, des aérodromes au Maroc, des stations météo, le chemin de fer de Tunis à Rabat aux mains des Allemands.

« Le Führer et commandant en chef de l'armée attend, écrit Stülpnagel, que le gouvernement français lui accorde l'appui qu'il juge nécessaire pour poursuivre d'une manière efficace sa lutte contre l'Angleterre. »

Tout en constatant que ce sont là des « demandes exorbitantes », le gouvernement Pétain veut « ouvrir des discussions » ; même s'il refuse de céder aux Allemands, qui remettent en cause la souveraineté française sur son Empire.

Laval, en dépit des réticences de Pétain, décide de se rendre auprès d'Abetz à Paris.

Le vendredi 19 juillet, Pétain reçoit Laval.

« Tous les renseignements concordent pour affirmer que les Allemands ne vous aiment pas », dit avec mépris le Maréchal.

Mais Laval n'en a cure. Il veut être celui qui ouvre et conduit le dialogue avec les Allemands. Il pense qu'il est le seul à comprendre que la collaboration avec l'Allemagne contre l'Angleterre est nécessaire et souhaitable. Tôt ou tard, ce choix s'imposera.

Il le dit à Abetz.

« Dans l'intérêt de son pays, rapporte Abetz, Laval souhaite rechercher sur le sol français les bases d'un travail de collaboration avec le gouvernement du Reich… » « Est-il dans l'intérêt allemand de garder une attitude irréconciliable lorsqu'on vient lui offrir de collaborer sans arrière-pensée au bien de l'Europe ? » lui demande Laval.

Abetz écoute, décide de se rendre à Berlin pour rapporter les propos de Laval.

Il sait que l'heure est à la préparation de l'assaut contre l'Angleterre et la proposition de Laval peut, dans cette perspective, être utile.

C'est le mardi 16 juillet que Hitler a rédigé la *Directive n° 16* pour la préparation d'une opération de débarquement contre l'Angleterre.

Le nom de code de l'opération est *Seelöwe – Otarie*.

« QG du Führer
« 16 juillet 1940

« *Ultra secret*

« Puisque l'Angleterre, en dépit de sa situation militaire sans issue, ne manifeste aucune intention d'en venir à un arrangement, j'ai décidé de préparer une opération de débarquement et de *l'exécuter si nécessaire*.

« Le but de cette opération est d'éliminer la métropole anglaise en tant que base pour continuer la guerre contre l'Allemagne et, si ça devait être nécessaire, de l'occuper entièrement. »

« *De l'exécuter si nécessaire* » : Hitler est sur le seuil.

Il hésite encore ce vendredi 19 juillet à 19 heures quand il se lève pour s'adresser aux membres du Reichstag, réuni à l'opéra Kroll à Berlin[1]. Il parle bruyamment, mêle la détermination du chef de guerre à l'habileté d'un politicien retors.

Il interrompt son discours pour remettre à Goering le bâton de maréchal du Reich – Reichsmarschall – et celui de Feldmarschall à douze généraux.

C'était une manière spectaculaire de rappeler la puissance militaire du Reich victorieux.

Puis il reprend, accusant Churchill et les hommes politiques anglais de sacrifier leur peuple :

« Je ne sais pas si ces politiciens ont déjà une idée juste de ce que signifiera la poursuite de la lutte... C'est du Canada qu'ils continueraient la guerre ? Le peuple lui, j'en ai peur, devrait rester en Angleterre et il verra la guerre avec d'autres yeux que ceux de ses soi-disant chefs réfugiés au Canada. »

Les applaudissements déferlent.

« Croyez-moi, messieurs, je ressens un profond dégoût pour ce type de politiciens sans scrupule qui causent la ruine de nations entières. Il m'est presque douloureux de penser que j'aurai été choisi par le destin pour porter le coup final à la structure que ces hommes ont déjà ébranlée. M. Churchill sera sans doute déjà au Canada où l'argent et les enfants de ceux qui ont intérêt à faire la guerre ont déjà été expédiés...

« Pour des millions d'autres êtres cependant un lourd calvaire va commencer. M. Churchill devrait peut-être pour une fois me croire quand je prédis qu'un grand Empire sera détruit, un Empire que je n'ai jamais eu l'intention de détruire ni même d'affaiblir.

« Je ne suis pas le vaincu qui mendie des faveurs, mais le vainqueur qui parle au nom de la raison.

« Je ne vois aucun motif de prolonger cette guerre. »

---

1. Le Reichstag détruit lors de l'incendie du 25 février 1933 et dont les nazis ont accusé les communistes de l'avoir suscité n'a pas été reconstruit.

La salle se dresse, salue, bras tendu.

Au premier rang, Ciano, le ministre des Affaires étrangères italien, qui tout au long du discours a bondi comme un diable de sa boîte pour faire le salut fasciste chaque fois que Hitler reprenait son souffle, se hausse sur la pointe des pieds, le corps arqué, image de la servilité et de la vanité.

Le journaliste américain William Shirer se mêle aux députés, aux officiers invités du Führer. Tous sont enthousiastes, persuadés que l'Angleterre acceptera l'offre du Führer.

Shirer s'étonne. Il n'y a aucune offre précise dans le discours de Hitler, fait-il remarquer.

Puis Shirer se rend à la radio, pour lire son reportage, à destination des États-Unis. Il entend la BBC, qui rejette l'offre de paix de Hitler. Le discours n'est qu'un leurre grossier, explique-t-on.

La BBC a réagi sans même consulter le gouvernement et sans avoir reçu de directive, confirme au téléphone un journaliste anglais interrogé par Shirer.

Autour de Shirer, les visages des Allemands se figent.

« Pouvez-vous comprendre cela ? crie l'un d'eux. Pouvez-vous comprendre ces idiots d'Anglais ? Refuser la paix maintenant ? Ils sont fous. »

25.

Dans les dix derniers jours du mois de juillet 1940, Hitler, ses généraux, ses diplomates, doivent s'en convaincre : ces « fous d'Anglais » rejettent toute idée d'arrangement, et se moquent même ou traitent avec dédain le discours du Führer, prononcé le vendredi 19 juillet.

Les journaux des pays neutres, suédois, américains, suisses, argentins, rapportent tous que l'Angleterre est devenue une sorte de fourmilière dans laquelle on aurait introduit un corps étranger.

Partout, dans les jardins, dans les champs même, on creuse des tranchées.

Autour des édifices publics, on entasse des sacs de sable.

De vieux messieurs, casque sur la tête, masque à gaz en bandoulière, deviennent des chefs d'îlots, des observateurs fixant le ciel, transmettant à des centres d'opérations des indications sur la route suivie par les escadrilles allemandes dès lors qu'elles abordent la côte anglaise.

On voit des réservistes faire l'exercice avec pour toute arme des bâtons.

Ces « fous d'Anglais » veulent se battre, et Halifax, le lord dont Hitler pensait qu'il pouvait incarner une autre politique qui déboucherait sur un compromis avec l'Allemagne, répond lui-même, le lundi 22 juillet, au discours du Führer, par un « non » énergique à toute négociation.

Et cependant, les généraux invités par Hitler dans sa résidence de l'Obersalzberg ou dans l'un de ses quartiers généraux sont surpris. Hitler ne paraît pas affecté par l'attitude anglaise, comme s'il n'avait jamais vraiment envisagé la traversée de la Manche.

« Sur terre, je suis un héros, confie-t-il d'un ton léger à von Rundstedt, mais sur l'eau je suis un poltron ! »

En même temps, le Führer explique à l'ambassadeur d'Italie Alfieri, et au ministre Ciano, que son discours du 19 juillet était destiné d'abord à l'opinion publique, et qu'il n'avait jamais cru à une réponse anglaise positive.

« Cela, dit-il, a toujours été une bonne tactique, de rendre l'ennemi responsable aux yeux de l'opinion publique, en Allemagne et ailleurs, des événements à venir. Cela renforce le moral et affaiblit celui de l'ennemi. Une opération comme celle que l'Allemagne projette sera très sanglante. Il faut donc convaincre l'opinion publique que tout a été fait au préalable pour éviter cette horreur. »

Mais lorsque, marchant parmi ses généraux et ses amiraux sur la terrasse de son immense « chalet » de l'Obersalzberg, il les écoute, tête baissée, on le sent presque satisfait de leur prudence et même de leurs réserves.

L'amiral Raeder est le plus réticent. Il lui faudrait, dit-il, pour transporter les troupes, 1 722 chalands, 1 161 vedettes, 471 remorqueurs et 155 navires de transport.

Raeder ajoute que cette armada ne serait pas à l'abri d'une attaque dévastatrice de la Royal Navy. Par ailleurs, « l'opération ne peut être conduite que si la mer est calme ».

En outre, rassembler un si grand nombre de chalands et de remorqueurs paralyserait l'activité fluviale et donc la vie économique allemande !

« Tout bien considéré, conclut Raeder, la meilleure époque pour l'opération serait mai 1941 ! »

Hitler reste longtemps silencieux, puis déclare qu'on ne peut pas attendre si longtemps, mais « des opérations de diversion en Afrique doivent être étudiées ».

Puis il précise qu'il faut préparer le déclenchement de l'opération *Seelöwe* pour le 15 septembre 1940... ou, en effet, mai 1941 !

Il ne cherche pas à dissimuler ses hésitations, ses réticences.

Tout à coup, il parle de la Russie, avec détermination. « Il faut, dit-il, régler la question russe. »

Staline vient de transformer la Lettonie, la Lituanie, l'Estonie en républiques soviétiques. Les Roumains demandent que des divisions blindées viennent protéger les champs de pétrole de Ploiesti que les Russes menacent.

Hitler se tait, les généraux font cercle autour de lui.

« L'Angleterre refuse la paix, dit-il, parce qu'elle espère conclure une alliance avec les Russes !

« Mais si la Russie est vaincue, que restera-t-il à M. Churchill ? Le Canada ? Les États-Unis ? Encore faut-il que l'opinion publique britannique soit toujours résolue à faire la guerre.

« Tout va dépendre de la Luftwaffe », conclut Hitler.

Il dicte peu après la *Directive n° 17* pour « la conduite de la guerre aérienne et navale contre l'Angleterre ».

Il faut écraser l'aviation anglaise, les ports, spécialement ceux utilisés pour l'approvisionnement en nourriture.

« Je me réserve la décision des attaques terroristes de représailles », précise Hitler avant d'ajouter : « La guerre aérienne intensifiée peut commencer le 6 août 1940. »

Il s'interrompt, murmure : « Le 6 août au plus tard. »

Puis, comme s'il était libéré d'avoir trouvé une issue, il ajoute :

« Si l'effet des attaques aériennes est tel que l'aviation ennemie, les ports, les forces navales, etc., sont gravement endommagés, l'opération *Seelöwe* sera exécutée en 1940, le

15 septembre. Autrement, elle sera retardée jusqu'en mai 1941. »

Il poursuit d'une voix martiale, regardant chacun des généraux qui l'entourent. Il charge le Grand État-major de la Wehrmacht – l'OKW – de commencer à préparer l'attaque contre la Russie.

Les généraux Keitel, von Brauchitsch, Jodl, baissent cérémonieusement la tête, le corps raidi, les talons joints.

Qui, dans le Paris occupé de ce mois de juillet 1940, peut imaginer ce qui se trame dans la vaste résidence de Hitler d'où l'on domine les cimes de l'Obersalzberg ?

Les journaux sont autorisés à paraître, financés, contrôlés par les autorités allemandes. Un certain lieutenant Weber est chargé des relations avec la presse.

Étranges journaux que les Parisiens feuillettent avec surprise et dédain. Et l'Angleterre y occupe la première place.

Le Matin titre ainsi :

« La réponse de Pétain, grand soldat, à M. Churchill, petit politicien. »

La conclusion de l'article est délirante. On lit :

« As-tu compris, Israël ?

« Si tes fils camouflés en nationaux anglais n'abaissent ni leurs plumes ni leurs armes, ils seront anéantis avec toutes tes entités, tes slogans et tes termes !

« Telle est la volonté du Christ social !

« Alors l'Allemagne victorieuse et la France vaincue formeront les assises inébranlables du grand peuple aryen de l'Europe. »

Dans le journal *Les Dernières Nouvelles* – dont la durée de vie sera courte –, on apprend, le 23 juillet, que Lloyd George a gagné quarante députés anglais à l'idée d'une négociation avec l'Allemagne. Invraisemblable !

Et le même quotidien recense les « bobards » qui circulent à Paris.

« Ce sont les Anglais qui ont débarqué à Dunkerque, qui occupent Lille, ou qui ont repris Bordeaux. »

Et le journal de conclure :

« Insanités pour qui veut réfléchir, mais qui contribuent à entretenir un déplorable état d'esprit chez des gens dont les nerfs ont été mis à rude épreuve jusqu'au 15 juin dernier.

« Méfiez-vous des fausses nouvelles. Elles n'ont qu'un seul but : empêcher le redressement de la France ! »

En fait, si les Parisiens accordent du crédit à ces rumeurs et les colportent, c'est qu'au fond d'eux-mêmes l'espoir d'un retournement miraculeux de la situation demeure vivace.

Seule une minorité s'enthousiasme à la prose enflammée d'Alphonse de Châteaubriant, écrivain et essayiste de renom qui, dans l'hebdomadaire *La Gerbe*, s'écrie, s'adressant aux jeunes Français :

« Êtes-vous prêts ?

« Une ère nouvelle est en train de naître, elle traverse notre chair, ère de pureté, commandée par l'immense rythme de la vie créatrice... Êtes-vous prêts ? »

Ainsi cette presse parisienne fait-elle écho à l'idée de Révolution nationale que le gouvernement de Pétain veut mettre en œuvre.

On crée les Chantiers de jeunesse, substitut au service militaire. Les « compagnons », les « gars » y chantent au moment du lever des couleurs l'hymne qui remplace *La Marseillaise*.

Maréchal, nous voilà
Devant toi
Le Sauveur de la France
Nous jurons, nous, tes gars
De servir et de suivre tes pas
Maréchal, nous voilà !
Tu nous as redonné l'espérance
La Patrie renaîtra !
Maréchal, Maréchal, nous voilà !

Les disciples de Maurras, les anciens de la Cagoule – les plus proches des idées fascistes – sont nombreux dans l'entourage de Pétain. Soucieux de l'ordre moral et social, ils veulent mettre la Révolution nationale au service de leurs idées. La devise de l'État français, *Travail, Famille, Patrie*, leur convient.

Charles Maurras

Ils soutiennent le Maréchal et, comme lui, Laval les inquiète et les révulse.

« La France possède deux grands hommes, Philippe Pétain et Charles Maurras, écrit René Benjamin, qui est membre de l'Action française. L'un est la force de la pensée, l'autre est la force de l'action... Pétain au pouvoir couronne la pensée de Maurras. »

Le samedi 27 juillet, René Benjamin assiste à l'hôtel du Parc à la rencontre des deux « grands hommes ».

« Dès qu'il vit Maurras, Pétain se leva. Maurras s'élança, mit sa main dans celle du Maréchal et se releva, radieux. Et les yeux de ces deux hommes croisèrent leurs feux. Ce furent deux éclairs ; je crois les voir encore : la lumière du respect ; la flamme de l'admiration... Maurras eut envie de s'écrier “Sauveur, ô sauveur magnifique !” »

Cette démesure dans la célébration de la rencontre entre ces deux figures emblématiques des hommes qui gouvernent à Vichy exprime la sorte d'ivresse qui les saisit devant cette « divine surprise » que leur offre la défaite.

Ils ont enfin pu jeter à bas cet édifice républicain que l'Action française, les milieux fascisants de la Cagoule subissaient depuis des décennies.

Et ils peuvent aussi reprendre le fil de l'histoire nationale tranché par cette Révolution française qui a brisé la millénaire monarchie. La France, comme l'écrit Claudel, est « la fille de Saint Louis ».

Or l'occasion – la *divine surprise* de 1940 – permet d'effacer l'héritage révolutionnaire et républicain.

La Révolution nationale, c'est l'antithèse de la Révolution de 89. Et c'est aussi la revanche des antidreyfusards, vaincus il y a quarante ans.

Une nouvelle législation rétablit le délit d'opinion et le délit d'appartenance à une communauté.

C'en est fini des droits de l'homme.

Les garanties juridiques sont annulées : un simple décret ministériel peut relever de ses fonctions tout fonctionnaire. L'accès aux emplois publics est interdit à toute personne née d'un père étranger.

Toutes les naturalisations intervenues depuis 1927 sont révisées. Toute personne ayant quitté le territoire métropolitain entre le 10 mai et le 30 juin 1940 est déchue de la nationalité française. Voilà pour de Gaulle !

Les associations secrètes sont interdites : la franc-maçonnerie est visée. Tout fonctionnaire doit s'engager à ne pas appartenir aux organisations interdites.

Les Juifs étrangers peuvent être internés.

En quelques semaines, à compter du 20 juillet, la France est emprisonnée par une trame serrée de lois d'exception, et chacun comprend qu'il n'y a là qu'un début.

L'État français s'affirme bien comme le contraire de la République.

Désormais, il existe des catégories de Français qui, *a priori*, sont exclues de la protection des lois.

Et une nouvelle loi est en préparation, en cet été 1940 : le ministre de l'Intérieur pourra prononcer la démission d'office des conseillers généraux d'arrondissement et des conseillers municipaux.

Toute assemblée politique est soumise aux décisions gouvernementales : la République est bien morte.

Le samedi 27 juillet, deux voitures noires, des tractions avant Citroën, s'arrêtent dans le camp de réfugiés du Vernet dans l'Ariège. Une commission de contrôle allemande a obtenu des autorités française la liste des Allemands qui sont retenus au Vernet depuis le début de la guerre.

Le général François qui commande la région s'étonne – et s'indigne – auprès de Vichy qu'on livre des francophiles – il y a trois agents du 2e Bureau français de renseignements – à la Gestapo.

Vichy répond qu'il faut remettre les prisonniers en application de l'article 19 des clauses de l'armistice.

Le général François désobéit et fait évader les détenus allemands.

Il sauve, par cet acte et malgré Vichy, une parcelle de l'honneur de la France.

Mais Laval, en éclaireur de pointe, et derrière lui Pétain et son gouvernement sont convaincus qu'il faut céder au vainqueur allemand, parce que le destin de la France est d'être à ses côtés, en préservant certes la plus grande part de souveraineté. Et Laval croit pouvoir réussir à convaincre les Allemands de l'intérêt qu'il y aurait pour le Reich à choisir la France comme un partenaire respecté.

Il l'a dit à Paris à ses interlocuteurs allemands et d'abord à Abetz.

« L'Allemagne, a-t-il expliqué de sa voix grasseyante, peut faire subir de grands dommages à la France, mais il lui est impossible de l'anéantir. Chaque abus se retournera un jour contre l'Allemagne elle-même car toutes les œuvres humaines ne sont que passagères. »

Rentré à Vichy, dès le lundi 22 juillet, il rend compte de ses entretiens avec Abetz :

« Pendant deux heures, écrit Baudouin, Laval nous fait un récit fumeux, détaillé et désordonné de ses négociations à

Paris. Il ne paraît pas avoir négocié mais conversé en désordre avec Abetz en s'engageant très loin...

« Il a promis une collaboration très large aux Allemands sans préciser ce qu'il entendait par ce mot. »

En fait, il a confié aux Allemands que des poursuites avaient été décidées contre les responsables de la guerre : Daladier, Gamelin, Reynaud, Mandel, Blum. L'affaire serait renvoyée devant un tribunal en formation – correspondant à peu près à « notre cour de justice populaire », souligne un diplomate allemand. Les sept juges seraient nommés par le gouvernement.

Et tous les Juifs connus seront invités à quitter Vichy avec interdiction de s'installer dans l'Allier ou le Puy-de-Dôme.

Ces preuves de servilité données, cette suite de capitulations, en vue de promouvoir la collaboration, en ce mois de juillet, ne produisent aucun résultat.

Au contraire.

Le mercredi 24 juillet, des douaniers allemands sont placés sur les crêtes des Vosges, à l'ancienne frontière de 1914. L'Alsace est annexée de fait et le lundi 29 juillet l'usage de la langue allemande y est seul autorisé.

Déjà, les Alsaciens et Lorrains d'origine française ont été expulsés !

La ligne de démarcation est, le lundi 22 juillet, fermée.

Il s'agit pour les Allemands de montrer qu'ils peuvent serrer ce garrot jusqu'à l'asphyxie de l'économie des deux zones.

« Elle peut entraîner, commente le responsable allemand Hemmen, la mort de la France, si la France et l'Allemagne ne se mettent pas d'accord pour collaborer. »

Et pour bien marquer que c'est Berlin qui décide en maître, et que la France doit s'incliner, le général Streccius, commandant de l'administration militaire en France, expulse de Paris le ministre des Finances, Yves Bouthillier, qui s'était installé rue de Rivoli pour affirmer la volonté du gouvernement de Pétain de gagner la capitale.

On ne force pas la main aux nazis.

Le lundi 22 juillet, ils prennent le contrôle des banques. Le lendemain, ils décident d'exercer un droit de regard sur la justice. Les magistrats doivent soumettre certains procès aux occupants.

Vichy est nu.

En cette fin de juillet 1940, le gouvernement Pétain en plein désarroi s'interroge. Les Allemands l'étouffent. Faut-il attendre de mourir ?

« Il ne faut rien faire tant que je n'aurai pas reçu la réponse d'Abetz et que je ne l'aurai pas revu », répète Pierre Laval.

Pétain veut agir, voir Hitler afin de « trouver entre soldats et dans l'honneur » un accord que personne n'estime Laval capable d'obtenir.

Le Maréchal décide, si les Allemands venaient à Vichy, de confier à l'amiral Darlan le soin d'ordonner à la marine de guerre de gagner l'Afrique du Nord.

« Je ne veux pas de papier, dit-il à Darlan qui deviendrait son successeur. Je ne veux pas de papier, mais vous devez considérer mon ordre comme définitif. Je ne reviendrai pas sur cette décision. D'autre part, il doit bien être entendu qu'elle restera entre nous. »

Les mardi 30 et mercredi 31 juillet, les événements se précipitent.

Le 30 juillet, un croiseur de la Royal Navy débarque des troupes à Douala, au Cameroun.

Le lendemain 31, Londres assimile la France et l'Afrique du Nord au territoire du Reich et les place sous blocus, interdisant toute communication entre la métropole et les possessions d'outre-mer.

C'est asphyxier les colonies et condamner la France à la disette.

L'amiral Darlan veut faire escorter les convois par des navires de guerre, au risque de déclencher un conflit avec la Grande-Bretagne.

Les autres ministres refusent, mais Darlan l'anglophobe vaut-il mieux que Laval pour résister aux tentations et mirages de la collaboration ?

D'autant plus que des territoires français d'outre-mer se rallient au général de Gaulle. Les Nouvelles-Hébrides le lundi 22 juillet, la Côte d'Ivoire le jeudi 25.

Et pour que persiste la volonté de continuer la guerre aux côtés des Anglais, de refuser l'armistice, de Gaulle annonce que, pour la première fois, des aviateurs français des Forces françaises libres ont participé à un raid de bombardement de l'Allemagne.

Pour Vichy, de Gaulle c'est, comme Churchill – ou pis encore –, l'ennemi irréductible qu'il faut abattre.

Mais aux côtés des hommes de Vichy qui l'accablent de leurs accusations de trahison, et des juges militaires qui préparent son procès, *L'Humanité* dans l'un de ses numéros clandestins jette sa pierre au Général.

On peut lire :

« Pas pour l'Angleterre.

« Le général de Gaulle et autres agents de la finance anglaise voudraient faire battre les Français pour la City et ils s'efforcent d'entraîner les peuples coloniaux dans la guerre.

« Les Français répondent le mot de Cambronne à ces messieurs.

« Quant aux peuples coloniaux, ils pourraient bien profiter des difficultés que connaissent leurs oppresseurs pour se libérer.

« Vive l'Indépendance des peuples coloniaux. »

Ces attaques contre de Gaulle indiquent qu'il devient un acteur à part entière de la guerre.

La France Libre ne compte que quelques milliers d'hommes, mais de Gaulle parle au nom de la France, et il conquiert en Afrique, dans le Pacifique, une assise territoriale.

Sa personnalité s'impose.

Il visite des camps de Volontaires, harangue les jeunes engagés, veille à en rencontrer quelques-uns en tête à tête.

Daniel Cordier est l'un de ceux-là.

« Dans une extase identique à celle des Apôtres, écoutant la parole du Christ, je reçois celle du Général », écrit-il.

Un camarade de Cordier, François Jacob[1], écoute dans ce même camp d'Aldershot le Général et le décrit :

« Il avait la majesté d'une cathédrale gothique. La solidité d'un pilier gothique... Sa voix même, profonde, hachée, semblait ricocher sous des voûtes comme un chœur au fond d'une nef gothique. Il parla. Il fulmina. Il tonna contre le gouvernement Pétain. Il dit les raisons d'espérer. Il prophétisa. »

De Gaulle devient ainsi pour ces Français Libres « l'incarnation sacrée du patriotisme ». Leur combat pour nombre d'entre eux relève d'une mystique.

Daniel Cordier note le dimanche 4 août dans son carnet :

« J'engage toutes mes forces et toute ma vie à ce seul but : refaire une France libre et chrétienne.

« Je promets à Dieu de réaliser dans ma vie un christianisme intégral et de rétablir l'ordre chrétien en France.

« Seigneur, donnez-moi la force de combattre, la Victoire est à vous seul. »

De Gaulle est en communion avec ces Volontaires.

Mais il sait qu'il lui faut vivre dans la solitude du combattant, que Churchill qui l'accueille aux Chequers, la résidence

---

1. Futur prix Nobel.

de campagne du Premier Ministre, est un homme chaleureux, mais un Anglais implacable. Il l'a montré au début du mois à Mers el-Kébir.

Il a besoin de la France Libre.

Il vient d'attribuer à ces *Free French* un immeuble entier de sept étages, au 4, Carlton Gardens, sur l'emplacement de l'hôtel particulier de Palmerston, dans les beaux quartiers, entre le Mall et le Pall Mall, près des clubs illustres du quartier Saint James. Le loyer fixé est de 850 livres par mois.

C'est le geste d'un allié. Mais le consul général du Canada est resté en poste à Vichy, aux côtés du maréchal Pétain. Car Churchill veut conserver un œil et une voix à Vichy.

La guerre ne fait que commencer. Qui peut dire si, à un moment donné, Pétain ne sera pas pour l'Angleterre un partenaire plus docile que ce de Gaulle, *connétable de la France* ?

Tels sont les hommes qui font l'Histoire !

Le samedi 3 août 1940, de Gaulle n'est pas surpris d'apprendre que le tribunal militaire permanent de la 1re région, siégeant à Clermont-Ferrand, l'a condamné à mort.

Il connaît les trois généraux qui ont prononcé la sentence. Et La Laurencie, La Porte du Theil, Frère sont des patriotes. Mais ils sont aux ordres de Pétain et de Weygand. Dès lors :

« Le colonel d'infanterie breveté d'état-major, en retraite, Charles de Gaulle, est condamné par contumace à la peine de mort, à la dégradation militaire et à la confiscation de ses biens, meubles et immeubles.

« Pour les motifs : trahison, atteinte à la sûreté extérieure de l'État, désertion à l'étranger en temps de guerre, sur un territoire en état de guerre et de siège… »

Paris-soir, devenu un quotidien « allemand », titre sur toute sa première page : « Le général de Gaulle condamné à mort par un nouveau tribunal militaire. »

De Gaulle est le premier condamné à mort du gouvernement de Vichy.

« Les vieillards qui se soignent à Vichy, dit de Gaulle, emploient leur temps et leur passion à faire condamner ceux qui sont coupables de continuer à combattre pour la France… »

Il murmure :

« Maintenant, la France est à reconquérir. »

Puis d'une voix haute, il ajoute :

« Il n'y a pas de France sans épée. Je suis un soldat français, à qui, pour l'instant, incombe le grand devoir de parler seul au nom de la France. »

26.

En ce début du mois d'août de l'an 1940, de Gaulle parle et on l'entend.

Il dit, revenant sur sa condamnation :

« On reconnaîtra bientôt qui trahit et qui sert la France. »

Chaque jour, la BBC retransmet l'émission de la France Libre, animée par Maurice Schumann, à la voix chaleureuse.

« *Honneur et Patrie : les Français parlent aux Français* »

L'indicatif, les sons sourds d'un gong, suivis par les mots « *Ici Londres* », des millions de Français les attendent, collant leur oreille au poste de TSF, de crainte d'être repérés, dénoncés.

Ils ne sont pas dupes de la propagande allemande qui s'avance, masquée sous des prête-noms français, journalistes à gages ou personnalités qui ont choisi de défendre la collaboration et le gouvernement de Vichy.

Ils entendent Churchill qui déclare le mardi 20 août :

« Si la France gît, prostrée, c'est le crime de ce gouvernement de fantoches. Les Français Libres ont été condamnés à mort par Vichy, mais le jour viendra, aussi sûrement que le soleil se lèvera demain, où leurs noms seront glorifiés et gravés sur la pierre dans les rues et les villages d'une France qui aura retrouvé sa liberté et sa gloire d'antan au sein d'une Europe libérée. »

Churchill exalte ses « héroïques compagnons » devant la Chambre des communes.

Les Français « occupés », « humiliés », retrouvent à entendre le Premier Ministre anglais un peu de leur fierté perdue.

À Vichy, on mesure l'écho de cette « radio anglaise », même si des foules toujours aussi denses et enthousiastes accueillent – à Marseille, à Toulouse – le maréchal Pétain.

Le beau vieillard de quatre-vingt-quatre ans continue d'être l'objet d'un culte, que les hommes de Vichy organisent et entretiennent.

On doit chanter *Maréchal, nous voilà* dans les écoles.

Il est conseillé d'adhérer à la *Légion française des combattants* qui rassemble les « poilus » de 14-18. Il est de bon ton d'arborer à la boutonnière la « francisque » qui en est l'emblème et dont la hampe est constituée par le bâton étoilé de maréchal.

Mais cet attachement réel, populaire, à la personne du Maréchal, ne peut suffire à susciter l'adhésion à la politique du gouvernement de Vichy.

On le découvre incapable de s'opposer aux exigences allemandes, au pillage de la nation.

L'outillage moderne des usines est démonté, transporté outre-Rhin. Le docteur Roos, représentant en zone occupée du Front du travail hitlérien, dont la politique prédatrice provoque le chômage, commence à embaucher des ouvriers pour l'Allemagne.

Le docteur Hemmen réclame pour « les frais d'entretien des troupes d'occupation » une indemnité journalière de 20 millions de Reichsmarks, non compris les frais de cantonnement des troupes ! Les sommes réclamées correspondent à l'entretien de 18 millions d'hommes !

Et le docteur Hemmen exige un arriéré de plus de un milliard de Reichsmarks.

Les Français de la zone occupée voient ainsi les Allemands – dont la solde est généreuse – dévaliser les boutiques.

Et de l'amertume et du désespoir, des privations, naît une colère, qu'on refoule, parce qu'on se sent impuissant et qu'on n'ignore pas l'implacable brutalité allemande et nazie.

En ce mois d'août, dans la seule ville de Rennes, un lycéen, une blanchisseuse, deux couturières, un ouvrier ont été condamnés – entre huit jours et trois mois de prison – pour avoir « publiquement offensé » l'armée allemande.

Un tâcheron qui a déchiré des proclamations affichées par la Kommandantur écope de la peine la plus lourde.

À Bordeaux, le mardi 27 août, un homme est fusillé pour avoir montré le poing au passage des troupes allemandes. Il est de nationalité polonaise et se nomme Karp Israel.

Chacun de ces verdicts incite à la prudence, et en même temps pousse à la résistance.

À Marseille, le capitaine Henri Frenay et le lieutenant Chevance se rencontrent au cercle des officiers, et Henri Frenay propose de jeter les bases d'une « armée secrète ».

« J'estime que la première tâche est de se débarrasser du Boche », dit-il.

Ainsi va naître le mouvement de résistance Combat.

À Paris, les ouvriers immigrés, proches des communistes, orientent leur organisation, la Main-d'œuvre immigrée – la MOI –, vers l'action antinazie.

Des individus isolés, anonymes, agissent.

Le mercredi 14 août, des coups de feu sont tirés sur un poste allemand au bois de Boulogne. C'est le premier attentat.

Le même jour, à Royan, un matelot allemand est tué d'un coup de revolver. Peut-être s'agit-il seulement d'une rixe banale, mais le meurtre est imputé par les Allemands aux « terroristes ».

Des câbles utilisés par les Allemands pour leurs transmissions sont cisaillés dans plusieurs villes.

Si ces débuts d'organisation, ces actes « spontanés » se produisent au mois d'août de l'an quarante, c'est que les conséquences de la défaite et de l'occupation produisent leurs effets.

L'Alsace et la Lorraine sont annexées. Les gauleiters Wagner et Bürckel sont nommés à la tête de ces régions, rattachées désormais l'une au Gau de Bade, l'autre à celui de Sarre-Palatinat.

Les mesures de germanisation sont aussitôt appliquées. L'évêque de Strasbourg se voit interdire l'entrée de son diocèse, l'évêque de Metz et le maire de Thionville sont expulsés.

On dit que le Maréchal n'a pu retenir ses larmes en recevant le maire de Metz. Le gouvernement de Vichy est accablé, ne se résignant pas à l'annexion.

Mais Laval, la lèvre lippue, le mégot au coin de la bouche, hausse les épaules :

« L'Alsace et la Lorraine ? dit-il. Deux enfants de divorcés tiraillés depuis toujours par leurs parents, allant constamment de l'un à l'autre. C'est leur sort, nous n'y pouvons plus rien. Le Nord et le Pas-de-Calais ? C'est malheureusement probable qu'ils seront aussi annexés… D'autres départements encore… Si j'arrive à en sauver un ou deux, ce ne sera pas mal. C'est à cela que je travaille. »

Pierre Laval

En fait, c'est l'idée même de « nation française » qui est remise en cause par la politique allemande.

Les occupants s'intéressent à « l'avenir de la Bretagne ». Des contacts sont noués avec des groupes très minoritaires qui rêvent à l'indépendance ou à l'autonomie. Et la défaite de la République « jacobine » est pour eux aussi une « divine surprise ».

Le samedi 3 août, ils remettent au ministre des Affaires étrangères du Reich un mémoire intitulé *Libre Bretagne.* Ceux-là ne se reconnaissent ni dans Pétain ni dans de Gaulle. Ils rejettent l'idée de patrie ou de nation françaises, alors que ce qui rassemble les foules autour de Pétain, c'est le sentiment que le vieux Maréchal protège les Français – il est leur bouclier et de Gaulle est le glaive. Il s'agit d'une illusion, mais elle s'est enracinée dès ce mois d'août 1940.

Pétain d'ailleurs dans tous les discours qu'il prononce ou dans les écrits qu'il signe dessine un portrait de la France, de ce qu'elle devrait être, des moyens qu'il va employer pour qu'enfin elle renaisse.

« Épuration de nos administrations, parmi lesquelles se sont glissés trop de Français de fraîche date... », dit-il dans son message radiodiffusé du mardi 13 août.

La voix est toujours chevrotante mais le ton est ferme.

« La France nouvelle réclame des serviteurs animés d'un esprit nouveau, poursuit-il, elle les aura. »

Il prêche « la patience, la forme la plus nécessaire du courage... Aujourd'hui que la France est en proie au malheur véritable, il n'y a plus de place pour les mensonges et les chimères. Il faut que les Français s'attachent à supporter l'inévitable, fermement et patiemment... »

Et il dénonce cette « propagande perfide », celle de ce général de Gaulle qu'il ne nomme jamais, mais dont la haute silhouette hante le texte.

« De faux amis qui sont souvent de vrais ennemis ont entrepris de vous persuader que le gouvernement de Vichy, comme ils disent, ne pense pas à vous, lance-t-il.

« C'est faux.

« Vos souffrances, je les ressens profondément et je veux que tous les Français sachent bien que leur adoucissement est l'objet constant de mes pensées. »

Mais que peut-il face à l'occupant allemand, face à la vigueur et à la clarté des propos du général de Gaulle ?

D'un côté, les soupirs et les admonestations du vieux Maréchal.

De l'autre, l'élan du combattant qui, quand un journaliste anglais l'interroge, répond :

« Je suis un Français libre.

« Je crois en Dieu et en l'avenir de ma patrie.

« Je ne suis l'homme de personne. J'ai une mission et n'en ai qu'une seule : celle de poursuivre la lutte pour la libération de mon pays.

« Je déclare solennellement que je ne suis attaché à aucun parti politique quel qu'il soit, ni de la droite, ni du centre, ni de la gauche.

« Je n'ai qu'un seul but : délivrer la France. »

Philippe de Hauteclocque, dit Leclerc.

La force, la netteté, la simplicité, la franchise du propos suscitent de nouvelles adhésions. Voici le capitaine de Hauteclocque, blessé, fait prisonnier, deux fois évadé, et qui réussit à gagner Londres à partir du Portugal. Il choisit pour nom de guerre Leclerc. Il part pour l'Afrique-Équatoriale française, rejoint le Tchad où l'on se tourne vers la France Libre.

Quelques semaines plus tard, à la fin août, le Cameroun, le Congo, l'Oubangui-Chari, puis le Tchad rejoignent la France Libre.

Pourquoi ne pas tenter de rallier l'Afrique-Occidentale française et sa capitale Dakar ?

Churchill est séduit par ce projet.

« Il faut que nous nous assurions ensemble de Dakar, dit-il à de Gaulle, c'est capital pour vous, car si l'affaire réussit voilà de grands moyens français qui rentrent dans la guerre. C'est très important pour nous, car la possibilité d'utiliser Dakar comme base nous faciliterait beaucoup de choses dans la dure bataille de l'Atlantique. »

Une force d'intervention est constituée. On y trouve des navires anglais, des soldats appartenant à toutes les nations occupées d'Europe. Il y aura trois avions et quatre cargos français ainsi que 2 000 Français Libres, avec les pilotes de deux escadrilles.

De Gaulle embarque sur le *Westernland*, un paquebot hollandais transformé en transport de troupes.

On appareille à la fin août. L'entreprise est risquée.

Dans la rade de Dakar, est ancré le cuirassé *Richelieu*, dont une partie de l'équipage a subi les bombardements anglais à Mers el-Kébir, il y a deux mois. Se rallieront-ils ?

Mais il faut tenter l'aventure. Si l'opération réussit, elle provoquera le basculement de tout l'Empire vers la France Libre, et le mouvement gagnera la métropole, où déjà l'écho de la France Libre s'amplifie.

« J'ai reçu le premier tract gaulliste le jeudi 8 août, raconte une ancienne directrice de journal qui vit à Paris.

« Le texte en est ronéotypé sur une feuille de mauvais papier à lettres, format commercial.

« Dans ce texte, on prie les Français de garder leurs armes, de se réunir en associations secrètes pour créer des cadres de résistance aux autorités occupantes, de faire circuler des tracts qui leur seraient envoyés ultérieurement.

« Dans le coin de la feuille, une croix de Lorraine est dessinée à l'encre.

« Je montrais ce papier et, à cette époque, nous étions si peu habitués à la contrainte que ce tract fut polycopié dans les bureaux de directeurs d'usines et de firmes commerciales puis distribué à leurs employés et ouvriers par leurs soins. Ces directeurs étaient cependant de fervents admirateurs du Maréchal et c'est là un des multiples exemples que l'on peut citer pour montrer la force du mythe : "l'entente Pétain-de Gaulle" que j'ai constatée partout en zone occupée. »

Mais en ce mois d'août, parmi les Français Libres, ceux qui apprennent comme Daniel Cordier le maniement des armes, ceux qui sont passés en revue par de Gaulle accompagné du roi d'Angleterre George VI, ceux qui lisent le premier quotidien *France*, imprimé à Londres, la condamnation de Pétain est impitoyable.

La plupart des Français Libres partagent la détermination et les analyses du général de Gaulle, telles qu'il les exprime en première page du quotidien *France*, ce lundi 26 août.

« Aucun Français n'a le droit d'avoir aujourd'hui d'autre pensée, d'autre espoir, d'autre amour, que la pensée, l'espoir, l'amour de la France.

« Mais quoi ? La patrie a succombé sous les armes. Elle ne renaîtra que par les armes.

« Ceux qui voudraient croire ou faire croire que la liberté, la valeur, la grandeur pourraient se recréer sous la loi de l'ennemi sont des inconscients ou des lâches.

« Le devoir est simple et rude. Il faut combattre. »

Comment en douter quand chaque jour et bientôt chaque nuit les Volontaires français voient des nuées d'avions allemands survoler leurs camps à haute altitude.

Toute la journée, des chasseurs Spitfire et Hurricane décollent de l'aérodrome de Farnborough, voisin du camp des *Free French*.

C'est la bataille d'Angleterre qui commence en ce mois d'août de l'an quarante.

Le mardi 13 août est le « jour de l'Aigle » – *Adlertag* – choisi par le Reichsmarschall Goering pour lancer à l'assaut de l'Angleterre les trois grandes flottes aériennes, les *Luftflotten.*

Les deux premières décolleront de leurs bases des Pays-Bas et du nord de la France, la troisième est stationnée en Norvège et au Danemark. Commandées par les généraux Kesselring, Sperrle et Stumpff, elles totalisent au moins 1 300 bombardiers et près de 1 000 chasseurs.

Face à cette énorme puissance, la Royal Air Force ne dispose, au début du mois d'août, que de 800 chasseurs.

Mais les Spitfire et Hurricane sont plus rapides, mieux armés – et leurs pilotes mieux protégés derrière des blindages – que les Messerschmitt 108 ou 109.

Surtout, les radars, les stations de radio au sol, les « saucisses » – ces dirigeables entre lesquels sont tendus à des altitudes différentes des filins d'acier –, les projecteurs, les guetteurs dispersés en des milliers de postes d'observation, les innombrables postes de défense contre avions (DCA) rendent l'espace aérien britannique difficile à pénétrer, périlleux, et souvent mortel pour les assaillants.

L'organisation de la défense est coordonnée par un commandement central, *Ground Control.*

Le *Fighter Command* – quartier général – fait décoller les escadrilles de chasse après avoir suivi, minute après minute, à partir des renseignements, les bombardiers de la Luftwaffe.

Le « sol » – *ground* – guide les chasseurs qui vont provoquer des hécatombes dans les *Luftflotten.*

C'est ainsi que la « flotte » qui décolle de Norvège et du Danemark n'intervient qu'une seule fois le jeudi 15 août, parce qu'elle perd, en cette seule attaque, le tiers des bombardiers.

Ce jeudi 15 août, le ciel de l'Angleterre est tout entier embrasé par la violence des combats, le nombre d'avions engagés. C'est le jour décisif pour la bataille d'Angleterre.

Churchill, qui suit heure par heure le déroulement des combats et mesure l'ampleur des destructions au sol causées par les bombardiers, déclare, rendant hommage à l'héroïsme des pilotes de chasseurs :

« Jamais, dans l'histoire des conflits humains tant d'hommes n'ont dû tant de choses à un si petit nombre de leurs semblables. »

Les quelques centaines de pilotes de Spitfire et de Hurricane ont tenu entre leurs mains le sort de centaines de millions d'hommes !

Le lendemain, vendredi 16 août, les attaques allemandes sont encore intenses, mais dans les jours qui suivent, le mauvais temps impose une accalmie dans la bataille.

Hermann Goering

Le samedi 17 août, Goering, engoncé dans sa fatuité, refuse d'écouter ses pilotes – ainsi l'as de la chasse, Adolf Galland. Ils affirment que les pilotes anglais doivent disposer d'un nouveau procédé de communication, ce « fameux radar », ces transmissions entre radios, entre le *Ground Control* et les chasseurs en vol.

Mais Goering ne mesure pas l'importance de ces systèmes.

« Il est douteux, dit-il, qu'il y ait intérêt à continuer les attaques de stations radar, puisque de toutes celles attaquées jusqu'à présent, aucune n'a été mise hors d'état de fonctionner. »

Mais Goering ajoute :

« Nous avons atteint la période décisive de la guerre aérienne contre l'Angleterre. La tâche essentielle est la défaite de l'aviation ennemie. Notre premier objectif est l'élimination des chasseurs anglais. »

Lorsque, à compter du vendredi 23 août, le temps s'améliore, Goering concentre l'assaut de ses *Luftflotten* sur les aérodromes de la chasse anglaise, et les postes de transmission.

Chaque jour, du samedi 24 août au dimanche 8 septembre, une moyenne de 1 000 avions participent à ces attaques.

Les Anglais perdent 466 chasseurs, et la Luftwaffe 385 avions, dont 138 bombardiers.

« La balance penche du côté opposé à l'aviation de chasse, commente Churchill. L'inquiétude est grande ! »

En effet, si la Luftwaffe contrôle le ciel anglais, l'invasion suivra.

Et pourtant, Goering, au début du mois de septembre, semble changer de stratégie.

C'est que le samedi 24 août, en représailles à un bombardement au centre de Londres, la RAF bombarde Berlin. C'est la première fois que la capitale du Reich reçoit des bombes. Or Hitler avait donné l'ordre, pour éviter cette éventualité, d'épargner Londres. Mais le vendredi 23 août, les pilotes allemands ont commis une erreur de navigation et lâché leurs bombes sur la capitale anglaise.

Dans la nuit du jeudi 29 août, la RAF revient bombarder Berlin, tuant dix civils et en blessant une vingtaine d'autres.

« Les Berlinois sont stupéfaits, écrit le journaliste William Shirer. Ils ne pensaient pas que cela pût jamais arriver. Quand cette guerre a commencé, Goering leur a affirmé que c'était impossible. Ils l'ont cru. Leur désillusion aujourd'hui est donc d'autant plus grande. Il faut voir leurs visages pour la mesurer. »

Les journaux du 1er septembre ont reçu de Goebbels la consigne d'avoir à stigmatiser les attaques anglaises. Ils titrent : « *Les Anglais attaquent lâchement* » ou « *Pirates de l'air anglais sur Berlin* ».

C'est le premier anniversaire de l'entrée en guerre.

« Les armées allemandes ont remporté des victoires jamais égalées.

« Mais, note Shirer, on a déjà oublié cela, car la guerre n'est pas finie ni gagnée et c'est sur quoi les Berlinois concentrent leur esprit aujourd'hui. Ils aspirent à la paix. Et ils la veulent avant la venue de l'hiver. »

Ils espèrent que le Führer l'annoncera.

27.

Le Führer Adolf Hitler parle en cette fin d'après-midi du mercredi 4 septembre 1940.

Jusqu'au dernier moment, sa présence au *Sportpalast* où se tient le rassemblement qui ouvre la campagne de *Winterhilfe* – le *secours d'hiver* – a été tenue secrète de crainte que la Royal Air Force ne bombarde Berlin. Et, comme elle le fait la nuit, Hitler parle une heure avant la tombée du jour.

Les assistantes sociales, les infirmières qui composent la majeure partie de l'assistance, acclament Hitler dès qu'il paraît puis, après les premières phrases, elles l'interrompent, crient leur joie, manifestent leur enthousiasme – qui prend des formes hystériques. Elles tempêtent, elles lèvent les bras, elles hurlent, frappent des talons, font trembler le sol de l'édifice.

« M. Churchill, dit Hitler, fait actuellement la démonstration de sa dernière trouvaille, le raid de nuit, parce que ses avions ne peuvent survoler l'Allemagne de jour… tandis que les avions allemands survolent le sol anglais chaque jour. Toutes les fois qu'un Anglais voit une lumière, il jette une bombe sur les quartiers résidentiels, les fermes et les villages… Je n'ai pas riposté parce que je croyais que pareille folie cesserait. M. Churchill a pris cela pour un signe de faiblesse, à présent nous répondrons nuit pour nuit. L'aviation anglaise lance 2 ou 3 ou 4 000 kilos de bombes, nous en lancerons en une nuit, 150, 200, 300 ou 400 000 kilos… »

Les applaudissements, les cris déferlent. Hitler reprend son souffle :

« Ils déclarent qu'ils multiplieront leurs attaques sur nos villes, eh bien, alors nous raserons les leurs ! »

La salle manifeste frénétiquement.

« Nous mettrons fin aux performances de ces pirates nocturnes de l'air, avec l'aide de Dieu ! »

Le journaliste William Shirer, présent sur l'un des hauts gradins, note :

« Les jeunes Allemandes bondirent sur leurs pieds et la poitrine haletante hurlèrent leur approbation. »

« L'heure viendra, conclut Hitler, où l'un de nous s'effondrera et ce ne sera pas l'Allemagne nationale-socialiste ! »

Shirer, témoin effrayé, écrit dans son carnet ces mots qui reflètent son effroi d'Américain posé :

« Les filles en délire gardent suffisamment leur contrôle pour entrecouper leurs cris de joie sauvages d'un chœur de "Jamais ! Jamais !" »

Winston Churchill inspectant les défenses anglaises.

La décision est prise par Hitler et Goering de briser la résistance des Anglais en rasant leurs villes, et ce au détriment de l'attaque systématique des aérodromes, des *Ground Controls* et des stations radar.

Le samedi 7 septembre, tard dans l'après-midi, la grande attaque aérienne de Londres commence.

La *Luftflot 2* déploie 638 chasseurs et 300 bombardiers qui volent en formation serrée. La route de Londres est libre. La chasse anglaise les attend ailleurs… sur les stations radar et les *Ground Controls*.

Les quartiers surpeuplés de l'East End londonien sont atteints. On dénombre 300 morts et 1 300 blessés gravement frappés.

Les immenses incendies qui ravagent Londres éclairent le ciel comme un phare qui guide l'attaque suivante, nocturne celle-là.

« Londres est en feu », téléphone Goering à sa femme.

Les jours et les nuits suivants, le *Blitz* sur Londres et les autres villes anglaises continue. Des dizaines de villes, dont Coventry, sont touchées. Mais c'est Londres qui reste la cible.

La population de la capitale garde pourtant un sang-froid qui frappe Daniel Cordier, en permission de vingt-quatre heures à Londres, ce samedi 7 septembre.

« J'aperçois au loin, dans la lumière du crépuscule, un brasier colossal. Le ciel est en flammes, écrit Cordier. À la gare Victoria, des voyageurs impassibles nous expliquent qu'un bombardement dévastateur a eu lieu dont la cible était les docks.

« Je prends un taxi. En traversant la ville, rien ne me paraît anormal. La foule du samedi soir se rue vers les plaisirs. »

Passant la nuit chez des amis, il est réveillé par les sirènes. Il est invité à descendre au *shelter*. Son hôte lui explique qu'à Londres, c'est une obligation.

Dans l'abri, « la veillée se transforme en réunion mondaine » : jeux de cartes, livres, gin ou whisky.

Le dimanche 15 septembre, une flotte de 200 bombardiers et 600 chasseurs se heurte à la chasse anglaise rassemblée. Celle-ci intercepte les Allemands avant qu'ils n'atteignent Londres, à l'exception de quelques-uns d'entre eux.

La Luftwaffe n'aura pas la maîtrise du ciel anglais. C'est le tournant décisif de la bataille d'Angleterre, même si pendant cinquante-sept nuits consécutives Londres fut attaqué en moyenne par 200 bombardiers quotidiennement.

Des quartiers ne sont plus qu'un amas de gravats, de débris de meubles, de poutres calcinées. Des survivants trient et fouillent calmement les décombres, arrachant des objets familiers à la terre et à la poussière.

Le roi, la reine, le Premier Ministre viennent les saluer, et Churchill, mâchonnant son cigare, lève la main, l'index et le majeur écartés, représentant le V de victoire.

« Londres pouvait tenir bon, écrit Churchill. Ses habitants encaissèrent tous les coups et ils auraient pu en supporter encore davantage. À cette époque en fait, nous nous attendions sincèrement à la destruction complète de la capitale. Pourtant, comme je l'indiquai à la Chambre des communes, la loi du rendement décroissant joue en cas de démolition des grandes cités. Beaucoup de bombes ne tomberaient bientôt plus que sur des maisons déjà en ruine et ne feraient sauter que des gravats. Sur de vastes surfaces, il n'y aurait plus rien à brûler ou à détruire, et cependant des êtres humains y auraient encore, çà et là, leurs foyers et continueraient à travailler avec une ingéniosité et une force d'âme sans limite. »

Dès lors que la Luftwaffe ne réussit pas à réduire la chasse anglaise et donc à raser les villes, les usines d'armement, les docks et les quais des ports, personne ne peut plus croire que le moral britannique, la détermination de poursuivre la guerre seraient annihilés.

Dans ces conditions, le débarquement est impossible.

Le mardi 17 septembre, malgré les rodomontades du Reichsmarschall Goering, Hitler remet l'opération *Seelöwe* à une date indéterminée.

« Il se passe quelque chose d'étrange outre-Manche, dit Hitler après avoir annoncé à ses généraux sa décision. Hier, les Anglais étaient par terre, les voilà de nouveau debout. Ils s'accrochent comme des noyés à l'espoir d'un complet retournement de la situation d'ici à quelques mois. Mais si nous écrasons la Russie, la dernière planche de salut de l'Angleterre sombre avec elle et l'Allemagne deviendra maîtresse de l'Europe, y compris des Balkans. Pour tous ces motifs la Russie doit être liquidée. Le plus tôt sera le mieux. Date prévue : printemps 1941. »

Hitler parle avec emphase, cite des passages de *Mein Kampf*, écrit quinze ans plus tôt et dans lequel il affirme :

« Nous autres, nationaux-socialistes, repartons du point où notre pays s'est arrêté il y a six cents ans. Nous mettons fin à la perpétuelle poussée de l'Allemagne vers le sud et l'ouest de l'Europe pour tourner nos regards vers les espaces de l'Est. C'est à la Russie et aux États vassaux de ses frontières que nous devons songer tout d'abord. Le colossal empire de l'Est est mûr pour la désagrégation. La fin de la domination juive en Russie marquera également la fin de la Russie en tant que nation. »

On a l'impression à l'écouter qu'il salive, savoure ses phrases, jouit de les retrouver.

Il ajoute :

« L'opération vaut la peine d'être entreprise, mais à une condition : notre résolution formelle d'annihiler la nation soviétique en un seul coup de massue. La conquête de ses territoires ne suffit pas. Il s'agit d'anéantir ses possibilités même d'existence. »

Ainsi, en ce mois de septembre 1940, Hitler dessine sa guerre à venir.

Il la prépare : dix divisions d'infanterie et deux divisions de blindés sont transférées de l'Ouest en Pologne.

« Il importe, précise l'attaché militaire allemand à Moscou, le général Ernst Koestring, d'éviter que ces mouvements et concentrations de troupes ne donnent aux Russes l'impression que l'Allemagne prépare une offensive à l'est. »

Toujours en ce mois décisif de septembre 1940, des « missions militaires allemandes » sont envoyées en Roumanie.

Et le vendredi 27 septembre, un pacte tripartite – Japon, Allemagne, Italie – est signé.

Ribbentrop, le ministre des Affaires étrangères du Reich, s'emploie à rassurer Molotov – son homologue russe – et Staline sur les « bonnes intentions » allemandes à l'égard de la Russie.

Molotov est soupçonneux, mais en cette fin septembre 1940, Staline s'accroche à l'idée qu'il peut détourner la guerre de la Russie et qu'il faut prendre les nazis à leurs paroles. Et donc continuer à leur fournir des matières premières, des minerais avec lesquels Berlin alimente l'industrie d'armement allemande.

Qui tourne déjà à plein régime en vue de cette guerre à l'est, à laquelle Staline ne veut pas croire.

Cet avenir qui s'annonce n'étonne pas de Gaulle. Il est à bord du *Westernland* qui vogue vers Dakar, en compagnie de deux cuirassés, quatre croiseurs et le porte-avions *Ark Royal*, commandés par l'amiral Cunningham.

On a fait escale à Freetown, en Sierra Leone, où de Gaulle a appris que Tahiti, la Nouvelle-Calédonie, Saint-Pierre-et-Miquelon ont rallié la France Libre.

Pourquoi pas Dakar ?

Et cependant, il est inquiet.

Une escadre française « vichyste » a franchi le détroit de Gibraltar et a gagné Dakar, où se trouve déjà le *Richelieu*.

Depuis Mers el-Kébir, les marins français sont à l'image de leurs officiers et de l'amiral Darlan, résolument anglophobes.

Aux yeux des « vichystes », de Gaulle n'est qu'un officier qui s'est mis à la solde de Churchill et qu'un tribunal militaire vient de condamner à mort pour trahison.

À Dakar, faut-il que coule le sang français ?

De Gaulle doit accepter de prendre ce risque.

Il le dit à ses Français Libres qu'il réunit sur le pont du *Westernland* et qu'il harangue :

« Vous êtes mes soldats, mes amis, mes compagnons, commence-t-il. Si je ne vous parle pas souvent, je vous connais... Je sais d'où vous venez et ce que vous voulez. J'ai confiance en vous et je vous aime bien. Actuellement, nous sommes les seuls à représenter la France. Ce qu'elle a comme armes, ce sont nos armes. Ses succès seront ceux de nos armes. »

Il hausse la voix, se rapproche de ces hommes alignés, attentifs, graves.

« La France de demain sera en grande partie ce que nous la ferons. Son sort est entre nos mains. »

Il reste silencieux un long moment pour que ces hommes mesurent la gravité de ce qu'il va dire.

« Aussi, ceux qui se mettraient en travers de notre route, quels qu'ils pourraient être, se mettraient en travers de la route de la France. »

Il fait un pas en avant. Il sait qu'ils sont prêts à affronter la grande épreuve : le combat fratricide.

« À mon commandement, garde à vous !

« Au revoir. »

Le lundi 23 septembre, dans les brouillards de l'aube, alors qu'on ne distingue pas encore les contours de la rade de Dakar, deux vedettes chargées de parlementaires français se détachent du *Westernland* pour gagner la côte.

À bord de l'une d'elles, ce religieux qui a choisi de porter l'uniforme, le capitaine de frégate Thierry d'Argenlieu. Les Français de Dakar, ces « vichystes », refusent de laisser débarquer les « gaullistes ».

Et au moment où ces plénipotentiaires s'éloignent, leurs vedettes sont prises sous un feu violent. Thierry d'Argenlieu est blessé.

Deux avions chargés de Français Libres qui ont décollé de l'*Ark Royal* sont pris pour cibles par les canons du *Richelieu*.

Le sang français a commencé de couler. Il n'y aura pas de ralliement.

Les pièces lourdes du *Richelieu* canonnent les navires anglais et français. Cunningham donne l'ordre de riposter.

Des navires des « vichystes » sont coulés. Le cuirassé anglais *Resolution* est torpillé.

Le mercredi 25 septembre, après deux jours de combat, Churchill télégraphie de Londres à 13 h 27 :

« Nous avons décidé que l'opération doit être abandonnée en dépit des conséquences fâcheuses. Les erreurs en présence de l'ennemi méritent l'indulgence. On ne peut tout prévoir. »

Ces mots du Premier Ministre ne calment pas la douleur.

« Dès le jeudi 26 septembre, vers 10 heures, au large donc, notre chef vint s'asseoir un instant dans ma cabine de blessé, écrit Thierry d'Argenlieu.

« Il souffrait à l'intime de l'échec aujourd'hui consommé. Il se taisait. Je réagis autant que faire se pouvait. Silence. Alors de ma couchette, à travers les cent rumeurs de notre navire en marche, je perçus telle une plainte : "Si vous saviez, commandant, comme je me sens seul." »

Peut-être, à cet instant-là, pense-t-on, la mort peut seule faire oublier l'échec et sa souffrance.

Mais il y a l'ennemi et ce que l'on doit à ceux – tel le petit-fils du maréchal Foch – tombés ici, pour la France, tués ou blessés par des Français au patriotisme dévoyé.

La lutte n'en doit devenir que plus résolue.

Mais de Gaulle sait qu'il va porter les stigmates de cet échec devant Dakar.

À Londres, la presse multiplie les critiques, suggère à Churchill de remplacer ce de Gaulle par l'amiral Muselier ou le général Catroux. Elle accuse ces *Free French* d'être responsables, par leurs bavardages au moment du départ d'Angleterre, de ce fiasco.

Le *News Chronicle* écrit :

« Sur quelles bases le gouvernement a-t-il accepté les assurances d'un général de grande expérience militaire mais qui n'est pas un politique ?

« Nous pouvons répudier ce général de Gaulle avec le même cynisme dont son pays a fait preuve pour nous répudier en juin.

« Nous ne pouvons risquer la cause de la liberté pour une poignée d'hommes ! »

Aux États-Unis, la presse est plus sévère encore.

À Vichy, tous ceux qui ont choisi l'armistice et la collaboration se déchaînent.

On diffuse plusieurs fois le « Message à l'Empire français » lancé par Pétain.

« La France a perdu la guerre. Les trois cinquièmes de son territoire sont occupés, dit le Maréchal. Elle s'apprête à connaître un hiver pénible. Mais son unité doit rester intacte. Aucune tentative de quelque côté qu'elle vienne, de quelque idéal qu'elle se pare, ne saurait prévaloir contre elle.

« Le premier devoir est aujourd'hui d'obéir… »

Il faut se rebeller, se battre au contraire : les mots de soumission du maréchal Pétain fouettent de Gaulle.

Il va se rendre dans les territoires de l'Afrique-Équatoriale qui ont rejoint la France Libre.

Le combat lui paraît d'autant plus nécessaire que le gouvernement de Vichy rompt avec toutes les règles, agit dans l'arbitraire.

Le château de Chazeron a été loué aux environs de Vichy pour y interner les anciens ministres de la République : Reynaud, Daladier, Mandel, et le général Gamelin. Et quand on ne peut se saisir d'un ministre… on arrête son fils !

On déchoit de la nationalité française et on confisque les biens des personnalités qui ont exprimé leur hostilité, qui appartiennent à la franc-maçonnerie ou qui sont juives.

Dans la même charrette, on trouve Pierre Cot et les Rothschild, René Clair et Alexis Leger (Saint-John Perse).

On prépare le procès des « responsables » de l'entrée en guerre et la cour de Gannat, non loin de Vichy, condamne à mort des officiers « gaullistes », dont le général Catroux.

Ces mesures d'oppression, de vengeance politique, s'accompagnent d'une apologie par le maréchal Pétain de l'« idée nationale-socialiste ».

Il l'affirme dans un long article de la *Revue des Deux Mondes*, publié le dimanche 15 septembre.

« Nous avons d'autant moins de peine à accepter cette idée nationale-socialiste qu'elle fait partie de notre héritage classique ! »

Et le Maréchal poursuit :

« C'est ainsi que nous la trouvons telle qu'elle est chez le plus français de nos écrivains, chez le plus national de nos poètes, le bon La Fontaine » et... de citer la fable *Le Laboureur et ses enfants*.

On devrait rire, mais derrière la sénilité intellectuelle, on entend les propos violents d'un Marcel Déat qui fut député socialiste et valeureux combattant de 14-18, et de surcroît agrégé de philosophie, élève de l'École normale supérieure.

Marcel Déat

Patriote dévoyé, aveuglé par son ambition, Déat écrit :

« La France se couvrira s'il le faut de camps de concentration, et des pelotons d'exécution fonctionneront en permanence.

« L'enfantement d'un nouveau régime se fait aux forceps et dans la douleur. »

C'est ce prix que les idéologues sont prêts à faire payer aux Français pour faire entrer la France dans l'Europe nouvelle de Hitler.

Et avec quelle perspective ?

Déat le dit avec cynisme :

« La France doit devenir le verger et le Luna Park de l'hitlérisme. »

Qui pourrait, s'il aime la France, renoncer à se battre contre ces gens-là qui la trahissent et l'avilissent ?

De Gaulle dans sa cabine, en rade de Freetown, écrit à son épouse le samedi 28 septembre :

« Ma chère petite femme chérie,

« Comme tu l'as vu, l'affaire de Dakar n'a pas été un succès. Pour le moment, tous les plâtres me tombent sur la tête. Mais mes fidèles me restent fidèles et je garde bon espoir pour la suite.

« Je ne compte pas revenir à Londres avant quelque temps. Il faut patienter et être ferme.

« Combien j'ai pensé à toi, et pense toujours à toi et aux babies dans tous ces bombardements…

« Je considère que la bataille d'Angleterre est maintenant gagnée.

« Mais je m'attends à la descente en Afrique des Allemands, Italiens et Espagnols.

« C'est le plus grand drame de l'Histoire et ton pauvre mari y est jeté au premier plan avec toutes les férocités inévitables contre ceux qui tiennent la scène.

« Tenons bon.

« Aucune tempête ne dure indéfiniment. »

28.

C'est le mardi 1er octobre de l'an quarante.

Il a plu toute la journée sur Vichy, et l'averse frappe encore les baies vitrées du grand salon de l'hôtel du Parc, où se tient depuis 17 heures le Conseil des ministres présidé par le maréchal Pétain.

C'est le sort des Juifs qui ont la France pour patrie ou refuge qui est en question.

Depuis quelques jours, la haine antisémite a déferlé comme une vague énorme, longtemps retenue et qui tout à coup envahit l'horizon. Et l'on entend crier « Mort aux Juifs ».

À Paris, le cœur de la zone occupée, on peut lire dans l'hebdomadaire *Au pilori* : « Les Juifs doivent payer la guerre ou mourir. »

Xavier Vallat, ancien député, martèle que le Juif est inassimilable dans la communauté nationale.

« Il faut défendre l'organisme français du microbe qui le conduisait à une anémie mortelle », écrit-il.

L'hebdomadaire dresse la liste des « firmes juives » et demande au préfet de la Seine et au préfet de police d'exiger, dans un but de salubrité, que tous les propriétaires de magasins affichent de façon apparente sur leurs boutiques leur nom et leur prénom.

D'autres publications – *La France au travail !*, *Le Cri du peuple*, financés par les Allemands – répandent la même boue empoisonnée où se mêlent le vieil antijudaïsme qui est présent en France depuis le Moyen Âge, et le racisme nazi.

Les autorités d'occupation ont le vendredi 27 septembre promulgué une ordonnance obligeant les Juifs à se faire recenser, interdisant à ceux qui ont quitté la zone occupée d'y retourner.

Obligation est faite – comme le demandait *Au pilori*, qui avait ainsi préparé l'opinion à la mesure allemande – aux propriétaires juifs d'exposer une affiche, rédigée en allemand et en français, désignant leurs biens – ateliers ou boutiques – comme une entreprise juive.

L'ordonnance allemande définit comme juives les personnes appartenant à la religion juive ou ayant plus de deux grands-parents juifs.

L'avidité des antisémites, leur désir de s'emparer des biens juifs, boutiques, appartements, ateliers, ou bien de chasser les Juifs de leurs activités, se dévoilent.

« Qu'attend-on pour désenjuiver réellement la médecine et tant d'autres corporations françaises ? » lit-on.

Le journaliste et écrivain Lucien Rebatet expectore sa haine dans *Le Cri du peuple* :

« On ne se débarrasse pas des rats et des cancrelats en imprimant du papier, écrit-il. Les Juifs ne sont pas moins odieux que ces parasites et bien plus malfaisants… Nous les avons laissés trop longtemps libres et impunis menant sur tous les terrains leur besogne destructive. »

Ce texte est un appel à l'extermination de ces « parasites » dont on nie l'humanité, à la manière des nazis, pour qui les Juifs ne sont que des poux.

On les accuse d'écouter la radio anglaise, d'être les grands maîtres du « marché noir », ce commerce clandestin des denrées rationnées qui échappe aux contraintes des « cartes d'alimentation » et des queues devant les boucheries ou boulangeries.

Ceux qui signent ces textes antisémites sont, au sens précis du mot, à la solde des nazis qui financent les journaux et paient donc ceux qui y écrivent.

Pour permettre cette propagande, le gouvernement de Vichy a promulgué, dès le mardi 27 août, une loi supprimant l'interdiction de diffamer et d'injurier un groupe de personnes qui appartiennent par leur origine à une race ou à une religion déterminée.

La loi supprime ainsi le décret de loi pris par Daladier le 21 avril 1939. Et Vichy déclare que cette suppression rétablit… la liberté de la presse. C'est-à-dire le droit de représenter le Juif en souhaitant son exclusion, sa mort.

Alors les journaux ne se gênent pas. On peut lire dans *La France au travail* :

« Sur une France décadente
Le Juif tel un chancre rongeur
Aux relents d'humeur purulente
Exhalait sa mauvaise odeur
Il se montrait plein d'arrogance
Sa face blême était partout
Dans les journaux, dans la finance
Dans les arts, il corrompait tout. »

Et cela se chante sur l'air de *La Chanson des blés d'or.*

Ces fanatiques stipendiés qui prospèrent à Paris, sous la protection de la Kommandantur, s'en prennent au gouvernement de Vichy, trop modéré à leurs yeux. *La France au travail* s'indigne ainsi :

« Est-ce un cloaque, est-ce un taudis ?
Vichy, notre station thermale ?
Pour certains, c'est un paradis
Qui met à l'abri du scandale
Ils y sont entre renégats
On couvre leur ignominie
On y blanchit les scélérats
C'est la lessive en Pétainie. »

On dénonce cette zone libre où, assure-t-on, sur la Côte d'Azur, « le danger juif est très grand ».

« Le Juif errant est arrivé à… Kahn (Alpes-Maritimes) peut-on lire dans *La Gerbe*. Il est arrivé au terme de cette nouvelle étape fuyant devant le champion de la race blanche qui le poursuit sans trêve ni repos sur les terres de l'Occident. Il s'est arrêté sur cette Côte d'Azur qu'il enlaidissait de ses millions et de ses vices. »

Le maréchal Pétain connaît ces critiques, le mardi 1er octobre, quand il préside le Conseil des ministres dans un grand salon de l'hôtel du Parc, à Vichy.

« Long Conseil des ministres de 17 heures à 19 h 45, note le ministre Paul Baudouin. Pendant deux heures, est étudié le statut des Israélites.

« C'est le Maréchal qui se montre le plus sévère. Il insiste en particulier pour que la Justice et l'Enseignement ne contiennent aucun Juif. »

Ce statut des Juifs discuté au Conseil sera adopté deux jours plus tard, le jeudi 3 octobre. Sa publication est prévue dans le *Journal officiel* le vendredi 18 octobre 1940.

Un exemplaire est remis à Abetz, ambassadeur du Reich à Paris, qui aussitôt avertit Ribbentrop, son ministre.

Le texte français, se félicite Abetz, considère comme juive toute personne ayant plus de deux grands-parents juifs. « Tout comme en Allemagne », souligne Abetz.

Vichy est allé plus loin que les Hongrois ou les Slovaques. Désormais, un prêtre catholique d'origine juive ne cesse pas d'être juif.

L'antijudaïsme français qui prétendait n'être que « religieux » a laissé la place à un antisémitisme qui définit et vise la « race juive ».

Juifs étrangers, Juifs français, Juifs convertis au christianisme : tous sont confondus dans la même haine raciste, exterminatrice.

Pas de place pour les Juifs dans les fonctions publiques. Pas de place pour eux dans le journalisme, le cinéma, le théâtre, la radio, et bien entendu dans l'enseignement.

Les dispositions de ce statut des Juifs entraîneront des radiations, des mises à l'index, des vexations innombrables, une pression policière qui crée un climat lourd de soupçons.

Il y a des délateurs qui écrivent des milliers de lettres de dénonciation. Toute la lie d'une société qui se terre habituellement remonte à la surface, pourrit les relations humaines, la vie sociale.

Et d'autant plus que le garde des Sceaux, Raphaël Alibert, veille à la stricte application de cette législation raciale.

Dans une circulaire, il indique que pour identifier les Juifs, des indices sont fournis par les prénoms figurant sur les actes d'état civil, et par les noms inscrits sur les sépultures des cimetières juifs.

Les descendants peuvent ainsi être repérés et poursuivis, tomber sous le coup du statut du 3 octobre.

On dresse des listes, on relève des adresses, on classe les lettres de dénonciation, on construit des arbres généalogiques. Tout est prêt pour des rafles à venir. Mais le premier pas décisif a été accompli : désigner, accuser, mépriser, déshumaniser, isoler, dépouiller, et persécuter.

Et diffuser dans toute la société l'angoisse, la peur, la traque, l'envie, la veulerie et la lâcheté.

On mesure la force brutale de ces passions, on voit se dessiner le vrai visage du régime de Vichy, le dimanche 6 octobre 1940, à Nice, quand Joseph Darnand, un ancien combattant de 14-18 et de 39-40, décoré en 1918 de la médaille militaire par le général Pétain, fait prisonnier en juin 1940, évadé, monte à la tribune pour s'adresser aux 15 000 personnes venues célébrer la fondation de la Légion française des combattants.

« Nous avons assez pleuré, s'écrie Darnand. Nous avons assez souffert en silence des malheurs de la France… Nous avons besoin maintenant que les vrais Français patriotes remplacent les métèques, les Juifs et les étrangers. »

Dans la salle du casino municipal où se pressent 8 000 personnes – la foule est aussi importante à l'extérieur –, on applaudit à tout rompre.

« Il faut chasser les faux Français qui ont mené le pays à la ruine, continue Darnand. Nous allons rompre avec des hommes qui nous ont exploités et perdus… Il faut que les fautifs soient châtiés. Le Maréchal l'a promis. Il est pour nous la vraie lumière dans la nuit noire où des misérables nous ont plongés. »

Sur l'estrade, se trouve aux côtés de Darnand le révérend père Bruckberger, son compagnon d'armes.

Darnand donne lecture du serment « légionnaire ».

« Je jure de consacrer toutes mes forces à la Patrie, à la Famille, au Travail…

« J'accepte librement la discipline de la Légion pour tout ce qui me sera commandé en vue de cet idéal. »

Ces milliers d'hommes crient d'une seule voix : « Je le jure ! »

Ils lèvent le bras, comme on le fait dans l'Italie fasciste et l'Allemagne nazie.

Et on scande : « Vive Pétain ! Vive la France ! Vive le Maréchal ! »

On vénère le Maréchal.

On attend en ce mois d'octobre sa parole, car chacun sent bien que l'on s'enfonce dans des temps plus difficiles encore.

Il parle le mardi 8 et le vendredi 11 octobre, parce que autour de lui on mesure l'anxiété de la population, les difficultés croissantes de la vie.

Les queues s'allongent devant les boutiques. Et les étals sont vides, les rations alimentaires insuffisantes, le marché noir florissant, la pression allemande de plus en plus forte.

« Depuis plus d'un mois, j'ai gardé le silence, dit le Maréchal. Je sais que ce silence étonne et parfois inquiète certains d'entre vous. »

Sa voix est encore plus grave, tremblante.

« Cet avenir est encore lourd et sombre… L'hiver sera rude… Le problème du ravitaillement s'est posé au gouvernement comme une pénible nécessité… »

Il dénonce les « tares de l'ancien régime politique ».

« L'ordre nouveau est une nécessité française. Nous devrons tragiquement réaliser dans la défaite la révolution que dans la victoire, dans la paix, dans l'entente volontaire de peuples égaux, nous n'avons même pas su concevoir. »

Il faut bâtir « un régime hiérarchique et social ».

Mais c'est sans enthousiasme, sans aucun élan, que Pétain présente ces projets comme s'il n'y croyait pas.

Les mots qu'il utilise sont ceux de la macération : « notre humiliation, nos deuils, nos ruines ». Et, pour finir ces phrases accablantes :

« Le choix appartient d'abord au vainqueur. Il dépend aussi du vaincu.

« Si toutes les voies nous sont fermées, nous saurons attendre et souffrir ! »

C'est l'apologie de la soumission, de la capitulation. Le Maréchal craint les Allemands. Il refuse de rendre publique la protestation du gouvernement contre l'annexion de l'Alsace et de la Lorraine.

À ceux – Weygand et Baudouin – qui manifestent leur désapprobation et lui répètent que « le silence du gouvernement nous rend complices des Allemands », il répond :

« Les Allemands sont des sadiques. Si je les mécontente, ils broieront les Alsaciens, vous ne les connaissez pas ! »

Devant cette pusillanimité, des fidèles du Maréchal, des généraux qui lui sont loyaux s'organisent, cachent des armes, fondent des réseaux de transport, afin d'être prêts à réagir si les Allemands franchissaient la ligne de démarcation.

Le chef d'État-major général de l'armée, le général Verneau, réunit à Vichy, à l'hôtel des Bains, 80 officiers d'état-major et leur déclare :

« La guerre n'est pas finie… La France connaît une épreuve de plus, mais nous sommes le pays de l'invincible espérance… Restez en contact avec moi. »

À la demande du général Huntziger, le ministre de l'Intérieur met sur pied une police supplétive, les *Groupes de protection*, qui permet de maintenir en activité des sous-officiers et des officiers en surnombre.

Ces GP sont pour la plupart d'anciens « cagoulards » et cette police est destinée à protéger le gouvernement, mais elle a aussi pour but de résister aux Allemands en maintenant en activité une organisation militaire.

Des proches de Pétain – le chef de bataillon Loustaunau-Lacau, lui aussi membre de la Cagoule – prennent contact avec un diplomate canadien en poste à Vichy et créent la *Croisade*, bien décidés à résister aux Allemands.

Ils vont bâtir l'*Alliance*, un réseau de résistance déterminé.

Ainsi, en ce mois d'octobre 1940, à Vichy même, dans l'entourage du Maréchal, des noyaux de résistance à l'occupant se constituent-ils.

Et apparaissent les premiers « vichystes résistants », souvent issus de l'extrême droite, anciens adhérents du Comité secret d'action révolutionnaire (CSAR), la Cagoule.

À l'extrême opposé, en zone occupée, comme en zone libre, le parti communiste abandonne l'illusion d'une « coexistence » possible avec les nazis.

Sa position à l'égard de l'occupant devient d'autant plus critique, hostile, que Staline constate que Hitler renforce ses troupes à l'est, et songe peut-être à une agression contre l'URSS.

En outre, Allemands et policiers français pourchassent et arrêtent des centaines de militants communistes, et en réponse à cette répression, les communistes créent une Organisation spéciale (OS) paramilitaire. Elle a pour mission le sabotage mais surtout la lutte armée, le « châtiment », l'exécution des traîtres, des agents de l'ennemi.

Dans tous les milieux, spontanément d'abord, puis méthodiquement, des groupes de résistants se créent.

La presse clandestine comporte plusieurs publications, souvent éphémères mais qui reprennent les informations de la « radio anglaise » et les diffusent.

Dans ce climat, les actes de sabotage, le plus souvent commis par des isolés, se multiplient.

On coupe les câbles téléphoniques ou télégraphiques utilisés par les Allemands. On détruit du matériel de l'armée d'occupation.

À Rennes, dans la nuit du dimanche au lundi 14 octobre des soldats allemands sont attaqués. À Étampes, des « terroristes coupent les jarrets des chevaux que les Allemands viennent de réquisitionner ».

La France, en cet automne 1940, sort peu à peu de la sidération dans laquelle l'avait plongée l'effondrement – le cataclysme – de mai et juin.

Au fond de l'abîme, elle se redresse.

De Gaulle le sent.

Il parcourt, aux antipodes, les territoires de l'Afrique-Équatoriale française ralliés à la France Libre.

Et partout, à Douala, à Yaoundé, à Fort-Lamy et à Brazzaville, on l'accueille avec enthousiasme. On chante *La Marseillaise*. Les troupes lui rendent les honneurs.

Mais parfois, ainsi au Gabon, les vichystes résistent et c'est le deuil du combat fratricide de Dakar qui est tout à coup brutalement ravivé.

Que de morts inutiles ! Que d'héroïsme fourvoyé !

De Gaulle pense à ce capitaine de corvette qui saborde son sous-marin après avoir lancé une torpille contre un croiseur anglais, et « coule bravement » son navire.

Il pense à ce gouverneur du Gabon qui se rallie à la France Libre puis se ravise et se pend ! Et les officiers et la plupart de leurs hommes refusent de rejoindre la France Libre.

Heureusement, il y a ses compagnons, Leclerc, Messmer, Pâris de Bollardière, Simon, Massu, ces jeunes officiers résolus à hisser la patrie hors de l'abîme. Les voir, c'est comme un « lavage d'âme ».

C'est pour cela qu'à Brazzaville, en ce dimanche 27 octobre 1940, il crée l'*Ordre de la Libération* afin de distinguer plus tard, quand Paris et Strasbourg seront libérés, ceux qui ont formé la première cohorte de la Résistance et de la France Libre.

Mais tout est si fragile encore.

Churchill, devant la Chambre des communes, lui a renouvelé sa confiance en dépit de l'échec de Dakar et « l'opinion que nous avons de De Gaulle a été rehaussée par tout ce que nous avons vu de sa conduite dans des circonstances particulièrement difficiles », a déclaré Churchill.

Et cependant les Anglais semblent hésiter à continuer de le soutenir.

Ils ont approché le général Catroux, l'aîné de De Gaulle d'une dizaine d'années et général cinq étoiles. Veut-il remplacer de Gaulle ?

Les Anglais jouent leur jeu.

Ils entretiennent, par l'intermédiaire des diplomates canadiens, des relations discrètes avec le maréchal Pétain.

Ils acceptent de recevoir un universitaire, le professeur de philosophie Louis Rougier, qui se présente à Londres comme le représentant du Maréchal et qui, au cours de nombreuses rencontres avec lord Halifax et Winston

Churchill, établit une sorte de « protocole » entre Londres et Vichy.

Mais seul Rougier accorde une importance décisive à ce texte. Pour les Anglais, les contacts avec Rougier permettent de connaître la situation à Vichy. Pour Rougier et le maréchal Pétain, c'est de la grande politique, moyen de contrebalancer la puissance allemande. Parce que Churchill a rencontré Rougier. Et c'est une carte de plus dans les mains des Anglais pour « contrer » éventuellement de Gaulle, le tenir.

De Gaulle voit aussi se recréer, au sein de la France Libre, les rivalités suicidaires des clans, des ambitions personnelles, des rancœurs, des soupçons, un « tumulte d'aigreurs ».

Certains poussent l'amiral Muselier contre de Gaulle.

Raymond Aron craint que le Général ne soit tenté par le « pouvoir personnel ».

On l'accuse d'être entouré de cagoulards.

D'autres de promouvoir des Juifs et des socialistes.

Certains s'insurgent de lire dans le quotidien de la France Libre, *France*, un éloge de Léon Blum !

Et le général de Larminat s'étonne et regrette que l'on reprenne dans la France Libre la triade républicaine « *Liberté, Égalité, Fraternité* ! »

L'Histoire chemine ainsi.

« Je t'écris ici, après un grand tour en avion dans trois des points importants du Cameroun et du Tchad, explique de Gaulle à son épouse. L'esprit est excellent. Tout va bien, mais la tâche est lourde matériellement et moralement. Il faut accepter, écrit-il, laconique, et je les accepte, toutes les conséquences de ce drame dont les événements ont fait de moi l'un des principaux acteurs. Celui qui saura vouloir le plus fermement l'emportera en définitive, non seulement en fait mais encore dans l'esprit des foules moutonnières. »

Il poursuit donc, tout au long de ce mois d'octobre, son périple en Afrique, créant un *Conseil de défense de l'Empire*, à Brazzaville.

La France Libre a désormais un territoire où elle est souveraine. Et ce, au moment où les dépêches annoncent que le gouvernement de Vichy multiplie les décisions infâmes en promulguant le statut des Juifs.

Il y a, venant de la France occupée, copie de cette lettre adressée au maréchal Pétain par un avocat, Pierre Masse, de confession juive.

Ce n'est pas un plaidoyer mais le plus terrible des réquisitoires.

« Monsieur le Maréchal, écrit Pierre Masse.

« J'ai lu le décret qui déclare que tous les Israélites ne peuvent plus être officiers, même ceux d'ascendance strictement française.

« Je vous serais obligé de me faire dire si je dois aller retirer leurs galons à mon frère, sous-lieutenant au 36e régiment d'infanterie, tué à Douaumont, en avril 1916 ; à mon gendre, sous-lieutenant au 14e régiment de dragons, tué en Belgique, en mai 1940 [...]. Mon fils Jacques, sous-lieutenant au 62e bataillon de chasseurs alpins, blessé à Soupir en juin 1940, peut-il conserver son galon ?

« Suis-je enfin assuré qu'on ne retirera pas rétroactivement la médaille de Sainte-Hélène à mon arrière-grand-père ?

« Je tiens à me conformer aux lois de mon pays, même quand elles sont dictées par l'envahisseur.

« Veuillez agréer, Monsieur le Maréchal, les assurances de mon profond respect. »

C'est à la France Libre de combattre, de réparer, d'effacer ces infamies commises au nom du peuple français.

De Gaulle le dit à quelques officiers – dont Leclerc – rassemblés autour de lui, à Brazzaville, sur un morceau d'Empire arraché à Vichy.

« Les jours que nous vivons, analyse-t-il, sont les plus terriblement graves de notre Histoire. En ce moment même, les malheureux ou les misérables qui prétendent, à Vichy, constituer le gouvernement français, sont engagés de force avec l'ennemi dans d'infâmes négociations. »

Il fait quelques pas, s'écarte, revient, ajoute :

« C'est que la servitude n'enfante qu'une plus grande servitude.

« Quand on s'y est jeté, il faut aller jusqu'au bout ! »

Puis, haussant le ton, plus solennel et énergique encore, il dit :

« Français Libres, à présent la France c'est nous. L'honneur de la France est entre nos mains. »

29.

Ce mercredi 30 octobre 1940, depuis le début de la matinée, les stations de radio annoncent que le chef de l'État français, M. le maréchal de France, Philippe Pétain, adressera à 17 h 30 un message aux Français.

La voix des speakers est solennelle.

Il y a quatre jours, le samedi 26 octobre, les journaux de la zone occupée et ceux de la zone libre – et les journaux du monde entier – ont publié la photographie du maréchal Pétain serrant la main du Führer Adolf Hitler en gare de Montoire-sur-le-Loir.

Les deux hommes se sont rencontrés le jeudi 24 octobre en zone occupée, donc.

Le Führer était accompagné de son ministre des Affaires étrangères, Ribbentrop, et Pierre Laval, le vice-président du Conseil des ministres, se trouvait aux côtés du Maréchal.

De brefs commentaires accompagnent le document qui, au-delà des milieux politiques de Vichy, surprend l'opinion.

Les deux hommes se font face. Ils sont en uniforme.

Le Maréchal n'arbore sur sa veste que sa médaille militaire. Il regarde Hitler droit dans les yeux.

« Il n'a pas l'allure modeste et humble d'un vaincu. C'est l'incarnation de l'honneur militaire, de la France éternelle », affirme un commentateur.

On décrit le voyage de Vichy à Montoire, la voiture du chef de l'État précédée de motocyclistes en gants blancs, les compagnies de la Wehrmacht qui rendent les honneurs, les généraux allemands venus saluer le glorieux maréchal.

« La France peut être fière d'avoir été représentée par un soldat dont la dignité inspire le respect à l'adversaire victorieux. »

Mais on attend avec impatience et anxiété son message, dont on espère qu'il apportera enfin autre chose que de belles promesses, mais le desserrement de la pression allemande, un calendrier pour la libération de ces près de deux millions de prisonniers et peut-être l'ouverture de négociations de paix, conduisant à la fin de l'occupation.

Enfin Pétain s'explique. Enfin cette voix, qu'on reconnaîtrait entre mille qui s'est gravée dans les mémoires depuis ce lundi 17 juin 1940, quand elle a prononcé la phrase fatidique : « C'est le cœur serré que je vous dis qu'il faut cesser le combat. »

« Français,

« J'ai rencontré jeudi dernier le chancelier du Reich.

« Cette rencontre a suscité des espérances et provoqué des inquiétudes. Je vous dois à ce sujet quelques explications.

« Quatre mois après la défaite de nos armes… cette première rencontre entre le vainqueur et le vaincu marque le premier redressement de notre pays.

« C'est librement que je me suis rendu à l'invitation du Führer. Je n'ai subi de sa part aucun diktat, aucune pression. »

Voilà des semaines que le maréchal Pétain veut rencontrer Hitler, user de son prestige personnel face à cet ancien combattant de 14-18.

Entre soldats, on se respecte. Et peut-être pourrait-il obtenir du Führer un allègement de l'occupation nazie.

Pétain sait que le peuple qui souffre de la faim, de la misère, de l'absence d'un fils, d'un frère, d'un mari, attend cela.

« J'irai trouver le Führer comme je suis allé trouver les mutins en 1917 », confie le Maréchal.

Il saura se faire entendre de Hitler, et il imposera au gouvernement sa politique étrangère, écartant le général Weygand et ce maquignon intrigant et louche de Pierre Laval.

Weygand n'a qu'une idée : « l'armistice, rien que l'armistice ». Le général pense que le Reich vainqueur reste l'ennemi ; et les Anglais, en dépit de leurs actions égoïstes, des alliés. Pétain écarte donc Weygand de tout rôle ministériel. Que le général se contente de renforcer l'armée de l'armistice et maintienne la souveraineté française en Afrique.

Maxime Weygand

Pierre Laval, vice-président du Conseil, est plus difficile à contrôler, à déloger. L'homme, en vieux politicien « révolutionnaire », est retors et convaincu que lui seul peut s'entendre avec ces deux autres « révolutionnaires » issus comme lui du peuple, Mussolini et Hitler.

Laval est persuadé que l'Angleterre a perdu la guerre, même s'il faut plus de temps pour l'abattre qu'il ne l'escomptait.

L'intérêt de la France est donc de s'allier avec le Reich, de proposer à Hitler des actions communes contre l'Angleterre, pouvant aller jusqu'à l'affrontement armé.

Et de cela, Pétain ne veut pas.

Le Maréchal veut qu'on sache à Londres qu'il ne déclenchera jamais d'hostilités contre l'Angleterre. Et c'est pourquoi il a soutenu l'initiative du professeur de philosophie, Louis Rougier.

Au retour de ce dernier, Pétain a enfermé dans son coffre le « protocole » établi avec les Anglais que lui a remis Rougier.

Ne pas heurter Hitler, lui faire des concessions verbales si nécessaire et ne pas trancher le fil avec Londres : voilà la politique de Pétain.

C'est pour faire triompher cette orientation que le Maréchal veut rencontrer Hitler.

Or, dans la même période, Hitler a changé son plan d'attaque contre l'Angleterre. Et pour cela, il a besoin de la France de Pétain et de l'Espagne du général Franco.

C'est l'amiral Raeder qui a expliqué – et convaincu Hitler – que « la Méditerranée est le pivot de l'Empire britannique ». Le plan proposé est sur le papier simple et grandiose.

On occupe Gibraltar : de là, la nécessité d'obtenir l'appui de Franco.

On marche vers Suez, en traversant l'Afrique du Nord française : il faut donc arracher à Pétain son autorisation et sa collaboration.

Puis de Suez, on peut avancer par la Palestine et la Syrie jusqu'à la Turquie qui tombera sous contrôle allemand.

Et il est aussi possible de traverser l'Afrique d'est en ouest, de Suez à Dakar, et les Français fidèles à Vichy sont encore les maîtres de cette Afrique-Occidentale.

Rendez-vous est pris avec les Français et les Espagnols.

Les trains blindés de Hitler et Ribbentrop feront d'abord une halte à Montoire-sur-le-Loir.

La petite gare est proche d'un tunnel où les trains pourront trouver refuge s'il y a un bombardement.

Le mardi 22 octobre, Hitler rencontrera Pierre Laval. Le vice-président du Conseil a sollicité ce rendez-vous, et il est bon d'avoir auprès de Pétain ce politicien qui veut rompre avec l'Angleterre. Le mercredi 23 octobre, les trains rouleront jusqu'à Hendaye, où les attendra le général Franco.

Le jeudi 24, à Montoire, à nouveau, Hitler rencontrera le maréchal Pétain.

Puis les trains blindés se dirigeront vers Munich, mais si nécessaire le Führer rencontrera Mussolini qui, avide de gloire et de conquête, veut envahir la Grèce, ce qui serait une « déplorable bévue ».

Mais pourra-t-on retenir Mussolini ?

Benito Mussolini

Hitler est confiant cependant.

Il croit pouvoir convaincre Français et Espagnols. Il ignore que Pétain a eu connaissance du « plan » de Hitler (confidence d'un ambassadeur). Et le Maréchal a averti Franco des intentions allemandes, de sa volonté de ne pas accepter le passage des troupes du Reich par l'Afrique du Nord.

D'ailleurs, ni le général Franco ni le maréchal Pétain ne veulent d'une guerre avec l'Angleterre.

Franco entretient les meilleures relations possible avec l'ambassadeur de Sa Majesté, Samuel Hoare. Et Franco a besoin des denrées alimentaires que lui livrent les États-Unis avec l'accord de l'Angleterre. Saignée par la guerre civile et épuisée par la disette, l'Espagne ne peut se permettre d'entrer dans un nouveau conflit.

Quant à la France…

D'abord, il y a Pierre Laval qui arrive à Montoire, le mardi 22 octobre, dans la voiture d'Abetz qui ne l'a pas averti qu'il doit rencontrer Hitler.

La rencontre va se faire dans le train blindé, en présence de Ribbentrop et de l'interprète, le docteur Schmidt que Laval connaît.

L'accord est immédiat.

« Mon entrevue avec le chancelier Hitler à Montoire fut pour moi une surprise, dit Laval, une émouvante surprise. Nous sentions de même et nous avons fini par parler un langage nouveau : européen. »

Laval affirme que la seule politique possible pour la France vaincue est de s'entendre avec l'Allemagne et Hitler répond :

« C'est l'intérêt de la France si elle veut que ce soit à l'Angleterre de payer les frais de la guerre et non à elle. »

Rien de précis n'est avancé par Hitler.

On évoque vaguement, si la France perd des colonies, une compensation par l'octroi de territoires anglais : la Tunisie pour Mussolini et le Nigeria à la France…

Le lendemain, mercredi 23 octobre, pendant que Hitler rencontre Franco à Hendaye, Laval est à Vichy devant le Conseil des ministres qui se réunit à 17 heures. Il raconte son entrevue avec le Führer.

Poignée de mains entre Hitler et Laval.

« Mon impression est bonne. Hitler est un grand homme qui sait ce qu'il fait et où il va. Le Führer a offert à la France la collaboration... Je n'ai pris aucun engagement mais ce serait un crime contre la France que de refuser son offre... »

Lorsqu'un ministre l'interroge sur le contenu et le sens de cette collaboration, Laval hausse les épaules :

« La France est devant un tournant. Si certains individus me critiquent et m'embêtent, je m'en fous éperdument. J'ai la certitude de bien défendre mon pays. »

Pétain qui doit voir Hitler le lendemain, jeudi 24 octobre, se tait, annonce qu'il compte se faire accompagner par Paul Baudouin, ministre des Affaires étrangères.

Laval proteste et menace.

« S'il n'est pas le seul membre du gouvernement à se trouver aux côtés du chef de l'État, lors de l'entrevue avec Hitler, la rencontre ne se fera pas. »

Le visage fermé, Pétain cède devant le maître chanteur.

Hitler, ce mercredi 23 octobre, est donc à Hendaye, face au général Franco qui refuse de s'engager dans un conflit avec l'Angleterre.

La conversation dure neuf heures et se prolonge par un dîner dans le wagon-salle à manger de Hitler.

L'interprète Schmidt écoute Franco déverser un flot de paroles du même ton chantant et monotone.

Le Führer est exaspéré lorsque Franco réclame qu'on lui accorde toute l'Afrique du Nord française, ce que Hitler ne peut accepter car tout l'Empire français basculerait du côté de l'Angleterre. À la fin, hors de lui, Hitler bondit

Rencontre entre Hitler et Franco.

sur ses pieds, hurle qu'il est inutile de poursuivre l'entretien. Il ajoute : « Plutôt que de passer par là de nouveau, j'aimerais mieux qu'on m'arrache trois ou quatre dents ! »

Quant à Ribbentrop, devant les refus de Serrano Suñer, le ministre espagnol des Affaires étrangères, d'envisager au moins de chasser l'Angleterre de Gibraltar, il s'écrie : « Le pleutre, l'ingrat, ce lâche qui nous doit tout, ose refuser de faire la guerre avec nous ! »

Cet échec rend Hitler morose, mais le lendemain, jeudi 24 octobre, il accueille avec les plus grands honneurs le maréchal Pétain. Bataillon de la garde du Führer présentant les armes, généraux en grande tenue.

« Je suis heureux de serrer la main d'un Français qui n'est pas responsable de cette guerre », dit le Führer.

Les photographes et les caméras des actualités cinématographiques opèrent longuement.

La *Propaganda Staffel* diffusera ces images qui vont stupéfier les spectateurs dans les salles de cinéma.

Pas un sifflet, pas un applaudissement : le public est terrassé, comme figé par la foudre.

Pétain affirme avoir seulement effleuré la main de Hitler du bout des doigts. Mais les images sont là qui signifient autre chose : Pétain et Hitler se *reconnaissent*, s'entendent.

En fait, Pétain se dérobe. Il ne fera pas la guerre à l'Angleterre.

« Mon pays a trop souffert moralement et matériellement pour se lancer dans un nouveau conflit », dit-il.

Mais, soucieux de ne pas heurter Hitler, il concède dans des *accords* qui doivent rester rigoureusement secrets que « la France et les puissances de l'Axe ont un intérêt identique à voir se consommer le plus tôt possible la défaite de l'Angleterre. En conséquence, le gouvernement français soutiendra dans la limite de ses possibilités les mesures que les puissances de l'Axe seraient amenées à prendre à cet effet. »

Hitler affirme que la France aura sa place dans l'Europe nouvelle. Et il souhaite que le maréchal Pétain dans un *Message aux Français* prône la politique de collaboration. Laval intervient :

« Grâce à l'offre du Führer, dit-il, la France cesse d'être devant un mur sans issue… Cependant, malgré le désir que j'en ai personnellement, je dois reconnaître qu'il est difficile de déclarer la guerre à l'Angleterre. Il faut accoutumer l'opinion publique à cette idée et puis il nous faut le consentement de l'Assemblée nationale. »

Le samedi 26 octobre, le Maréchal, rentré la veille à Vichy, rend compte de l'entretien devant le Conseil des ministres.

Tout dans son attitude montre qu'il n'accorde pas une importance majeure à cette rencontre.

« Hitler a parlé tout le temps, dit-il. Je n'ai pris aucun engagement. La collaboration est un pacte de cohabitation entre la puissance occupée et la puissance occupante. Montoire n'est qu'une prise de contact. »

Quelques semaines plus tard, à la question qu'un nouveau ministre lui pose :

« À Montoire, qu'est-ce qui s'est passé, monsieur le Maréchal ? »

Pétain répond :

« À Montoire ? Rien.

— Tout de même, il y a eu quelque chose.

— Le chancelier m'a demandé si je voulais collaborer. Oui, je veux bien, mais il faudrait que l'on me dise ce que c'est que collaborer. Hitler a dit encore "on verra". Et c'est tout, conclut le Maréchal.

— Mais dans la pratique, comment cela va-t-il se traduire ?

— Vous connaissez mes sentiments, faites-moi confiance. D'abord, cette politique n'implique aucun changement dans mes rapports avec nos anciens alliés. »

Mais pendant que Hitler rencontre Mussolini à Florence, le lundi 28 octobre, et qu'il est accablé par la décision prise par le Duce d'envahir la Grèce, ce jour même, l'image de la poignée de main Hitler-Pétain fait le tour du monde. Les réserves mentales de Pétain n'effacent ni les images, ni les accords secrets, ni les engagements pris par Laval, ni l'imitation par Vichy de la politique antisémite nazie.

Et le mercredi 30 octobre, Pétain prononce ce *Message aux Français*, exécutant ainsi une exigence de Hitler.

Il dit :

« C'est dans l'honneur et pour maintenir l'unité française, une unité de dix siècles, dans le cadre d'une activité constructive du nouvel ordre européen, que j'entre aujourd'hui dans la voie de la collaboration.

« Cette collaboration doit être sincère…

« Cette politique est la mienne. Les ministres ne sont responsables que devant moi. C'est moi seul que l'Histoire jugera.

« Je vous ai tenu jusqu'ici le langage d'un père ; je vous tiens aujourd'hui le langage du chef.

« Suivez-moi.

« Gardez votre confiance en la France éternelle ! »

Dans cette poignée de main avec Hitler, il ne donne pas que le bout des doigts.

Il fait « don de sa personne » à *sa* politique de collaboration.

En Angleterre, Daniel Cordier a écouté en direct ce discours retransmis par la BBC.

« Projet misérable confirmant que la capitulation a bien été une trahison.

« Ce discours est le second après celui de l'armistice dont je suis le témoin, écrit Cordier. Moins tragique que le premier, il est – si possible – plus abject encore, le premier engendrant le second. »

Le soir, à la BBC, Maurice Schumann déclare, dans l'émission *Les Français parlent aux Français* :

« Vous n'avez plus le choix entre une paix honteuse et le combat.

« Vous avez le choix entre le combat pour l'Allemagne et le combat pour la France. »

À Paris, ce mercredi 30 octobre, la nouvelle de l'arrestation par la Gestapo du physicien Paul Langevin se répand dans les milieux intellectuels. Langevin, professeur au Collège de France, est un scientifique de réputation internationale et l'un des intellectuels qui ont soutenu le Front populaire et se sont engagés dans la lutte antifasciste. Il est proche des communistes.

Paul Langevin

Des étudiants d'extrême gauche, du groupe *Maintenir*, rassemblés autour de François Lescure, décident d'appeler à une manifestation, le vendredi 8 novembre, au Collège de France, à l'heure du cours de Paul Langevin.

Il faut montrer aux occupants et aux « collabos » quel est le vrai visage de cette France éternelle, que Pétain invoque en la reniant.

SEPTIÈME PARTIE

Mercredi 30 octobre
—
Mardi 31 décembre 1940

« Français !
« L'hiver commence, il sera rude. »

Maréchal PÉTAIN
Dimanche 10 novembre 1940

« Derrière cette folle bravoure, les hommes de Vichy sentent bien qu'il y a tout un pays qui se lève… »

Jacques DUCHESNE
À la BBC (Radio-Londres)
commentant la manifestation des étudiants
et lycéens du lundi 11 novembre 1940
à l'Arc de triomphe

« C'est cette sainte fureur française, celle de Jeanne d'Arc, celle de Danton, celle de Clemenceau qui nous rend l'espérance, qui nous fait retrouver des armes. »

Général DE GAULLE
Lundi 25 novembre 1940

30.

« Français !

« L'hiver commence, il sera rude… »

Ainsi débute l'appel que le maréchal Pétain lance, le dimanche 10 novembre, pour inciter les Français à apporter leur aide au Secours national. « On attend votre don, l'hiver lui n'attend pas. »

C'est que depuis la rencontre de Montoire – il y a déjà près de vingt jours –, la misère ne recule pas et la pression allemande, loin de se relâcher, s'accentue.

On contraint les actionnaires de sociétés françaises (ainsi ceux des mines de cuivre de Bor, en Yougoslavie et en Bulgarie) à vendre leurs actions à des Allemands.

L'argent ne manque pas au Reich. L'État français lui verse une contribution quotidienne encore accrue.

Le pillage des « richesses françaises » s'accentue. Et le chômage et la misère sont tels que des milliers de Français s'en vont travailler en Allemagne.

Alors que ces trains de « travailleurs volontaires » partent vers le Reich, soixante-six trains d'expulsés de Lorraine et d'Alsace arrivent à Lyon, et en quinze jours, à compter du 12 novembre, ce sont 66 000 Lorrains et 120 000 Alsaciens qui sont chassés de chez eux.

Les nazis veulent aussi détruire le prestige intellectuel et artistique français.

Paris ne doit plus être le centre de la mode, le Führer a décidé que les grands couturiers seront désormais berlinois !

Goebbels, ministre de la Propagande, déclare un mois après Montoire :

« Le résultat de notre lutte victorieuse devra être de briser la prédominance française dans la propagande, en Europe et dans le monde. Après avoir pris possession de Paris, centre de propagande culturelle en France, il est maintenant possible de porter à cette propagande le coup définitif. Toute assistance prêtée à cette dernière ou toute tolérance à cet égard serait un crime vis-à-vis de la nation.»

Pierre Laval veut ignorer cette réalité. Il facilite, impose la vente des actions d'entreprises françaises aux Allemands.

Il veut être l'interlocuteur des occupants, déjeune à l'ambassade d'Allemagne à Paris et, devant tous les diplomates de haut rang, invités à cette rencontre, il n'est plus un homme d'État prudent, mais un visionnaire « agissant en prophète assuré de sauver sa patrie et de lui préparer un avenir ».

Le ministre des Finances, Yves Bouthillier, qui l'accompagne, en est gêné.

« En veston noir, cravaté de blanc, écrit Bouthillier, Pierre Laval se tenait debout, solide et vigoureux, parlant aux uns et aux autres avec une force de conviction extraordinaire. »

Les Allemands massifs le regardent en « ouvrant des yeux stupéfaits ».

« Le Führer est un grand homme parce qu'il a compris qu'il ne ferait pas l'Europe sans la France, continue Laval.

« Le Chancelier du Reich ne nous a pas demandé de déclarer la guerre à l'Angleterre. Il nous a demandé que nous entrions dans une coalition européenne contre l'Angleterre et que nous exécutions en premier lieu, dans le cadre de cette coalition, une collaboration militaire en Afrique. »

Qu'est-ce à dire, sinon que Laval est prêt à monter, de concert avec les Allemands, une expédition en Afrique-Équatoriale visant à reconquérir les territoires qui, grâce à

Leclerc, Kœnig, Massu, Pâris de Bollardière, Éboué, ont rallié la France Libre !

Le samedi 9 novembre, en remerciement des services rendus – notamment dans l'affaire des mines de cuivre de Bor – Laval est reçu par le Reichsmarschall Goering à Berlin.

Goering, une fois les politesses échangées, rappelle avec rudesse que l'Allemagne n'aura de considération et d'égards pour la France que si celle-ci concourt par sa participation militaire à la défaite de l'Angleterre. Et Laval d'approuver, alors qu'il sait bien que le Maréchal a fait dire à Churchill – *via* le Portugal – que la France ne participera jamais au conflit anglo-allemand. Et le Maréchal le répète en Conseil des ministres.

Laval ne tient pas compte de ces déclarations.

On avance donc.

Les Allemands achètent 5 000 cartes géographiques des possessions françaises en Afrique.

L'engrenage tourne, et Laval donne son accord à la fin novembre, à une opération conjointe, franco-allemande, en Afrique-Équatoriale.

Pétain, en dépit de ses réserves, se laissera-t-il entraîner dans ce conflit qui sera aussi un combat fratricide ?

Comme à Dakar, comme au Gabon ?

Car aux côtés de l'Angleterre, il y a une France combattante.

Des pilotes des Forces françaises libres sont engagés dans la bataille d'Angleterre.

Le vendredi 1er novembre, un sergent des FFL, Maurice Choron, a abattu un Heinkel 115, et sa victoire est célébrée par la « radio anglaise » écoutée par des Français chaque jour plus nombreux.

Comment, dès lors qu'existe de plus en plus sur le plan militaire et politique la France Libre, les Français pourraient-ils accepter la *collaboration* avec un occupant impitoyable et barbare ?

La BBC rapporte à la mi-novembre qu'à Varsovie, les familles juives sont expulsées de chez elles par l'armée allemande.

Le gouverneur allemand de Varsovie a décidé la création d'un ghetto concentrant toute la population juive de la ville. Les expulsés ne peuvent emporter qu'« un baluchon et des couvertures ».

En novembre, 400 000 personnes sont ainsi parquées, condamnées au froid, à la faim, à la terreur.

En Angleterre, 500 bombardiers de la Luftwaffe achèvent de raser la ville de Coventry, dans une attaque « terroriste ».

Et c'est aux côtés de cette armée allemande-là qu'il faudrait s'en aller combattre les Français Libres ?

Et c'est à ce Führer-là, commandant en chef de l'armée du Reich, que le Maréchal a serré la main à Montoire ?

Et c'est ce Hitler-là que Pierre Laval salue comme un grand homme d'État ?

Et c'est cet État français-là, qui persécute les Juifs et qui dissout les syndicats ouvriers et patronaux, qu'il faudrait soutenir ?

En ce mois de novembre 1940, la population française, même si elle continue d'applaudir le vieux et glorieux vainqueur de Verdun, commence d'entrer dans une résistance prudente, « attentiste », mais réelle.

Et la journée du lundi 11 novembre en fournit la preuve.

11 novembre : jour où l'on célèbre la victoire de 1918, les sacrifices et l'héroïsme des poilus, où on leur rend hommage à l'Arc de triomphe en ranimant la flamme, en inclinant les drapeaux autour du tombeau du soldat inconnu.

11 novembre 1940 : comment ne pas se saisir de cette journée commémorative pour affirmer l'amour de la patrie, l'espérance d'une victoire ?

Déjà, le vendredi 8 novembre, les étudiants communistes ont manifesté devant le Collège de France, scandant le nom de Paul Langevin, criant « Liberté » et « Vive la France ».

On apprend que Radio-Londres a adressé un appel à tous les Français et d'abord aux anciens combattants pour qu'ils fleurissent, le 11 novembre, la dalle sacrée du tombeau du soldat inconnu.

On lit que les autorités d'occupation ont prohibé sous toutes ses formes l'expression d'un souvenir insultant pour le Reich et attentatoire à l'honneur de la Wehrmacht.

Et cette affiche de la Kommandantur indigne, révolte. On en discute dans les cafés, les cours des lycées, les couloirs de la Sorbonne, dans tout le Quartier latin.

On confirme que la Commission de censure a édicté que l'évocation du 11 novembre ne pourrait pas dépasser deux colonnes dans les quotidiens.

Ces journaux publient un communiqué de la préfecture de police de Paris qui fait écho à celui de la Kommandantur :

« Les administrations publiques, peut-on lire, et les entreprises privées travailleront normalement le 11 novembre, à Paris et dans le département de la Seine.

« Les cérémonies commémoratives n'auront pas lieu.

« Aucune démonstration publique ne sera tolérée. »

La colère et l'indignation embrasent le Quartier latin. Elles se répandent dans les grands lycées. Les étudiants qui ont participé à la manifestation du 8 novembre devant le Collège de France – presque tous communistes – et des lycéens – souvent d'Action française – des lycées Janson-de-Sailly, Buffon, Condorcet, Carnot, décident de rédiger et d'imprimer des tracts, de coller des « papillons » dans les lycées, les facultés, invitant les élèves et les étudiants à manifester.

« Étudiant de France
« Le 11 novembre est resté pour toi un *jour de fête nationale.*
« Malgré l'ordre des autorités opprimantes il sera *jour de recueillement.*
« Tu iras honorer le soldat inconnu à 17 h 30.
« Tu n'assisteras à aucun cours.
« Le 11 novembre 1918 fut le *jour d'une grande victoire.*
« Le 11 novembre 1940 sera le signal d'une *plus grande encore.*
« Tous les étudiants sont solidaires pour que *Vive la France.*
« Recopie ces lignes et diffuse-les. »

Tout commence le matin du 11 novembre.

On dépose des fleurs à la statue de Strasbourg, place de la Concorde.

Puis, au fil des heures, la foule remonte les Champs-Élysées, fleurit de mille bouquets, de couronnes, la statue de Georges Clemenceau.

Un commissaire de police répète d'une voix douce : « Allons, pas d'attroupements, je vous en prie, c'est interdit. »

Soudain, des soldats allemands sautent d'une voiture, entourent la statue.

« Le commandant allemand ne veut pas de manifestation, répète le commissaire, il faut que ça finisse. »

Et tout à coup, à partir de 17 heures, des milliers de collégiens, de lycéens, des centaines d'étudiants emplissent l'esplanade de l'Arc de triomphe. D'autres arrivent en cortège, drapeau tricolore en tête, par l'avenue Victor-Hugo.

Des coups de feu éclatent.

Les véhicules chargés de soldats allemands zigzaguent sur la chaussée, les trottoirs, dispersent les manifestants.

Il y a des blessés. Des manifestants sont jetés dans les véhicules. Des SS, arme au poing, jaillissent du cinéma *Le Biarritz*.

Des coups de feu, des rafales à nouveau.

On chante *La Marseillaise*, puis le *Chant du départ*.
On crie « Vive la France », « À bas Pétain », « À bas Hitler ».
Les Allemands mettent des mitrailleuses en batterie, donnent des coups de crosse.
On se bat.
On assure qu'il y a une dizaine de morts, une centaine d'arrestations.

Ceux qu'on a jetés dans des camions bâchés, qu'on a conduits avenue de l'Opéra, où se trouve une Kommandantur, puis à la prison du Cherche-Midi, ont été roués de coups de poing et de pied, puis frappés à la matraque, avec la crosse des fusils.
Ils sont passés entre deux haies de soldats ivres. On les a fouettés. Certains ont été collés contre un mur, mis en joue par un peloton d'exécution dans la cour de la prison du Cherche-Midi.
Puis un général a fait irruption dans la cour. Il s'est mis à frapper les soldats, en les insultant :
« Ivrognes, bande d'ivrognes. »
En voyant les lycéens, les collégiens, les étudiants, il s'est indigné : « Mais ce sont des enfants ! »

Ce n'est que le samedi 16 novembre que la radio et la presse évoquent « ces manifestations qui ont rendu nécessaire l'intervention des services d'ordre des autorités d'occupation ».
Mais la nouvelle de la manifestation des lycéens et des étudiants s'est propagée dans toute la France, qu'elle fait frissonner d'émotion.
On n'accorde aucune attention au communiqué de la Kommandantur et on méprise le texte publié par la vice-présidence du Conseil – Pierre Laval – intitulé : « *La Vérité sur les incidents du 11 novembre* ».
On est scandalisé par la phrase : « Quatre personnes ont été légèrement blessées, aucune n'a été tuée. »

On ne connaît pas le nombre précis des victimes, mais on mesure l'importance de l'événement à ses conséquences.

Vichy et les autorités d'occupation – dont le chef est le général von Stülpnagel – ont décrété la fermeture de l'université de Paris et des grands établissements universitaires de la capitale.

Les étudiants inscrits doivent pointer chaque jour dans le commissariat de leur quartier.

Le recteur Roussy est révoqué, remplacé par l'historien Jérôme Carcopino, à qui le pouvoir accorde sa confiance.

La reprise des cours sera ordonnée le 20 décembre, alors que les congés de fin d'année commencent… le 21.

Cette manifestation déchire le voile noir du deuil, de la culpabilité, de la désespérance, sous lequel les hommes de Vichy veulent par l'évocation de la défaite, de la souffrance, empêcher le réveil de la France.

Les émissions de la France Libre le répètent :

« Derrière cette folle bravoure, les hommes de Vichy sentent bien qu'il y a tout un pays qui se lève… Ils s'aperçoivent que, peu à peu, en France, il n'y a plus de partis, il n'y a plus de classes, il n'y a plus que les chefs et les soldats ; une armée immense, une armée abandonnée, mais qui va combattre.

« Les jeunes gens du 11 novembre, ce sont en vérité les premiers morts de cette guerre. »

Dans son camp d'entraînement d'Old Dean – souvent bombardé par la Luftwaffe – Daniel Cordier écrit :

« Ce fait d'armes aiguillonne notre impatience… Toutes nos pensées se portent vers Paris, le Quartier latin, la place de l'Étoile. »

Il répète les phrases entendues à la BBC :

« Nous disons à la France qui les pleure : le rêve pour lequel ils sont morts, nous le réaliserons. »

Cette journée du lundi 11 novembre 1940 s'inscrit ainsi dans la conscience nationale, malgré la censure, la propagande allemande et vichyste.

Elle marque la *collaboration* au fer.

Ce thème, ce mot que Pétain et Laval – avec des intentions différentes, des oppositions fortes entre eux – répétaient sont mort-nés.

Ils ne peuvent plus être qu'affaire de propagande, donc de pouvoir minoritaire. La manifestation, seulement quatre mois après la défaite, oriente le peuple vers la résistance.

Le 11 novembre 1940 fait de la poignée de main de Montoire le 24 octobre le symbole infamant de la trahison.

C'est à compter du 11 novembre que le préfet d'Eure-et-Loir, Jean Moulin, suite à un décret de révocation du samedi 2 novembre, cesse ses fonctions.

« Votre nom appartient désormais à l'Histoire, déclare un fonctionnaire de la préfecture dans son discours d'adieu à Jean Moulin. Votre nom sera pour tous un symbole et le synonyme de bonté, d'énergie, de courage, de loyauté, d'honneur et de patriotisme. »

Pour ces phrases, l'auteur du discours est condamné par le nouveau préfet, un inspecteur général des finances, à être envoyé au camp d'internement de Châteaubriant.

Jean Moulin, avant de quitter la région, prend congé des autorités d'occupation.

C'est le nouveau Feldkommandant de la région, le major Ebmeir qui le reçoit et lui dit :

« Au nom de la Wehrmacht, je vous félicite de l'énergie avec laquelle vous avez su défendre les intérêts de vos administrés et l'honneur de votre pays. »

L'officier allemand ne sait pas qu'il rend ainsi plus indigne le comportement du haut fonctionnaire que Vichy vient de nommer en remplacement de Jean Moulin, révoqué ce 11 novembre 1940.

31.

C'est la mi-novembre de l'an quarante.

L'ordre allemand, avec la complicité active de la police française, règne à nouveau à Paris.

Mais personne, à la Kommandantur comme au gouvernement de Vichy ou à la préfecture de police de Paris, n'oublie la manifestation du 11 novembre.

De Gaulle, rentré à Londres après son long périple en Afrique, lance même l'idée que, le 1er janvier 1941, les Français patriotes restent chez eux, et que le vide et le silence des rues et des places manifestent la résolution française de combattre.

Et le 11 novembre est aussi inscrit dans la chair de ces étudiants maintenus en détention durant trois semaines dans la prison du Cherche-Midi, et dont les corps meurtris et amaigris – treize kilos, dit l'un d'eux – rappellent les coups reçus.

« Il n'y a qu'à faire le gentil avec les Allemands », dit Laval.

Il donne son accord à la « cobelligérance » avec les Allemands contre les Anglais et les Français Libres.

C'est la ligne même définie par Hitler dès le mardi 12 novembre dans ses instructions au Feldmarschall Jodl :

« Le but de ma politique, dit Hitler, est de coopérer avec la France de la façon la plus effective pour la poursuite future de la guerre contre l'Angleterre. Pour le moment, la France aura le rôle d'une puissance non belligérante. Mais elle devra accepter les mesures prises par l'Allemagne sur son territoire, notamment dans les colonies africaines, et leur donner son appui, autant que possible, en employant ses propres moyens de défense ; la mission la plus pressante des Français est de protéger défensivement les possessions françaises (Afrique de l'Ouest et équatoriale) contre l'Angleterre et contre le mouvement de Gaulle. De cette mission initiale de la France, peut résulter une participation complète dans la guerre contre l'Angleterre. »

Tel est le souhait de Laval.

Il le dit aux Allemands. Il le fait savoir à ses collègues du gouvernement que sa position inquiète comme elle révulse Pétain.

Mais tous croient que l'Angleterre est déjà vaincue, que l'Allemagne de Hitler va organiser l'espace européen, et la France doit en faire partie.

Pierre-Étienne Flandin, grand parlementaire de la République, hostile à toute idée de guerre contre l'Angleterre, en opposition à Laval donc et proche du Maréchal, déclare cependant le lundi 18 novembre à Dijon :

« Un ordre nouveau naît en Europe, notre faute irresponsable serait de n'y pas participer. »

Et cependant l'Allemagne ne desserre pas les liens qui emprisonnent la France.

Le Reich continue d'expulser les Alsaciens et les Lorrains.

Et Pétain ne peut qu'appeler les Français à aider ces Français qui « ont tout perdu, leur maison, leurs biens, leur village, leur église, le cimetière où dorment leurs ancêtres, tout ce qui fait enfin l'intérêt de la vie ».

Mais dans le message de Pétain, aucune protestation, aucun espoir. Au contraire, l'apologie de la soumission.

« Ils acceptent pourtant leur malheureux sort sans se plaindre, sans récriminer », dit Pétain.

Vichy n'obtient des Allemands que quelques mesures concernant la libération des prisonniers, malades, pères de quatre enfants, frères aînés de quatre enfants et soutiens de famille.

Et le droit d'envoyer chaque mois deux lettres et deux cartes postales. Et pour Noël 1940, la France acheminera vers les stalags et les oflags trois trains chargés de cadeaux.

Mais après la libération d'une cinquantaine de milliers d'hommes, il reste, en ce novembre 1940, 1 490 000 prisonniers, dont la plupart avaient imaginé – et leur famille aussi – qu'ils rentreraient en France après quelques semaines.

Mais il est déjà bien tard pour s'évader facilement.

Et cependant, point de récriminations du gouvernement de Vichy.

Il applique la politique prônée par Laval – « il n'y a qu'à faire le gentil avec les Allemands » –, même si on déteste l'homme et souvent le méprise.

En cette fin novembre, c'est la voix claire et de plus en plus forte de De Gaulle qu'on entend.

Seule une minorité le suit dans l'action, mais les mots qu'il prononce sont des semences d'avenir.

Il parle à la radio de Londres et sa parole perce tous les brouillages.

« La terrible logique de la guerre achève de dissiper les nuées dont l'ennemi et ses agents de Vichy ont tenté d'aveugler la France, dit-il dans son discours du lundi 25 novembre.

« La terrible logique de la guerre fait apparaître en quoi consistait le fameux "ordre européen" que prétendent imposer à la France l'ennemi et ses serviteurs de Vichy.

« La déportation des Lorrains après celle des Alsaciens et en attendant celle des Flamands, des Picards et des Champenois, la détention abominable de deux millions de jeunes Français, l'assassinat des étudiants de Paris, ont renseigné tout le monde. »

Ici, ce n'est point la soumission qu'on prêche aux Français mais « la passion salutaire d'où sortira leur délivrance ».

Et martèle de Gaulle : « Cette passion, c'est la fureur, la bonne fureur, la féconde fureur, à l'égard de l'ennemi et de ses collaborateurs… Solide fureur… puissante fureur… noble fureur qui anime nos Forces Libres servant sous les trois couleurs et la croix de Lorraine… C'est cette sainte fureur française, celle de Jeanne d'Arc, celle de Danton, celle de Clemenceau, qui nous rend l'espérance, qui nous fait retrouver des armes.

« Cultivons cette fureur sacrée pour hâter le jour où la force aura fait justice de nos ennemis et de leurs amis de Vichy. »

À Vichy même, la déception de ceux qui autour de Loustaunau-Lacau espéraient voir le maréchal Pétain favoriser leur *Croisade*, leur réseau *Alliance* antiallemands, est si grande qu'ils prennent contact avec la France Libre.

Le commandant Loustaunau-Lacau a été camarade de De Gaulle à l'École de guerre, il lui écrit :

« Bravo, continuez. Ici, nous faisons ce que nous pouvons avec le Maréchal. Nous montons notre résistance. Nous essayons de tirer parti de la situation comme nous le pouvons. »

De Gaulle répond, avec vivacité. Le temps est à la clarté, à l'engagement, sans ambiguïté et sans illusions.

« Toutes les finasseries, tergiversations sont pour nous odieuses et condamnables.

« Ce que *Philippe* (Pétain) a été autrefois ne change rien à la façon dont nous jugeons ce qu'est *Philippe* dans le présent.

« Nous aiderons tous ceux qui voudront faire ce qu'ils doivent faire. Nous laissons tomber (et ils tombent très bas) ceux qui ne font pas ce qu'ils doivent.

« Mes meilleurs souvenirs. »

« La France Libre c'est la France. » « On est avec moi ou on est contre moi. »

Voilà ce que pense de Gaulle.

« C'est la terrible logique de la guerre. »

Elle fait surgir à Marseille, à Brive, à Toulouse, à Grenoble, à Montpellier, à Clermont-Ferrand, à Lyon, en cent autres lieux – et naturellement à Paris –, des groupes qui se constituent autour de quelques hommes et par affinités de pensée.

Là, des démocrates-chrétiens, ailleurs des socialistes, et tout simplement des « patriotes ». Ici, l'historien Marc Bloch, là, le philosophe Jean Cavaillès, ailleurs d'Astier de La Vigerie – officier de marine et journaliste –, le professeur Lucie Aubrac, le pilote Corniglion-Molinier, l'ami de Malraux.

Et ces « fondateurs », Henri Frenay et Edmond Michelet, Germaine Tillion au musée de l'Homme, poursuivent leurs efforts.

Ces initiatives foisonnantes – et celles des communistes – ne conduisent pas immédiatement à de Gaulle, mais leurs auteurs regardent vers lui, et l'écoutent.

Ils sont d'autant plus attentifs à l'action et aux prises de position du chef de la France Libre qu'en ce mois de novembre 1940, chacun de ces hommes engagés dans la résistance sent bien que la guerre approche d'un tournant majeur.

L'Angleterre non seulement n'est pas vaincue mais ses bombardiers attaquent presque chaque nuit Berlin.

Ses avions torpilleurs détruisent une bonne partie de la flotte italienne à Tarente. Et les troupes du Duce connaissent défaite sur défaite en Cyrénaïque, en Grèce. Les troupes anglaises ont pris pied en Crète.

L'élargissement du conflit est prévisible.

Franklin A. Roosevelt et son épouse.

Roosevelt, le lundi 4 novembre, a été réélu pour un troisième mandat à la présidence et il renforce aussitôt ses liens avec Londres.

Les Anglais sont assurés de se voir approvisionnés, en armes et en matériel, malgré les « meutes » de sous-marins allemands.

En Europe de l'Est, des tensions de plus en plus vives aigrissent les rapports entre le Reich et l'URSS de Staline.

Hongrie, Roumanie, Tchécoslovaquie, Slovaquie sont sous influence allemande et négocient leur entrée dans le Pacte tripartite (Italie, Allemagne, Japon).

Les Russes savent désormais que la question n'est plus d'éviter la guerre avec l'Allemagne de Hitler, mais d'en retarder le plus longtemps possible le déclenchement. Dans ce but, Molotov, l'homme de Staline, le « commissaire » aux Affaires étrangères, se rend à Berlin les mardi 12 et mercredi 13 novembre.

« Molotov vient d'arriver à Berlin par temps gris et sous la pluie, note William Shirer. Je l'ai vu passer Unter den Linden, en route vers l'ambassade soviétique. Il ressemble à un maître d'école provincial. » Voire…

L'homme trapu, la démarche pesante, a survécu à toutes les rivalités du « gang d'égorgeurs du Kremlin », rappelle Shirer.

Il reçoit un accueil froid et cérémonieux, passe entre deux rangées inquiétantes et figées de SS casqués.

Il oppose dans toutes les discussions un réalisme glacé aux vastes promesses de Ribbentrop puis de Hitler.

Rencontre entre Molotov *(à gauche)* et Ribbentrop *(à droite)* en 1940.

« Aucun homme d'État étranger ne s'était permis jusqu'alors de parler au Führer sur ce ton en ma présence », relève l'interprète, le docteur Schmidt.

Molotov désarçonne Hitler qui, à bout de nerfs, interrompt l'entretien du mardi 12 novembre.

Le lendemain, Molotov écoute Hitler lui proposer de participer au partage de l'Empire britannique et, ignorant cette offre, il pose des questions précises sur les initiatives allemandes aux frontières de l'URSS.

Hitler abandonne la discussion et ne participe pas au dîner offert par Molotov à l'ambassade soviétique.

Au moment où Ribbentrop se lève pour répondre au toast porté par Molotov au début du dîner, les sirènes retentissent et l'on se précipite aux abris.

Et lorsque Ribbentrop déclare une nouvelle fois que l'Angleterre est vaincue, Molotov dit seulement, mais sa voix est cinglante : « S'il en est ainsi, que faisons-nous dans cet abri et d'où viennent les bombes qui pleuvent sur Berlin ? »

Staline quelques jours plus tard se déclare prêt à adhérer au pacte Japon, Italie, Allemagne, mais les conditions qu'il pose sont telles que Hitler ne peut que les refuser.

Le Führer réunit ses chefs militaires et déclare :

« Staline est un homme habile et retors, un maître chanteur cynique aux exigences insatiables. Il demandera toujours davantage. Conclusion : la Russie doit être réduite à merci, le plus tôt possible. »

« C'est une guerre mondiale et totale qui s'annonce », prévoit de Gaulle.

« Une telle guerre est une révolution, la plus grande de toutes celles que le monde a connues », poursuit-il dans le discours qu'il prononce le vendredi 29 novembre à la radio de Londres.

« Il est maintenant établi que si des chefs indignes ont brisé l'épée de la France, la nation ne se soumet pas au désastre.

« Oui, la flamme de la résistance française, un instant étouffée par les cendres de la trahison, se rallume et s'embrase…

« Que voulons-nous ? D'abord combattre.

« Ce que nous apportons, nous, les Français Libres, d'actif, de grand, de pur, nous voulons en faire un ferment.

« Nous, les Français Libres, entendons faire lever un jour une immense moisson de dévouement, de désintéressement, d'entraide.

« C'est ainsi que, demain, revivra notre France. »

32.

« Français,

« Je viens de prendre une décision que je juge conforme à l'intérêt du pays. »

Il est 19 h 30, ce samedi 14 décembre 1940, et ce message du maréchal Pétain surprend les auditeurs.

Les émissions de radio ont été interrompues et la voix solennelle du présentateur des grands événements a annoncé que le chef de l'État allait s'adresser à la nation.

Le silence s'est fait aussitôt autour du poste de TSF dont on s'est rapproché.

On sent bien depuis quelques jours que « quelque chose se prépare ».

Il y a eu cet article de Marcel Déat publié le 2 décembre à Paris dans l'*Œuvre*.

Déat a une voix qui porte. Cet ancien socialiste qui refusait la guerre – il ne voulait pas « mourir pour Dantzig » – est un ardent partisan de la collaboration, un converti au national-socialisme, il est proche de Doriot, l'ancien communiste créateur du Parti populaire français. Mais les deux hommes sont rivaux, même s'ils frappent avec la même ardeur sur les « lâches » de Vichy.

Marcel Déat écrit dans l'*Œuvre*, ce lundi 2 décembre, et ce ne peut être qu'avec l'accord de la *Propaganda Staffel* et d'Abetz, l'ambassadeur du Reich.

« Les ministres ont trahi la confiance que le Maréchal avait mise en eux… En cette heure difficile où la France se relève et doit se retrouver, il n'est pas possible d'en remettre plus longtemps le sort quotidien aux mains de sectaires, de cuistres, de trublions et d'incapables notoires. »

On croirait entendre Pierre Laval, vice-président du Conseil, fustiger ces ministres timorés qui ne veulent pas envisager une collaboration militaire avec l'Allemagne contre l'Angleterre.

C'est une vieille affaire.

Déjà, dans les années trente, Pierre Laval s'opposait aux « anglophiles » et proposait non pas de faire la guerre au fascisme et au nazisme, mais de s'allier avec eux.

Or la défaite n'a pas fait disparaître les anglophiles.

Dans *Le Cri du peuple*, l'hebdomadaire de Doriot, on les énumère et on les dénonce :

« Il y a la totalité des Juifs d'abord, de nombreux communistes, les francs-maçons, tous les bénéficiaires de l'ancien régime, les bourgeois capitalistes, des paysans qui sont la proie des usuriers juifs… »

On écoute donc le Maréchal. On continue d'avoir confiance en lui.

Des foules immenses l'ont acclamé, les mardi et mercredi 3 et 4 décembre, à Marseille et à Toulon.

On l'a vu, aux actualités cinématographiques, retrouver l'amiral Darlan sur le *Strasbourg* – un cuirassé qui a réussi à échapper aux obus et aux avions anglais lors de l'attaque de Mers el-Kébir.

On s'est une nouvelle fois indigné de la traîtrise anglaise alors que l'on avait promis de ne pas livrer la flotte française aux Allemands.

Elle est là, fière et forte dans cette rade de Toulon.

« Je viens de prendre une décision, a donc dit le chef de l'État.

« M. Pierre Laval ne fait plus partie du gouvernement.

« M. Pierre Étienne Flandin reçoit le portefeuille des Affaires étrangères.

« L'acte constitutionnel n° 4 qui désigne mon successeur est annulé.

« C'est pour de hautes raisons de politique intérieure que je me suis résolu à prendre cette détermination. Elle ne retentit en rien sur nos relations avec l'Allemagne.

« Je demeure à la barre. La Révolution nationale se poursuit. »

On s'interroge devant ce coup de théâtre.

Laval destitué a, dit-on, été arrêté hier soir, vendredi 13, assigné à résidence dans sa propriété de Châteldon, autour de laquelle un cordon de gendarmes casqués, fusil en bandoulière, a pris position.

Vichy est en état de siège.

Les hommes des *Groupes de protection* – cette petite armée aux ordres du ministre de l'Intérieur, et commandée par le colonel Groussard –, et des officiers proches de la Cagoule gardent les différents hôtels. Ils ont envahi les couloirs de l'hôtel du Parc et du Majestic.

Laval, dit-on, est tombé dans un piège monté par les ministres Bouthillier, Alibert, en accord avec l'amiral Darlan.

À l'ouverture du Conseil des ministres, Pétain a demandé à chaque ministre de rédiger une lettre de démission. Puis le chef de l'État, après les avoir recueillies, s'est absenté une dizaine de minutes.

Il est revenu, très pâle, et a seulement dit :

« Les démissions de MM. Laval et Ripert sont acceptées. »

Ripert, ministre de l'Éducation nationale ne demandait qu'à partir, mais Laval est stupéfait, saisi.

« Qu'y a-t-il, monsieur le Maréchal ? Vous m'avez reçu cet après-midi même et vous ne m'avez parlé de rien. »

Pétain ne peut répondre franchement. Il lui faudrait révéler à Pierre Laval que les ministres et le Maréchal d'abord sont hostiles à l'idée de coopérer militairement avec l'Allemagne.

Pétain a même longuement rencontré l'ambassadeur du Canada à Vichy, Pierre Dupuy, et l'a chargé de transmettre à lord Halifax un *protocole*.

L'Angleterre desserrerait le blocus, laisserait approvisionner la France en pétrole, en denrées, en échange de garanties que ces marchandises ne tomberaient jamais aux mains des Allemands ; comme naturellement la flotte de guerre.

« Derrière une façade de mésentente, il faut nous entendre », tel est le sens de ce *protocole*.

Pierre Dupuy ajoute : « L'essentiel est de sauver l'unité de la France et de la civilisation chrétienne. » Or, une conférence militaire s'est ouverte entre Français et Allemands, à l'ambassade allemande à Paris. Pierre Laval et Abetz la patronnent.

Puis, coup de théâtre. Hitler invite le Maréchal à se rendre le dimanche 15 décembre à Paris pour assister… au transfert des cendres de l'Aiglon de la crypte des Capucins, à Vienne, aux Invalides où il reposerait aux côtés du tombeau de son père, Napoléon.

« Nous avons besoin de charbon, ils nous font cadeau de cendres ! » ironise-t-on. Pétain veut refuser l'invitation. Il ne peut accepter de paraître à Paris, entouré d'Allemands, de troupes du Reich lui rendant les honneurs.

Mais il biaise, fait mine de céder aux pressions de Laval.

Puis il se rallie aux décisions de Bouthillier, d'Alibert, de Darlan de démettre Laval, de l'arrêter, et de se saisir aussi, à Paris, de Marcel Déat.

En même temps, il craint les réactions allemandes face à ce coup de force contre les plus déterminés de leurs partisans.

« Qu'y a-t-il, monsieur le Maréchal ? » répète Laval qui, debout, fixant Pétain, serre le dossier de sa chaise.

Pétain se dérobe, incrimine la presse parisienne qui attaque le gouvernement.

Laval répond avec vigueur qu'il n'est pas l'inspirateur des journalistes, pas plus qu'il n'entretient des relations avec Déat et Doriot.

Alors Pétain évoque le secret dont Laval entoure ses négociations avec les Allemands.

« Chaque fois que vous alliez à Paris, je me demandais quelle tuile allait nous tomber sur la tête », dit-il.

Laval met en cause certains ministres dont il se méfie.

Pétain, d'une voix nette, impérieuse, répète, marquant la fin de l'affrontement :

« Vous avez perdu ma confiance ! Vous avez perdu ma confiance ! »

Pierre Laval se redresse, comme si ces mots l'avaient fouetté, indigné, révolté.

« Je n'ai jamais pensé qu'à l'intérêt de la France, dit-il. Je souhaite, monsieur le Maréchal, que votre décision ne fasse pas trop de mal à mon pays. »

Plus tard, il confie, fièrement :

« J'ai commencé à ramasser mes papiers, j'ai l'habitude de quitter les ministères et d'y revenir. Je sais donc qu'il faut faire ses paquets. Je les ai faits. »

Le lendemain, samedi 14 décembre, le maréchal Pétain reçoit Pierre-Étienne Flandin.

Pierre-Étienne Flandin

Le parlementaire, l'ancien président du Conseil de la IIIe République, la personnalité marquante de l'avant-guerre qui s'était distinguée en écrivant une lettre à Daladier, Chamberlain et Hitler pour approuver l'accord de Munich, s'étonne des conditions de sa nomination au poste de ministre des Affaires étrangères.

« Je n'avais ni le temps ni le moyen de vous consulter, répond Pétain. Et moi, croyez-vous que l'on m'a consulté pour faire de moi le chef d'un État vaincu ? Au surplus, vous ne pouvez pas refuser la succession de Laval, dans les conditions où elle se présente. Les négociations de Laval à Paris risquent de nous amener à déclarer la guerre à l'Angleterre. Je ne tolérerai pas ces agissements. »

Flandin demande au chef de l'État quelle est la politique qu'il désire qu'il fasse, et en particulier il veut connaître les engagements pris par le Maréchal à Montoire.

Pétain se dirige alors vers le petit meuble où il conserve ses papiers personnels et en sort, rédigé de sa main, le compte rendu de son entrevue avec Hitler.

Flandin le lit et constate qu'il n'y a que des généralités. Mais Pétain ne lui dit rien des accords secrets, de même qu'il n'évoque pas ses négociations avec l'Angleterre. Il n'éprouve envers Flandin aucune hostilité, mais les officiers qui approchent le Maréchal – ainsi le général Laure, son aide de camp – l'entendent murmurer :

« Flandin, c'est un parlementaire, il ne peut que nous rouler dans la farine. »

Et lorsque, à l'intérieur du gouvernement, Pétain crée un Comité directeur composé de trois membres, il en confie la présidence à l'amiral Darlan, charge le général Huntziger de la Défense nationale, Flandin conservant les Affaires étrangères.

Entre Flandin et Pétain, qui paraissent d'accord sur l'essentiel – refus d'une collaboration militaire avec le Reich, et opposition au retour de Laval au pouvoir –, des divergences surgissent vite.

Flandin est prêt à une épreuve de force avec Otto Abetz, qui enrage depuis qu'il a appris l'arrestation de Laval et de Déat.

L'ambassadeur du Reich menace de représailles si on ne relâche pas l'un et l'autre.

« J'irai chercher Laval à Vichy moi-même avec une division blindée », dit Abetz.

Pétain, lui, ne veut courir aucun risque. Il ne veut pas affronter les Allemands. Il est prêt à prendre en considération toutes leurs demandes… sauf la collaboration militaire, car même le retour de Laval lui paraît une concession possible, quoi qu'il en dise à Flandin.

De Gaulle, le lundi 16 décembre, a stigmatisé avec mépris ces manœuvres « vichyssoises ».

« Il paraît qu'à la cour du sultan de Vichy, une révolution de palais a chassé le grand vizir ! ironise-t-il avec mépris. Il paraît que Vichy a demandé l'investiture de Hitler pour un successeur. Mais ces sortes de changements n'intéressent que la cour de Vichy, ses chambellans, ses valets, ses espions et ses eunuques.

« La France se détourne avec dégoût de telles intrigues et combinaisons.

« La nation sait, conclut de Gaulle, que quand on pactise avec le diable, je veux dire l'ennemi, c'est pour aller de crime en crime ».

À Vichy, en cette mi-décembre, le désarroi, l'inquiétude, la peur saisissent les hommes proches du pouvoir.

Il se murmure que les Allemands vont envahir la zone libre.

On répète que le Maréchal est anxieux, qu'il interroge tous ses visiteurs.

« Avons-nous fait du bon travail ? Que va-t-il résulter de tout cela ? » demande-t-il.

À Paris, dans la nuit du dimanche 15 décembre, Otto Abetz tombe le masque.

Le visage fermé, il assiste en compagnie du général von Stülpnagel au transport des cendres de l'Aiglon. Entre les Allemands et les représentants du gouvernement de Vichy

– l'amiral Darlan, le général Laure, l'ambassadeur de Vichy à Paris, Brinon – on n'échange même pas un regard.

Cette cérémonie, qui devait illustrer l'amitié franco-allemande, témoigne au contraire de la tension entre vainqueurs et vaincus.

« Je suis allé à minuit et demi à la grille de la place Vauban, raconte le général Laure. Cérémonie lugubre, sinistre, à laquelle n'assiste aucun Français en dehors des officiels.

« Le cercueil passe des mains des Allemands aux mains des gardes municipaux de Paris. Il franchit le seuil entre deux rangées de torches.

« L'amiral Darlan croit devoir saluer le général von Stülpnagel et Abetz qui le reçoivent froidement.

« Abetz, d'un ton dédaigneux, leur intime l'ordre d'attendre à leur hôtel. "J'ai une communication très importante à faire", précise-t-il. »

Ce n'est qu'à 4 heures du matin, le lundi 16 décembre, que le général Laure reçoit le message d'Abetz :

« Interdiction absolue au gouvernement de Vichy de faire la moindre communication sur ce qui s'est passé le 13 décembre. »

Les Allemands ne veulent pas qu'on annonce la démission forcée de Laval et son arrestation. Mais il est trop tard.

Abetz l'apprend à 9 heures du matin ce même lundi 16, alors qu'aux Invalides, on célèbre à la chapelle, en présence des mêmes officiels, une messe en mémoire de l'Aiglon.

Abetz ne peut dissimuler sa fureur.

Il convoque Darlan et Laure, à l'ambassade d'Allemagne, rue de Lille.

« Nous avons reçu la diatribe, la folle diatribe, les invectives d'Abetz contre les événements du 13 décembre, raconte le général Laure. C'est à moi qu'il a adressé ses invectives parce que je représentais à ses yeux la personnalité du maréchal Pétain. C'est moi qui étais à ses yeux responsable de ces événements. Cela a été très long, je n'ai rien dit. »

Puis Abetz se tourne vers l'amiral Darlan et le ton change, tout à coup flatteur, comme si Abetz avait deviné la vanité de l'amiral et ses ambitions.

Le général Laure écoute Abetz promettre à Darlan une place éminente « qu'un homme de la qualité de l'amiral, dont la flotte est invaincue, pourrait tenir dans l'Europe future réorganisée ».

« Je n'insiste pas davantage, dit le général Laure. Je demande à partir, les laissant en conversation. »

De Gaulle l'a prévu, dès le dimanche 8 décembre :

« Nous ne doutons pas une minute que l'ennemi tienne en réserve divers candidats à la trahison, empressés de prendre la place.

« Nous ne doutons pas une minute que l'ennemi parvienne, avec ou sans Vichy, à obtenir la collaboration d'une équipe qui se dira le gouvernement. »

Pour Vichy, c'est un moment de vérité.

Abetz, dans la nuit du lundi 16 au mardi 17 décembre, arrive à Vichy, escorté par deux automitrailleuses chargées de SS et de gardes du corps.

Il vient libérer Laval.

Ses gardes du corps bousculent le général Laure. Abetz force la porte de la chambre où repose Pierre-Étienne Flandin, malade d'une angine.

Abetz parle d'une voix saccadée, Flandin ne doit pas accepter le poste de ministre des Affaires étrangères.

« Laval a commencé avec nous des négociations diplomatiques capitales, il importe qu'il les mène à leur terme », dit Abetz.

Il faut que Laval revienne dans le gouvernement, où Flandin peut figurer mais à un autre poste.

« Jusqu'à plus ample informé, répond Flandin, le maréchal Pétain est libre du choix de ses collaborateurs. »

Voire…

Abetz est reçu par Pétain qui tergiverse, accepte la libération de Laval, mais avant qu'il rentre au gouvernement il faut une enquête.

C'est la méthode Pétain : gagner du temps, céder en apparence, inviter Abetz à déjeuner. Et l'Allemand croit que l'affaire est réglée.

Puis Laval arrive, hors de lui, parlant à Pétain comme jamais personne ne l'a fait.

« L'intérêt de la France, hurle Laval, c'est de s'entendre avec son vainqueur dans l'honneur et la dignité ; mais vous vous en moquez bien, de l'honneur et de la dignité ! »

Le ton se durcit encore, devient méprisant, haineux :

« Vous n'êtes qu'un fantoche, une baudruche, une girouette qui tourne à tous les vents. »

« Je n'ai rien entendu, mentira le général Laure quand Pétain lui demande de rédiger le « procès-verbal » de cette rencontre décisive.

— Qu'à cela ne tienne, répond Pétain. Dites que j'ai proposé à M. Abetz de rendre à M. Laval un portefeuille, mais un portefeuille qui ne le ferait pas entrer dans un triumvirat, qui serait un portefeuille de qualité secondaire : Production industrielle ou Agriculture. »

C'est la rupture entre Pétain et Laval, entre Laval et le gouvernement français.

On voit Laval, ce mardi 17 décembre, dîner au restaurant *Chanteclerc*, à la table d'Abetz et du conseiller Achenbach, les deux Allemands en uniforme nazi.

On le voit quitter son ministère entre deux haies de soldats allemands armés de mitraillettes.

On le voit s'embarquer dans une voiture allemande, escortée par les deux automitrailleuses.

On apprendra qu'au passage de la ligne de démarcation, à Moulins, Laval n'est pas descendu de voiture, et n'a pas salué le général Laure qui, protocolairement, a accompagné l'ambassadeur du Reich, Otto Abetz.

Et le général Laure se souvient l'avoir entendu dire, dans la journée, à Vichy :

« Ce n'est plus du côté français que je devrai chercher mes amis. C'est du côté allemand. »

Ainsi Laval confirme de manière définitive son choix. Il fait allégeance au Führer. Entre Pétain et Hitler, il opte pour l'Allemand.

Il écrit au chancelier du Reich, dès le mercredi 18 décembre. Il le remercie.

« Ma libération, c'est à vous que je la devrai, proclame-t-il.

« Par son action, le gouvernement français a commis une faute grave, poursuit-il, mais j'espère de tout mon cœur que mon pays n'aura pas à en souffrir. »

Il veut conduire, explique-t-il, une « collaboration avec l'Allemagne, loyale, sans ambiguïté ».

« J'aime mon pays et je sais qu'il peut trouver une place digne de son passé dans la Nouvelle Europe que vous construisez. »

Il n'y a plus pour lui d'autre voie que de s'en remettre au Führer.

« Je crois pouvoir conclure de votre attitude, Monsieur le Chancelier du Reich, que vous avez foi dans la sincérité de mes efforts. Vous vous y êtes aussi peu trompé que je ne me suis mépris moi-même sur la magnanimité et la grandeur que vous avez exprimées en offrant à la France une collaboration au lendemain de votre victoire.

« Veuillez agréer, Monsieur le Chancelier du Reich, l'assurance de ma très haute considération, et veuillez croire à la fidélité de mon souvenir. »

De Gaulle évoquera ces quelques « prétendus ministres à qui seule la victoire de l'Axe peut conserver leur place, leur vie ».

« Et les nazis savent, ajoute de Gaulle, comment briser la résistance velléitaire des hésitants de Vichy. »

Le passage de la ligne de démarcation devient plus difficile. Il est interdit à tous les fonctionnaires, à l'exception des agents des postes et des cheminots, utiles aux autorités allemandes.

Les ministres eux-mêmes sont refoulés.

Les libérations de prisonniers, prévues, sont arrêtées. La presse parisienne, financée et contrôlée par les services de la *Propaganda Staffel*, dénonce chaque jour les « Anglophiles et les Juifs qui infestent Vichy et... Kahn ».

Vichy cède.

L'amiral Darlan sollicite une audience du Führer afin de lui remettre une lettre personnelle du Maréchal, chef de l'État.

Le mercredi 25 décembre – jour de Noël ! – l'entrevue a lieu dans le wagon du Führer qui stationne non loin d'un tunnel, à la Ferrière-sur-Epte, à 40 kilomètres au sud-ouest de Beauvais.

Hitler est hors de lui. Il tonitrue. Il menace Darlan, les Français :

« Je déclare solennellement que pour la dernière fois, j'offre une politique de collaboration à la France. Mais je crains que le gouvernement français ne s'engage à nouveau dans la même voie que celle qui l'a conduit à Vichy. Je le regrette et je crois que tôt ou tard la France se rendra compte, si elle refuse la collaboration, qu'elle a pris une des décisions les plus regrettables de son histoire. »

Hitler, furieux, ponctue chaque phrase de grands gestes, il va et vient, éructe.

« Jamais je n'ai engueulé un officier comme je le fus, confie l'amiral Darlan. Et encore, l'interprète n'a dû me transmettre qu'une partie des vitupérations d'un Hitler démoniaque. »

En fait, Darlan chancelle sous l'orage.

« J'ai fait tout ce voyage pour une conversation de vingt minutes qui n'a rien résolu, rien réglé. J'ai écouté l'explosion d'une mauvaise humeur. »

Mais sous l'avalanche des mots, Darlan cède, donne des preuves de sa bonne volonté.

Il a toujours pensé, dit-il, que « le seul espoir de la France résidait dans la collaboration avec l'Allemagne dans le cadre de l'Ordre nouveau européen ».

Il reprend, presque terme à terme, les propos de Laval, comme s'il cherchait à proposer ses services, à remplacer Laval, afin d'être au sein du gouvernement français l'homme de la collaboration.

« Comme Européens, les Français doivent collaborer loyalement avec l'Allemagne, dans la mesure à déterminer, il est vrai, par le Führer, dit-il.

« La France, en tant que pays vaincu – et je ne l'oublie pas un instant –, ne peut en effet collaborer que dans la mesure désirée et fixée par l'Allemagne. »

Il va plus loin, critique la politique extérieure de la France des vingt dernières années.

« En ce qui me concerne personnellement, j'ai toujours été partisan de la collaboration franco-allemande depuis que je joue un rôle dans la vie publique en France, précise-t-il.

« Je demande très respectueusement que l'Allemagne veuille bien continuer la collaboration avec la France. »

C'est la fin de l'année quarante.

« Pour les hommes qui ont décidé la capitulation, dit de Gaulle, les hommes qui ont accepté que l'ennemi fût et demeurât à Paris, à Bordeaux, à Lille, à Reims, à Strasbourg, qui ont proclamé non seulement la soumission de la France mais encore sa collaboration avec l'ennemi qui l'écrase… Il ne leur restera qu'à suivre jusqu'au bout la route de la trahison. »

Darlan, après Laval.

Il est en ces jours de la fin décembre, alors qu'on manque de charbon et de pain, que les queues s'allongent devant des boutiques aux rayons vides, d'autres hommes.

L'un d'eux, un ingénieur de vingt-huit ans, Jacques Bonsergent, est conduit dans les fossés du fort de Vincennes, à l'aube du lundi 23 décembre. Hier, dimanche 22, on lui a appris qu'il ne serait pas gracié. Au cours d'une bousculade, rue Saint-Lazare, non loin de la gare parisienne, un compagnon de Jacques Bonsergent a levé la main sur un Feldwebel – un sous-officier – de la Wehrmacht. C'est Jacques Bonsergent qui a été arrêté et condamné à mort le jeudi 5 décembre, par la cour martiale allemande.

Le lundi 23 décembre, il est fusillé.

Des affiches sont apposées, quelques heures plus tard, sur les murs de Paris. Elles annoncent, en allemand et en français, l'exécution.

Sous les affiches aux lettres noires, les policiers français ont collé un *Avis*.

« La préfecture de police informe que la lacération et l'endommagement d'affiches de l'Autorité Occupante seront considérés comme actes de sabotage et punis des peines les plus sévères. »

Mais les affiches de la Kommandantur sont lacérées.

Elles sont bientôt gardées par des agents de police qui semblent constituer une garde d'honneur de part et d'autre de la stèle du premier fusillé de Paris.

Et des passants déposent, au pied de chaque affiche, des bouquets de fleurs qui dans « certains quartiers jonchent bientôt la chaussée ».

Le jour de Noël, au moment même où l'amiral Darlan s'offre à Hitler, un officier de marine, le commandant d'Estienne d'Orves, débarque à Plogoff, en Bretagne.

Il a choisi d'être un Français Libre.

Il arrive d'Angleterre avec son radio – Marty. Il a pour mission de monter un réseau de renseignements.

Et ce jour de Noël 1940, avant de partir pour Paris, il établit sa première liaison radio avec Londres.

D'Estienne d'Orves et son radio savent qu'ils risquent non seulement la peine de mort mais aussi la torture.

À l'autre extrémité de la France, dans le Jura, à Poligny, la nuit de Noël, le passeur Paul Koepfler, fait franchir la ligne de démarcation à 120 personnes qui veulent se réfugier en zone non occupée.

« 120 personnes qui vont l'une derrière l'autre, ça fait une sacrée file et ça fait du bruit… »

Le maréchal Pétain, dans son message du mardi 31 décembre 1940, déclare :

« Je me suis donné à la France, c'est-à-dire à vous tous. »

Il ajoute aussitôt :

« Nous aurons faim… »

Avant de conclure :

« La France continue,

« Bonne année, mes chers amis ! »

Ce même mardi 31 décembre 1940, de Gaulle invite les Français à « manifester » le 1er janvier 1941 en restant chez eux, de 14 heures à 15 heures, dans la France non occupée, et de 15 heures à 16 heures, dans la France occupée.

Il ajoute :

« L'heure d'espérance du 1er janvier voudra dire :

« Nos provinces sont à nous ! Nos terres sont à nous ! Nos hommes sont à nous ! Celui qui nous prend nos provinces, qui mange le blé de nos terres, qui tient nos hommes prisonniers, celui-là est l'ennemi !

« La France n'attend rien de l'ennemi, excepté ceci : qu'il s'en aille ! Qu'il s'en aille vaincu…

« C'est cela que tous les Français vont signifier à l'ennemi en observant l'heure d'espérance. »

Table des matières

Du même auteur

Romans

Le Cortège des vainqueurs, Robert Laffont, 1972.
Un pas vers la mer, Robert Laffont, 1973.
L'Oiseau des origines, Robert Laffont, 1974.
Que sont les siècles pour la mer, Robert Laffont, 1977.
Une affaire intime, Robert Laffont, 1979.
France, Grasset, 1980 (et Le Livre de Poche).
Un crime très ordinaire, Grasset, 1982 (et Le Livre de Poche).
La Demeure des puissants, Grasset, 1983 (et Le Livre de Poche).
Le Beau Rivage, Grasset, 1985 (et Le Livre de Poche).
Belle Époque, Grasset, 1986 (et Le Livre de Poche).
La Route Napoléon, Robert Laffont, 1987 (et Le Livre de Poche).
Une affaire publique, Robert Laffont, 1989 (et Le Livre de Poche).
Le Regard des femmes, Robert Laffont, 1991 (et Le Livre de Poche).
Un homme de pouvoir, Fayard, 2002 (et Le Livre de Poche).
Les Fanatiques, Fayard, 2006 (et Le Livre de Poche).
Le Pacte des Assassins, Fayard, 2007 (et Le Livre de Poche).
La Chambre ardente, Fayard, 2008.
Le Roman des rois, Fayard, 2009

Suites romanesques

La baie des anges :

I. *La Baie des Anges*, Robert Laffont, 1975 (et Pocket).
II. *Le Palais des Fêtes*, Robert Laffont, 1976 (et Pocket).
III. *La Promenade des Anglais*, Robert Laffont, 1976 (et Pocket).
(Parue en un volume dans la coll. « Bouquins », Robert Laffont, 1998.)

LES HOMMES NAISSENT TOUS LE MÊME JOUR :

I. *Aurore*, Robert Laffont, 1978.
II. *Crépuscule*, Robert Laffont, 1979.

LA MACHINERIE HUMAINE :

La Fontaine des Innocents, Fayard, 1992 (et Le Livre de Poche).
L'Amour au temps des solitudes, Fayard, 1992 (et Le Livre de Poche).
Les Rois sans visage, Fayard, 1994 (et Le Livre de Poche).
Le Condottiere, Fayard, 1994 (et Le Livre de Poche).
Le Fils de Klara H., Fayard, 1995 (et Le Livre de Poche).
L'Ambitieuse, Fayard, 1995 (et Le Livre de Poche).
La Part de Dieu, Fayard, 1996 (et Le Livre de Poche).
Le Faiseur d'or, Fayard, 1996 (et Le Livre de Poche).
La Femme derrière le miroir, Fayard, 1997 (et Le Livre de Poche).
Le Jardin des Oliviers, Fayard, 1999 (et Le Livre de Poche).

BLEU BLANC ROUGE :

I. *Mariella*, XO Éditions, 2000 (et Pocket).
II. *Mathilde*, XO Éditions, 2000 (et Pocket).
III. *Sarah*, XO Éditions, 2000 (et Pocket).

LES PATRIOTES :

I. *L'Ombre et la Nuit*, Fayard, 2000 (et Le Livre de Poche).
II. *La flamme ne s'éteindra pas*, Fayard, 2001 (et Le Livre de Poche).
III. *Le Prix du sang*, Fayard, 2001 (et Le Livre de Poche).
IV. *Dans l'honneur et par la victoire*, Fayard, 2001 (et Le Livre de Poche).

MORTS POUR LA FRANCE :

I. *Le Chaudron des sorcières*, Fayard, 2003 (et J'ai Lu).
II. *Le Feu de l'enfer*, Fayard, 2003 (et J'ai Lu).
III. *La Marche noire*, Fayard, 2003 (et J'ai Lu).
(parus en un volume, Fayard, 2008.)

L'EMPIRE :
I. *L'Envoûtement*, Fayard, 2004 (et J'ai Lu).
II. *La Possession*, Fayard, 2004 (et J'ai Lu).
III. *Le Désamour*, Fayard, 2004 (et J'ai Lu).

LA CROIX DE L'OCCIDENT :
I. *Par ce signe tu vaincras*, Fayard, 2005 (et J'ai Lu).
II. *Paris vaut bien une messe*, Fayard, 2005 (et J'ai Lu).

Politique-fiction

La Grande Peur de 1989, Robert Laffont, 1966.
Guerre des gangs à Golf-City, Robert Laffont, 1991.

Histoire, essais

L'Italie de Mussolini, Librairie académique Perrin, 1964, 1982 (et Marabout).
L'Affaire d'Éthiopie, Le Centurion, 1967.
Gauchisme, Réformisme et Révolution, Robert Laffont, 1968.
Histoire de l'Espagne franquiste, Robert Laffont, 1969.
Cinquième Colonne, 1939-1940, Éditions Plon, 1970, 1980, Éditions Complexe, 1984.
Tombeau pour la Commune, Robert Laffont, 1971.
La Nuit des longs couteaux, Robert Laffont, 1971, 2001.
La Mafia, mythe et réalités, Seghers, 1972.
L'Affiche, miroir de l'histoire, Robert Laffont, 1973, 1989.
Le Pouvoir à vif, Robert Laffont, 1978.
Le XXe Siècle, Librairie académique Perrin, 1979.
La Troisième Alliance, Fayard, 1984.
Les idées décident de tout, Galilée, 1984.
Lettre ouverte à Robespierre sur les nouveaux muscadins, Albin Michel, 1986.
Que passe la justice du roi, Robert Laffont, 1987.
Les Clés de l'histoire contemporaine, Robert Laffont, 1989, Fayard, 2001 (et Le Livre de Poche éd. mise à jour, 2005).
Manifeste pour une fin de siècle obscure, Odile Jacob, 1989.

La gauche est morte, vive la gauche, Odile Jacob, 1990.
L'Europe contre l'Europe, Éditions du Rocher, 1992.
Jè. Histoire modeste et héroïque d'un homme qui croyait aux lendemains qui chantent, Stock, 1994 (et Mille et Une Nuits).
L'Amour de la France expliqué à mon fils, Le Seuil, 1999.
Fier d'être français, Fayard, 2006 (et Le Livre de Poche).
L'Âme de la France : une histoire de la nation des origines à nos jours, Fayard, 2007 (J'ai Lu, 2 volumes).
La Grande Guerre, (préface à...), XO Éditions, 2008.
Histoires Particulières, CNRS Éditions, 2009.

RÉVOLUTION FRANÇAISE :

I. *Le Peuple et le Roi*, XO Éditions, 2009.
II. *Aux armes, citoyens !*, XO Éditions, 2009.

Biographies

Maximilien Robespierre, histoire d'une solitude, Librairie académique Perrin, 1968 (et Pocket, et Tempus, 2008).
Garibaldi, la force d'un destin, Fayard, 1982.
Le Grand Jaurès, Robert Laffont, 1984, 1994 (et Pocket).
Jules Vallès, Robert Laffont, 1988.
« Moi, j'écris pour agir ». Vie de Voltaire, biographie, Fayard, 2008.

NAPOLÉON :

I. *Le Chant du départ*, Robert Laffont, 1997 (et Pocket).
II. *Le Soleil d'Austerlitz*, Robert Laffont, 1997 (et Pocket).
III. *L'Empereur des rois*, Robert Laffont, 1997 (et Pocket).
IV. *L'Immortel de Sainte-Hélène*, Robert Laffont, 1997 (et Pocket).

DE GAULLE :

I. *L'Appel du destin*, Robert Laffont, 1998 (et Pocket).
II. *La Solitude du combattant*, Robert Laffont, 1998 (et Pocket).
III. *Le Premier des Français*, Robert Laffont, 1998 (et Pocket).
IV. *La Statue du Commandeur*, Robert Laffont, 1998 (et Pocket).

ROSA LUXEMBURG :

Une femme rebelle, vie et mort de Rosa Luxemburg, Fayard, 2000.

VICTOR HUGO :

I. *Je suis une force qui va !*, XO Éditions, 2001 (et Pocket).
II. *Je serai celui-là !*, XO Éditions, 2001 (et Pocket).

LES CHRÉTIENS :

I. *Le Manteau du soldat*, Fayard, 2002 (et Le Livre de Poche).
II. *Le Baptême du roi*, Fayard, 2002 (et Le Livre de Poche).
III. *La Croisade du moine*, Fayard, 2002 (et Le Livre de Poche).

César imperator, XO Éditions, 2003 (et Pocket).

LES ROMAINS :

I. *Spartacus, la révolte des esclaves*, Fayard, 2006.
II. *Néron, le règne de l'antéchrist*, Fayard, 2006.
III. *Titus, le martyre des Juifs*, Fayard, 2006.
IV. *Marc Aurèle, le martyre des chrétiens*, Fayard, 2006.
V. *Constantin le Grand : l'empire du Christ*, Fayard, 2006.

LOUIS XIV :

I. *Le Roi-Soleil*, XO Éditions, 2007 (et Pocket).
II. *L'Hiver du grand roi*, XO Éditions, 2007 (et Pocket).

Conte

La Bague magique, Casterman, 1981.

En collaboration

Au nom de tous les miens de Martin Gray, Robert Laffont, 1971 (et Pocket).

Crédits photographiques

PHOTO12

p. 35 : Photo12 • p. 41 : Photos12.com - Bertelsmann Lexikon Verlag • p. 45 : Photos12.com - Photosvintages • p. 50 : Photos12.com - Bertelsmann Lexikon Verlag • p. 67 : Photos12.com - Hachedé • p. 104 : Photos12.com - ARJ • p. 131 : Photo12.com - Elk-Opid • p. 220 : Photo12.com - Ullstein Bild • p. 233 : Photos12.com - Bertelsmann Lexikon Verlag • p. 259 : Photos12.com - Bertelsmann Lexikon Verlag • p. 260 : Photos12.com - Hachedé • p. 271 : Photos12.com - Hachedé • p. 275 : Photo12.com - Ullstein Bild • p. 288 : Photos12.com - Bertelsmann Lexikon Verlag • p. 302 : Photos12.com - ARJ • p. 306 : Photo12 • p. 339 : Photos12.com - Ann Ronan Picture Library • p. 340 : Photos12.com - Hachedé • p. 341 : Photos12.com - Photosvintages • p. 366 : Photo12 • p. 367 : Photos12.com - Hachedé

ROGER VIOLLET

p. 34 : Roger-Viollet • p. 39 : Roger-Viollet • p. 44 : Roger-Viollet • p. 51 : LAPI / Roger-Viollet • p. 60 : Henri Martinie / Roger-Viollet • p. 77 : Albert Harlingue / Roger-Viollet • p. 86 : Roger-Viollet • p. 113 : Roger-Viollet • p. 121 : Roger-Viollet • p. 136 Albert Harlingue / Roger-Viollet • p. 152 : LAPI / Roger-Viollet • p. 169 : Albert Harlingue / Roger-Viollet • p. 183 : Roger-Viollet • p. 187 : Roger-Viollet • p. 196 : Henri Martinie / Roger-Viollet • p. 202 : Roger-Viollet • p. 204 : TopFoto / Roger-Viollet • p. 208 : Ullstein Bild / Roger-Viollet • p. 240 : Roger-Viollet • p. 241 : Gaston Paris / Roger-Viollet • p. 249 : LAPI / Roger-Viollet • p. 257 : LAPI / Roger-Viollet • p. 278 : Roger-Viollet • p. 300 : LAPI / Roger-Viollet • p. 318 : LAPI / Roger-Viollet • p. 337 : LAPI / Roger-Viollet • p. 345 : Roger-Viollet • p. 373 : LAPI / Roger-Viollet

CORBIS

p. 63 : Bettmann/CORBIS • p. 99 : CORBIS • p. 151 : Apis/Sygma/Corbis • p. 191 : Hulton-Deutsch Collection/CORBIS • p. 310 : Bettmann/CORBIS

Mise en page et cartographie : Sylvie Pistono-Denis
e dans l'o sarl

Édition exclusivement réservée aux adhérents du Club.
Éditions de Noyelles

Cet ouvrage
a été achevé d'imprimer
sur Roto-Page
par l'Imprimerie Floch
à Mayenne en février 2010.

N° d'impression : 75908-1
Dépôt légal : février 2010

Imprimé en France